Wochenendtrip oder Weltumrundung, Pauschal – oder Backpacker-Reise, Länder-Abhaken oder einfach Last Minute: Wir reisen, was das Zeug hält, und in allen nur denkbaren Varianten. Aber was steckt hinter all der Reiselust? Was ist aus dem großen Versprechen, das die Welt einmal war, geworden? Wie hat sich das Reisen verändert? Matthias Politycki, im Hauptberuf Romancier und Lyriker, im Nebenberuf passionierter Reisender, hat keinen Reiseführer geschrieben, aber ein Buch über das Reisen – und gleichzeitig ein sehr persönliches Buch über allgemeingültige Fragen.

Matthias Politycki gilt als großer Stilist und ist einer der vielseitigsten Schriftsteller der deutschen Gegenwartsliteratur. Sein Werk besteht aus über 30 Büchern, darunter Romane, Erzähl- und Gedichtbände sowie Sachbücher und Reisereportagen. Zuletzt erschienen von ihm *Das kann uns keiner nehmen,* vom *Spiegel* als »Deutschland-Roman vor afrikanischer Kulisse« gerühmt, die viel diskutierte Debattenschrift *Mein Abschied von Deutschland* sowie 2023 sein großer neuer Roman *Alles wird gut. Chronik eines vermeidbaren Todes.*

Matthias Politycki

Schrecklich schön
und weit und wild

*Warum wir reisen und
was wir dabei denken*

Hoffmann und Campe

1. Auflage 2023
Taschenbuchausgabe
Copyright © 2017 Hoffmann und Campe Verlag, Hamburg
www.hoffmann-und-campe.de
Umschlaggestaltung: Hannah Kolling © Hoffmann und Campe
Umschlagabbildung: Matthias Politycki
Satz: pagina GmbH, Tübingen
Gesetzt aus der Stempel Garamond
Druck und Bindung: GGP Media GmbH, Pößneck
Printed in Germany
ISBN 978-3-455-01695-6

HOFFMANN
UND CAMPE

Ein Unternehmen der
GANSKE VERLAGSGRUPPE

Schrecklich schön und weit und wild

Mein Abschied vom Reisen

Seit über vierzig Jahren reise ich. Zunächst nur für ein paar Wochen nach Worthing an der englischen Südküste, wo ich mit meinem Schulfreund Robs Englisch lernen sollte, aber lieber nach Brighton oder London fuhr, um Plattenläden abzuklappern. Wenige Sommer später als Tramper kreuz und quer durch Europa oder, mit knappem Budget und umso größerer Naivität, als Rucksackfreak, der so ziemlich alles falsch machte, was man bei ersten Ausflügen auf die andre Seite des Mittelmeers falsch machen kann. Im Gegensatz zu den heutigen Backpackern, die im Grunde ein von der Globalisierung gezähmtes Völkchen sind, verstanden wir uns als Nonkonformisten, die sich auch in ihrer Form zu reisen von der Elterngeneration absetzen wollten. Ob wir wirklich »freier« als sie waren, wenn wir wild in griechischen Buchten campten oder neben dem jugoslawischen Autoput unsern Schlafsack ausrollten? Spätestens seit Mitte der neunziger Jahre reise ich als einer, der sich die Hälfte seiner Zeit sonstwo herumtreibt oder eingemietet hat, ob als Pauschaltourist oder auf eigne Faust, ob für ein Buch, eine Reisereportage oder »einfach so«, ob für ein verlängertes Wochenende oder für Monate, ein halbes Jahr lang war ich sogar »Writer-in-non-residence« auf einem Kreuzfahrtschiff. Obwohl ich das früher nicht mal im Traum für möglich, ja geradezu für abwegig gehalten hätte.

Seit über vierzig Jahren schreibe ich. Zunächst nur Gedichte auf herausgerissenen Seiten meiner Schulhefte. Wenige Sommer später ... Und schließlich ... Doch während ich noch in meiner Studentenzeit heimlich schrieb und meine Texte nur einem einzigen Freund anvertraute, befand ich mich beim Reisen in allerbester Dauergesellschaft: Nahezu jeder war bei jeder sich bietenden Gelegenheit auf und davon, nicht zuletzt deshalb, um nach der Rückkehr jedem bei jeder sich bietenden Gelegenheit davon erzählen zu können. Vielleicht war Reisen so etwas wie der kleinste gemeinsame Nenner meiner Generation, mit Sicherheit galt es uns als Synonym für Freiheit schlechthin. Bei Billigbier und Erdnüssen aus der Dose diskutierten wir die aberwitzigsten Reiseziele; wer nur mal Badeurlaub an der Adria machte, mußte es heimlich tun, um nicht als Spießer abgestempelt zu werden. Niemals jedoch diskutierten wir die Sache selbst.

Im Rückblick mutet es seltsam an, daß wir als Vertreter einer notorisch kritischen Generation das Reisen nicht mal ansatzweise »hinterfragten«. Und erst recht keiner die Frage aufwarf, die das Zwanghafte eines permanenten Willens zum Aufbruch ins Visier hätte nehmen können – die Frage, warum wir überhaupt reisen. Wieso waren wir so anhaltend heiß darauf, Abenteuer in der Fremde zu bestehen, und was brachte derlei am Ende außer Erkenntnissen, die man besser gar nicht gewonnen hätte? War das Reisen – also alles, was mehr oder weniger prononciert über einen Urlaub hinausgeht – nicht eine furchtbar ambivalente Angelegenheit? Und, im Gegensatz zu den Reisen der Phantasie, nicht fast immer *auch* desillusionierend?

Nun wäre ich gern noch im Sommer 2015 um eine Be-antwortung der Frage herumgekommen und einfach so weitergereist, wie ich es blauäugig begonnen und mit einer gewissen Unbeschwertheit über Jahrzehnte fortgeführt hatte: als etappenweises Unterfangen, im Anderen nicht nur das Eigene besser zu erkennen, sondern auch ein Stück der Utopie, die seit je die Sehnsucht des Reisenden ist. Im Sommer 2015 hatte sich allerdings auch ein unübersehbarer Menschenstrom auf den Weg nach Deutschland gemacht und dem Wort »Reisen« eine ganz andere, tiefernste Di-mension verliehen. Mit meiner Unbeschwertheit war es vorbei. Natürlich hatte das eine mit dem anderen nichts direkt zu tun. Doch was da als »Flüchtlingskrise« mitzuer-leben war, empfand ich schon bald als tiefe Zäsur auch in meinem Alltag. Wenn ich mich der Frage nach meinem *Alltag als Reisender* stellen wollte, so konnte ich die Suche nach Antworten nicht länger verschieben.

Reisen war schon seit dem Ende des Kalten Krieges und der damit verbundenen Freisetzung ethnischer Konflikt-potentiale zunehmend problematisch geworden. Anschläge auf Touristenhotels wurden ebenso zum festen Bestand-teil terroristischer Strategien wie Zerstörung kultureller Sehenswürdigkeiten und Entführungen – nicht etwa von Pauschalurlaubern, sondern von Individualreisenden, die fernab massentouristischer Ziele unterwegs waren. Eine Zeitlang konnte man derlei als »Einzelfall« verdrängen und in vermeintlich sicheren Reiseregionen so weitermachen wie bisher. Seit 9/11 wurden die Möglichkeiten der Routen-planung gerade in abgelegeneren Regionen immer stärker eingegrenzt. Je interessanter die Destinationen waren, die man ins Auge gefaßt hatte, desto aufmerksamer mußte man die Reise- und Sicherheitshinweise des Auswärtigen Amtes studieren. Doch erst im Sommer 2015 wurde mir klar, daß ich in diesem Leben wohl nie wieder in den Jemen würde fahren können, daß ich kaum mehr eine Chance hatte, nach Damaskus zu kommen oder nach Babylon.

Andrerseits: Was würde ich mir denn dort noch erhoffen? Das Fremde, das mich bislang gelockt hatte, mittlerweile begegnete ich ihm in meiner eigenen Stadt auf Schritt und Tritt, ich brauchte gar nicht mehr hinzureisen. Was als Multikulti verheißungsvolle Einsprengsel in den deutschen Nachkriegsalltag gesetzt hatte, mittlerweile hatte es als Globalisierung eine Stadt wie Hamburg durchgehend internationalisiert. Die altvertraute Weltordnung und damit verknüpfte Werte und Überzeugungen, wie sie sich trotz aller historischen Umbrüche mein Leben lang gehalten hatten, waren längst mächtig in Bewegung geraten – ich hatte es bislang bloß nicht in dieser Dimension wahrgenommen. Der Flüchtlingsstrom des Sommers 2015 war gewissermaßen nur eine sehr spezielle Ausprägung der Bewegung, bald würde »meine« Welt Geschichte sein. Oder war sie's bereits?

Meine Welt als Reisender war weit und wild gewesen. Dem jugendlichen Grundgefühl, daß »da draußen« ein unerschöpfliches Reservoir an Rätseln und Abenteuern auf mich wartete, hatte ich über Gebühr lange gefrönt. Jetzt wurde mir klar, daß das Reservoir Jahr für Jahr überschaubarer und letztlich endlich geworden war. Daß es hinterm Horizont wahrscheinlich nichts mehr zu entdecken gab, was ich nicht schon aus den neuen Medien kannte, und falls doch: daß ich dort niemals mehr wirklich allein sein würde in einer tatsächlich *fremden* Fremde. Mit der großen Freiheit, wie ich sie ein paar Jahrzehnte ausgekostet und, vor allem, von der ich auch zu Hause geträumt hatte, war es wirklich und endgültig vorbei. Wenn ich mich der Frage nach meinem *Alltag als Reisender* tatsächlich stellen wollte, konnte ich nicht länger weiterträumen – oder eigentlich: nicht länger so tun, als könnte ich mein restliches Leben einfach weiterträumen.

Denn eine weitere Reisefibel wollte ich ja nicht vorlegen. Dazu hätte ich meine Fahrten systematischer oder bis ins Extrem betrieben haben müssen, und statt Rekorden und Legenden habe ich nur Mitbringsel und Anekdoten gesammelt. Ich bin auch kein Reiseschriftsteller, sondern Schriftsteller, und als solcher reise ich – sofern ich Anlaß dazu habe. In den meisten Fällen freilich um der Sache selbst willen. Also nicht etwa, weil ich von der Fremde Inspiration oder zumindest Notizen erhoffe, eine Heimkehr ohne jede Notiz ist mir eigentlich die liebste. Und doch wären meine Bücher ohne all die Reisen nicht diese meine Bücher geworden, das schon.

Immer gibt es jemanden, der einen größeren Tiger im Dschungel gesehen hat als man selbst, immer jemanden, der eine ekelhafte Speise aufgetischt bekam, der höhere Berge erklimmen und größere Meere austrinken durfte. Doch Grenzerfahrungen lassen sich auch schon *am Fuß* des Kilimandscharo machen oder, ganz ohne Höllenritt und Hardcore-Trip, in einem Kloster des Zen-Buddhismus. Auch ich betreibe das Reisen mit zum Teil ehrgeizigen und manchmal sogar vermessenen Ambitionen, zumindest für meine Verhältnisse. In der Hauptsache jedoch ist Reisen für mich praktische Philosophie. Den Wert einer Reise bemesse ich nicht nach ihrem Schwierigkeitsgrad, ihrer Exotik oder sonstigen Rahmenbedingungen, sondern nach den Erkenntnissen, die auf den Wegen der Neugier als Stolpersteine lagen.

Erleuchtung lauert überall, ob in den Hochgebirgswüsten Tadschikistans oder am Ballermann in Mallorca. In beiden Fällen muß man bloß mit dem gleichen Blick hinsehen. Selbst wenn ich gerade nur eine Lesereise absolviere, bin ich kein ganz untypischer Vertreter unsrer Zeit. So wie der Reisende früherer Epochen einer besonders ehrgeizigen Form des Müßiggangs frönte, die in Form der Bildungsreise vielleicht die schönste Spielart des Individualismus hervorgebracht hat, so ist der Reisende unsrer Zeit nicht selten ein Verdammter, der von den Verlockungen der globalisierten Welt unentwegt zu neuen Enttäuschungen getrieben wird, selbst dann noch, wenn er vor ihnen flieht.

Wo auch immer ich gerade bin, sobald ich aus der Haustür trete, sehe ich Menschen, die zumindest einen Rollkoffer hinter sich herziehen. Wo auch immer ich Leute treffe, kommen sie trotz aller drängenden Gegenwartsfragen irgendwann auf ihre Reisen zu sprechen und auch gleich ins Schwärmen, als hätte das eine mit dem andern nichts zu tun. Ja was ist das denn, so frage ich mich rückblickend, was uns jahrzehntelang so beseelt und hinausgetrieben hat aus der Geborgenheit unsrer Behausungen? Was ging in uns vor, wenn wir in der Fremde versuchten, die selbstgesteckten Ziele halbwegs erfolgreich abzuarbeiten und en passant noch ein paar kleine Sensationen zu erhaschen, was dachten wir dabei und danach und darüber, wie gingen wir mit unsern Hoffnungen um, mit unsern Ernüchterungen? Was kam zur Sprache, wenn wir unter uns waren, was mußten wir verschweigen, wenn wir im öffentlichen Gespräch weiterhin als politisch korrekt gelten wollten? Was ließ uns beharrlich neue Reisen planen, auf daß jedes Lebensjahr Sinn und Form bekam, und ließ uns ... vielleicht erst jetzt los, im Sommer 2015, da die Faszination des Reisens durch die Schrecken und Fährnisse eines ganz anderen Reisens so überdeutlich in Frage gestellt wurde? Natürlich werden wir auch weiterhin die eine oder andre Fahrt unternehmen! Doch bestimmt nicht mehr mit der unsagbaren Leichtigkeit vergangener Jahrzehnte.

Wir, das sind zunächst einmal all die, mit denen ich irgendwann gemeinsam verreist bin – Freunde, Freundinnen, ob zu zweit oder in der Clique, manchmal sogar im Rahmen einer Reisegruppe. Aber auch jene, mit denen ich nur in Gedanken aufbrach, im Gespräch. Es sind ihrer zu viele, um sie im Verlauf dieses Buches alle angemessen vorstellen zu können, namentlich gehen, wandern, reiten, fahren, fliegen darin nur einige meiner Reisegefährten mit: Wolle, mit dem ich das Kurvenanschneiden auf griechischen Bergstraßen übte und, Jahre später, in einer japanischen Kleinstadt so lange »Schaug hi, da liegt a toter Fisch im Wasser« als Karaoke-Beitrag lieferte, bis alle mitsangen und im Takt auf den Tisch trommelten. Mein belgischer Freund Eric, mit dem ich in Afrika und Zentralasien lange Wege ging, manchmal über unsre Grenzen hinaus. Oder Dschisaiki, mit dem ich auf Schrottplätzen der amerikanischen Südstaaten herumkletterte und im kubanischen Regenwald Geld bei illegalen Hahnenkämpfen verzockte. Konsul Walder, den ich als einen der Weltreisegäste bei meiner Fahrt mit der *Europa* kennenlernte. Achill und Susan, mit denen ich (bislang) eher zivile Reisen innerhalb Europas unternahm, obwohl auch sie in der ganzen Welt unterwegs waren und sind. Schließlich Indra, der K und Dr. Black, mit denen ich zwar noch kein einziges Mal gemeinsam unterwegs war, jedoch schon viel Zeit im Gespräch über unsre Reisen verbracht habe.

Indem sie mit ihren Ansichten gegenhalten oder bei-pflichten, stehen sie freilich für etwas, das über das begrenzte »Wir« einer real existierenden Reisegruppe hinausweist: Mögen die Meinungen andrer Reisender anders gewichtet sein, der Austausch darüber wird ähnlich unverblümt und ehrlich ablaufen. Reisen ist gut und schön, mit Freunden reisen, und sei's nur beim Einander-Erzählen, ist besser und schöner. Insofern liegt im gelegentlichen »Wir« des Buches ein Bekenntnis, das niemanden vereinnahmen will, jedoch all jene gern mit einschließt, die sich bei ihren Reisen auch mal an die Bar stellen und von den Äußerungen anderer überraschen lassen.

Wir, das sind in meinem konkreten Fall ein Literaturprofessor, eine Marketingexpertin, ein Bankkaufmann, ein … ach, das ist doch egal. Sobald wir am Heck eines indischen Überlandbusses hängen oder uns einer Affenhorde erwehren, die es im afrikanischen Busch auf unsre Essensvorräte abgesehen hat, zählen ganz andre Kriterien. Wir, das sind lauter Menschen, die immer wieder ihren Platz in der Fremde gesucht und notfalls auch verteidigt haben. Manche ihrer Meinungen sprechen mir aus dem Herzen. Manche regen mich auf. Weswegen sie unbedingt in dies Buch hineingehören.

Das große Versprechen, das die Welt einmal war, hat sich – nicht etwa in Luft aufgelöst, sondern in sein Gegenteil verkehrt. Seit dem Fall des Eisernen Vorhangs, hoffnungsvoller Beginn einer friedlicheren Zeit, ist die Welt nicht nur kleiner geworden, sondern auch weniger freundlich, verheißungsvoll, beflügelnd. All das, was man für ein Abenteuer früher zähneknirschend auf sich genommen hat – Konfrontation mit dem Fremden in jeglicher Weise –, nun rückt es in einer Massivität näher, daß es für viele in

Europa bereits zur Drohkulisse einer neuen Alltagskultur geworden ist. Fast erscheint es ein Gebot der Stunde, nicht länger zu reisen, als wäre nichts geschehen, sondern die Geborgenheit zu Hause wenigstens jetzt schnell noch schätzen zu lernen.

Aber genau das wäre die Kapitulation vor der Gegenaufklärung, wie sie sich in den verschiedensten Spielarten überall auf der Welt ausbreitet. Indem ich mich mit alldem beschäftige, was man früher eine Phänomenologie des Reisens genannt hätte, versuche ich wahrscheinlich, meinen Abschied vom Reisen noch eine Weile hinauszuschieben, meinen geistigen Abschied, wie gesagt. Oder befördere ich ihn dadurch erst recht? »Man predigt oft seinen Glauben, wenn man ihn gerade verloren hat«, schreibt Nietzsche, »und man predigt ihn dann nicht am schlechtesten.«[1] Auch die mit dem Glauben verbundenen Werte verteidigt man hartnäckiger als zuvor, da sie – im Fall des Reisens als Ausdruck interkultureller Verständigungsbereitschaft – so selbstverständlich schienen, daß man wähnte, sie seien Allgemeingut einer modernen Weltgemeinschaft und nie mehr in Frage zu stellen.

Was nun gedruckt vorliegt, ist bestimmt kein Buch für den, der wissen will, wo sich vielleicht doch noch ein weißer Fleck auf der Landkarte entdecken läßt oder zumindest ein Weg, auf dem man ganz sicher zu sich selbst wandert. Derlei gibt es, und als Reisender wie als Leser habe ich stets einen weiten Bogen darum gemacht. Geschrieben habe ich für jene, die uns im Ohrensessel begleiten und am Ende froh sind, den Fährnissen der Fremde nur auf dem

---

[1] Menschliches, Allzumenschliches II, Zweite Abt., 66. Zit. nach: Ders.: Sämtliche Werke. Hg. von G. Colli u. M. Montinari. München-Berlin/ New York 1980, Bd. 2, S. 582.

Papier ausgesetzt gewesen zu sein. Erst recht für jene, die tatsächlich aufbrechen, immer wieder aufbrechen – und manchmal mit dem Gefühl heimkehren, gerade noch mal davongekommen zu sein. Vor allem für diejenigen, die sich nicht nur mit Fahrplänen, Restaurant-Tips und der neuesten Generation an Trekkingstöcken beschäftigen, sondern auch damit, was hinter all der Reiselust stehen mag als unser Antrieb und unsre Sehnsucht. Die sich mit mir fragen, wohin wir eigentlich reisen, jenseits aller Destinationen.

MP, 31 / 12 / 16

Nicht aufbrechen wollen, wohin es uns treibt

Wer aufbricht, will nicht Zufriedenheit, sondern Glück. Oder wenigstens Unglück. Seine Sehnsucht ist ernst und will Ernst und macht Ernst. Überdies hat sie eine Kehrseite: Wohin wir auch reisen, in erster Linie reisen wir weg von uns selbst und unsresgleichen. Weil wir es wieder einmal satt haben, alle und alles satt haben, am allermeisten den, der wir selber sind, der uns bedrückt und beengt und ganz und gar nicht derjenige ist, der wir sein wollen.

»Jede Reise ist ein Fluchtversuch aus dem Gefängnis der Identität«, schreibt Hans Christoph Buch.[1] Nicht nur Neugier, auch Unzufriedenheit treibt uns fort. Man mag so viel gereist sein, wie man will, irgendwann spürt man sie wieder, getarnt als unbestimmt nagende Rastlosigkeit, die nach Taten und Herausforderungen verlangt: eine stille Verzweiflung darüber, daß das Leben so ist, wie es ist, jedenfalls dort, wo man seinen Platz auf der Welt hat. Ob sich andernorts nicht ein anderes Leben finden läßt, es müßte nicht unbedingt besser sein, nur eben anders? Zumindest vorübergehend? Auch ich sehne mich dann nach dem nächsten Auf- und Ausbruch, weil ich die Gefühle wieder groß und die abwägenden Reflexionen klein haben möchte.

1 Reise um die Welt in acht Nächten. Frankfurt 2009, S. 182.

Aber das stimmt nur so lange, bis ich einen Entschluß gefaßt habe. Kaum stehen Reiseziel und -beginn fest, setzt die Reflexion wieder ein, am liebsten würde ich alles auf der Stelle abblasen. Muß es wirklich sein? Im Geiste sehe ich endlose Straßen, auf denen ich mäßig verlockenden Zielen entgegengehe, öde Orte, in denen ich tagelang festhänge, sehe Steilhänge und Wüsten, in denen ich nicht weiterweiß. Sehe schlechtgelaunte Hunde, die mich einzukreisen suchen, sehe Tsetsefliegen, die mich bereits eingekreist haben. Vor allem sehe ich Einheimische, die mir das Leben schwermachen, um es sich selbst ein bißchen zu erleichtern. Ich sehe mich im Nachtzug von Rabat nach Marrakesch, der so überfüllt war, daß die Fahrgäste an jeder Station die Waggontüren zuhielten, und wenn die Menschen dann durch die Fenster hereinkletterten, schlugen sie mit ihren gelben Schlappen auf sie ein, vergeblich. Mit Müh und Not verteidigte ich einen Stehplatz neben der Toilette, sieben Stunden lang. Ich sehe mich in einem Bus im tunesischen Bergland, umgeben von sechs Kleinkindern, die abwechselnd kotzten oder schrien, dazu krähte ein Hahn. Ich sehe mich in einem Hochhaus in Tokio, spüre die Mutlosigkeit, die mich beim Blick über den nächtlichen Glitzerteppich unter mir beschlich, den Wunsch, das Hotel gar nicht erst zu verlassen, weil eine solche Megacity in einem ganzen Leben nicht zu bewältigen sein würde. Ich sehe mich auf einem völlig verschissenen Toilettenhäuschen ohne Tür, mitten in Tamil Nadu über einem stinkenden Loch hokkend, von Mücken umschwirrt. Ich sehe mich auf einer Bergtour im Pamir bei jeder Rast vor Erschöpfung einschlafen, sehe mich in den Bergen von Sikkim keinen Schlaf finden, weil sich mein Puls in dieser Höhe kaum beruhigen will. Gewiß, es ist schön, dies alles erlebt zu haben. Aber will man es – in modifizierter Form und mit vertauschter Kulisse – erneut erleben? Je älter ich werde, desto zahlreicher weiß ich Gründe, eine Reise besser gar nicht erst anzutreten.

Aufzubrechen ins Fremde, das heißt für viele von uns: die Geborgenheit einer moderat erlebnisreichen Schreibtischexistenz einzutauschen gegen die rauhe Außenwelt, obendrein eine, deren Gesetze des Zusammenlebens man nicht kennt und mit der man also zwangsweise kollidieren wird. Daneben treten, je nach Reisegebiet, physische Gefährdungen, im Zweifelsfall wird man auf seine Muskelkraft vertrauen müssen. Als aufgeklärter, zivilisierter Mensch? Aber ja, weil man mit einer aufgebrachten Menge Hindus im Tempel ebensowenig diskutieren kann wie mit einem Rudel Wölfe im Gebirge.

Sofern wir von der Fremde träumen, träumen wir sie groß und gewaltig. Wir träumen sie als das schlechthin Andere, in dem wir auch das neu erlernen und erleben werden, was wir zu Hause bei wachem Verstand als vormodern, ja archaisch verachten. Wir werden es erlernen *müssen*. Werden wir es auch schaffen? Zur Antizipation der Beschwernisse gesellt sich die Angst vor dem Versagen. Eine Reise ist kein Urlaub, im Gegenteil: »Eine Reise ist ein Stück der Hölle«, zitiert Chatwin einen Nomaden, der ihn durch den Sudan begleitete.[2]

Zumindest ist sie immer wieder harte Arbeit. Sie besteht im sukzessiven Abarbeiten eines Aufgabenkatalogs,

2 Bruce Chatwin: Traumpfade. München 1990, S. 31. Dies entspricht natürlich nicht Chatwins grundsätzlicher Einstellung, er hält es eher mit Robert Burtons Überzeugung, »daß Reisen kein Fluch war, sondern ein Heilmittel gegen Melancholie, das heißt gegen die Depressionen, die Seßhaftigkeit mit sich bringt« (Ebd., S. 231).

dessen Schwierigkeitsgrad wir selbst bei bester Planung kaum ermessen können. Ein gelegentliches Scheitern wird auch diesmal nicht zu vermeiden sein, nach unsrer Rückkehr werden wir Pleiten und Pannen als Witze zum besten geben. Aber wollen wir wirklich aufbrechen, um sie auch erst einmal zu erleben?

Diese Frage enthält, wie die russischen Matrjoschka-Puppen, eine Reihe weiterer Fragen: Ist Zuhausebleiben eine Option? Und die Angst vor dem Aufbrechen, wie Wolle behauptet, nichts weiter als »Heimweh vorab«? Ist die vorübergehende Lust am Abenteuer, nüchtern betrachtet, vielleicht am Ende weniger wichtig für uns als der beständige Genuß all dessen, was wir als unser Zuhause im Lauf der Jahre aufgebaut haben: die Geborgenheit, die unser Alltag mit all seinen kleinen Dingen und Ritualen bietet, die Beziehung mit einem Partner, der den Alltag mit uns teilt und uns mit Liebe und Zuwendung von dessen Verletzungen heilt?

Hartmann von Aue hat auf diese Fragen vor über achthundert Jahren in zwei berühmt gewordenen Epen Antworten gesucht. Anhand der beiden Artusritter Erec und Iwein beschreibt er den Konflikt zwischen der Suche nach »aventiure«, wie sie der ritterliche Ehrenkodex gebietet, und dem »verligen« zu Haus mit einer geliebten Frau. Der eine von beiden (Erec) muß aufbrechen und sich erneut in der Fremde bewähren, weil er es sich auf dem Liebeslager daheim allzu dauerhaft eingerichtet hat. Der andre (Iwein) muß sich seine Liebe zurückerobern, weil er vor lauter Abenteuerdurst vergessen hat, zum versprochenen Zeitpunkt nach Hause zurückzukehren.

Die Mitte zwischen beiden Extremen zu finden ist für den hochmittelalterlichen Ritterstand, jedenfalls in seiner literarischen Selbststilisierung, das Problem schlechthin. Nicht nur die Reise ist ein heikler Balanceakt zwischen Heimweh und Fernweh. Auch das Zuhausebleiben ist es. Die moderne Wissenschaft sieht es nüchterner, für sie ist die Entscheidung zwischen Abenteurertum und Verharren im Vertrauten schon genetisch getroffen: Dutzende von Studien wollen herausgefunden haben, daß Abenteuerlust vererbt wird. Schon zu prähistorischer Zeit hätten »Träger des DRD4-Gens die Veranlagung gehabt, sich auf Wanderschaft zu begeben«; in einer Studie von 1999 hätten »fast alle Probanden mit diesem Gen eine umfangreiche Reisevergangenheit gehabt«.[3]

Nun wissen wir also, daß wir gar nicht anders können. Wer auch nur irgendetwas von der Welt sehen will, der will möglichst viel davon sehen, im Grunde alles. Wird die Zeit vor der Abreise dadurch erträglicher? Nein. Denn aus der *Neigung*, die Welt sehen zu wollen, wird schon im Planungsstadium *Pflicht*. Die Agenda, die wir uns auferlegen, ist jedes Mal viel zu ehrgeizig – vom Größenwahn befeuert, man habe als Reisender im Lauf der Zeit die Fähigkeiten dazu erworben. Thailand ist ein ideales Einstiegsland für Asien, Namibia für Afrika, die Vereinigten Emirate sind es für die arabische Welt. Mit den Jahren steigen die Ansprüche an Länder, die wir bereisen wollen, und mit ihnen die Ziele, die wir uns setzen. Manchmal müssen wir dabei

3 Zit. nach: Xiao Hu: The Genetic Reason Why Some People Are Born To Travel All Over The World, 24.4.2015, http://news.bitofnews. com / the-wanderlust-gene-why-some-people-are-born-to-travel-all-over-the-world/, Übers. MP; vgl. David Dobbs: Gibt es ein Entdecker-Gen? In: *National Geographic*, Heft 1/2013. Dort ist, durchaus mit kritischen Einschränkungen, von der Gen-Variante DRD4–7R die Rede, sie komme als »Forscher-Gen oder Abenteurer-Gen« »bei schätzungsweise 20 Prozent aller Menschen vor« (http://www.nationalgeographic.de/reportagen/gibt-es-ein-entdecker-gen).

an unsre Leistungsgrenze gehen, manchmal darüber hinaus. »Woran mir am meisten liegt«, schreibt Jack London vor Aufbruch zu seiner Weltumseglung 1907, »ist, eine persönliche Großtat zu vollbringen (…). Es ist das alte ›Ich hab's geschafft! Ich hab's geschafft! Ich habe es ganz allein geschafft!‹«[4]

Das Gefühl, etwas in der Fremde geschafft zu haben, das wir uns zu Hause nicht mal im Traum zugetraut hätten, kann ungemein beleben. Aber zunächst einmal müssen wir es auch schaffen. Und je mehr man im Leben geschafft hat, desto mehr hat man auch nicht geschafft, das ist ganz unvermeidlich und als verarbeitete Erinnerung nicht minder wertvoll als die Siege, die man errungen hat. Das Scheitern selbst freilich ist schmerzlich, in den schlimmsten Fällen mit Krankheit, Verletzung, Todesnähe verbunden. Dies zu wissen und trotzdem aufzubrechen wird schwerer, je älter man im Lauf seines Reiselebens geworden ist. Hat man nicht längst genug gesehen? Läßt sich überhaupt noch *wirklich* Neues entdecken, ist ein UNESCO-Welterbe nicht irgendwann wie das andere, eine Garküche am Straßenrand wie die nächste, ein Nationalpark, ein Felsenkloster, ein Dolmengrab … alles letztendlich eins und längst gesehen, ehe man hingereist ist? Dschisaiki: »Warum kann ich nicht wie andere auch einfach irgendwohin ins Warme fahren, und gut is'?«

Ist Urlaubmachen eine Option?

Ja, wenn man so einfach Urlaub machen könnte! Selbst wenn ich den festen Vorsatz hatte, »es mir diesmal wirklich nur ein paar Tage gutgehen zu lassen«, beispielsweise in

---

4 Die Reise mit der Snark. Zit. nach: Hamburg 2016, S. 15. – Jack London »schaffte« es übrigens nicht, die Reise mußte nach zwei Jahren in der Südsee wegen Krankheit abgebrochen werden.

einer schönen Hotelanlage am Meer, mußte ich schon am zweiten Tag ausbrechen und den Rest der Insel erkunden. Ich konnte den Gedanken nicht ertragen, daß da etwas zu entdecken sein könnte, gleich hinter der Mauer, die das vermeintliche Urlaubsparadies von der wirklichen Wirklichkeit trennte.

Nein, Zuhausebleiben ist keine Option, Urlaubmachen erst recht nicht. Konsul Walder: »Es reicht nicht, nach Sankt Peter-Ording zu fahren, um den Horizont neu zu sehen. Oder nach Garmisch, um ihn nicht zu sehen.« Achill: »Wir dürfen nicht aufhören, Suchende zu sein.«[5]

Der Reisende ist der Suchende per se, und was er auf seiner Suche auch findet, es spornt nur zu weiterer Suche an. Im Grunde sind wir auf immerwährender Reise, die Zeit zu Hause ist nichts als eine kurze Rast. Jeder Aufbruch ist eine Heimkehr in die Fremde. Ob wir wollen oder nicht, sobald die Zeit des Rastens abgelaufen ist, müssen wir wieder hinaus – das schiere Aufbrechen ist bereits die erste Mutprobe, die uns auferlegt wird.

»Alles prüfe der Mensch«, schreibt Hölderlin, »Daß er (...) verstehe die Freiheit, / Aufzubrechen, wohin er will.«[6] Wir hadern und grübeln nur deshalb so lang, weil wir zu Hause, noch unterm Joch des Alltags stehend, den Gedanken der Freiheit erst wieder prüfen, in seiner erschreckenden Radikalität verstehen und ertragen lernen müssen. Eric behilft sich dabei mit einem simplen Trick: »Ich habe meine Packliste auf dem Computer, sobald sie ausgedruckt ist, habe ich zumindest schon mal den Geruch von Freiheit in der Nase.«

5 Achill Moser: Zu Fuß hält die Seele Schritt. Hamburg 2016, S. 24.
6 Lebenslauf. Zit. nach: Ders.: Werke und Briefe. Hg. F. Beißner u. J. Schmidt. Frankfurt 1969, Bd. 1, S. 74.

Landkartenlust

W er die erste Landkarte gezeichnet hat, hat den ersten Roman geschrieben.« Diesen Satz soll Italo Calvino gesagt haben,[1] und ich unterschreibe ihn bedingungslos. Nicht jeder Roman läßt sich als Landkarte erzählen, doch jede Karte trägt mindestens eine Geschichte in sich. Schon das Studium eines Stadtplans ist eine Art Lektüre. Freilich ist das Erzähltempo von Plänen und Karten gleichmäßiger als das von Texten, der Leser ist gefeit gegen plötzlichen Spannungsabfall und Mangel an Ideen.

In meinem Exemplar der »Odyssee« war keine Karte abgedruckt. Als Schüler konnte ich den Plot nur verstehen, indem ich die Irrfahrt des Protagonisten Station für Station in meinen »Diercke Weltatlas« einzeichnete – verbotenerweise, der Atlas war Eigentum der Schule und durfte nicht »beschmiert« werden. Je mehr ich einzeichnete, desto begeisterter las ich weiter. Am Ende des Epos hatte ich eine interessantere Karte des Mittelmeerraums als jeder meiner Klassenkameraden, in ihr war die gesamte Route des Odysseus eingezeichnet samt antiker Ortsbezeichnungen und ergänzender Stichworte. Ein schwerer Tag, als der Atlas vor den Sommerferien abgegeben werden mußte.

---

1 Bloß wo? In seinen Büchern, soweit ich sie besitze, habe ich den Satz nirgendwo gefunden.

Ja, ich liebe Karten, sammle Karten, will ohne Karten nicht sein. Vor einer Reise, während einer Reise, nach einer Reise und vor allen Dingen überhaupt. Zwecks Planung, zwecks Orientierung, zwecks Recherche, zwecks Betrachtungsglück per se. Indra scheint es ähnlich zu gehen: »In einem guten Stadtplan kann man einen Ort ablesen, erkennt die Routen und erfährt mit viel Phantasie auch, wie die Menschen dort leben könnten. Das ist für mich eine wichtige Aneignung von etwas Fremdem und geht oft auch noch nach der Reise weiter.«

Betrachtet man einen Stadtplan lang genug, sieht man durch ihn hindurch. Man sieht die Stadt. Natürlich nicht deren konkrete Erscheinung, sondern ihre Idee. Städte ähneln sich. Hat man sich nicht nur mit ihren Sehenswürdigkeiten auseinandergesetzt, sondern auch mit ihrer Struktur, wird man bald vergleichbare Strukturen in anderen Städten wahrnehmen. Fortan kann jede weitere Reise lang vor dem Tag der Abreise beginnen, man *liest* sie vorab. Dr. Black: »Unendlich lange kann ich Karten erforschen, als ob ich selbst in der Region unterwegs wäre. Schöngeistige Literatur schläfert mich ein, aber Landkarten machen mich richtig munter.«

Landschaften entziehen sich zwar manchmal der Kartographie, trotz Reliefschummerung und farbig abgestuften Höhenschichten; Städte hingegen sind Variationen des immergleichen Themas, man kann sie bereits per virtuellem Rundgang besichtigen. Dazu braucht es nur eine gewisse Reiseerfahrung, gepaart mit Vorstellungskraft. Und einen Plan, der über den Innenstadtbereich hinausgeht. »Leuten, denen die Phantasie bei der Versenkung in ihn nicht wach wird und die ihren (...) Erlebnissen nicht lieber über einem Stadtplan als über Fotos oder Reiseaufzeichnungen nachhängen, denen kann nicht geholfen werden.« (Walter Benjamin)[2]

Aber nicht jeder Reisende ist ein »Kartenfex«, wie Steinbeck sie nennt.[3] Wolle: »Ich habe keinen Bock auf Landkarten. Und wähle stets den einfachsten Weg, also *Google Maps* auf dem Handy.«

»*Google Maps* schafft Klarheit«, konzediert Konsul Walder, »schlimm ist allerdings *Street View*, ich will den Ort doch nicht schon vorab besichtigen, sondern mit eignen Augen sehen. *Google Street View* ist was für Feiglinge.«

Dschisaiki: »Digitale Routenplaner beziehungsweise Navis dienen der schleichenden Verdummung der Menschheit beziehungsweise der Rückbildung des Hirns.«

Der K: »Es kommt ganz auf die Art des Reisens an. Zum Ankommen sind die neuen Tools wie *Google Maps*, Navi et cetera unverzichtbar und hochwillkommen, bei der Adreßsuche in einer Stadt wie San Francisco zum Beispiel. Ist man erst mal unterwegs, reicht jedoch eine Karte.«

Im realen Reisealltag findet *Google Maps* immer öfter für uns den Weg. Doch wir sind dem Programm auch ausgeliefert. Mit einer Karte in der Hand sind wir zwar Old School, haben aber auch ein kleines Erfolgserlebnis, wenn wir aufgrund unsrer Orientierungskraft das Ziel gefunden haben. Das Vertrauen auf die eigenen Fähigkeiten auch in der Fremde ist für Eric so entscheidend, daß er selbst beim

2 Das Passagen-Werk, Bd. 1, S. 136f. (C1a,4): http://monoskop.org/images/3/3e/Benjamin_Walter_Gesammelte_Schriften_Band_5_Das_Passagen-Werk.pdf

3 Er polemisiert ausführlich gegen sie; andrerseits verfährt er sich während seiner Fahrt durch die USA ständig, am Schluß sogar in New York: »Und jetzt komme ich in meine eigene Stadt zurück, wo ich zu Hause bin, und habe mich verirrt!« (Zit. nach: John Steinbeck: Meine Reise mit Charley. München 2007, S. 78)

Autofahren Karten benutzt: »GPS schlägt dir immer nur eine Lösung vor, eine Karte auf Papier bietet viel mehr Möglichkeiten, außerdem mehr Überblick und damit Kontrolle.« *Google Maps* benutzt er nur zur *Vorbereitung* seiner Reisen – außer denjenigen im Gebirge, da sei es einfach nicht genau genug: »Ein Bergführer aus Fleisch und Blut ist sicherer.«

Denn auch mit einer klassischen Karte aus Papier ist man keineswegs schon auf der sicheren Seite. Die Stadtpläne, die von Fremdenverkehrsämtern verteilt werden, reduzieren auf eine Weise, daß man mit ihnen kaum mehr als die Sehenswürdigkeiten findet. Vielleicht ist das ja Absicht, so wird der Touristenstrom kanalisiert und die restliche Stadt den Einheimischen vorbehalten. Für die entscheidenden Abstecher ins Fremde des Fremden sind sie nicht zu gebrauchen. »Die Karten, die ich in Thailand bekam, waren alle ziemlich verzerrt«, gewinnt ihnen Konsul Walder wenigstens noch etwas ab, »da wurde Orientierung wieder zum spannenden Abenteuer.«[4]

Besondere Verdienste im Anfertigen solch verzerrter und »aufs Wesentliche« konzentrierter Karten haben sich die Städte des früheren Ostblocks erworben. Angeblich damit potentielle Angreifer gezielt fehlinformiert würden. Es klingt naiv, doch auch heute noch gibt es Staaten, die darauf vertrauen: In Usbekistan gilt der Besitz von maßstabsgetreuen Karten sogar als strafbar. Als ich mir unter der Hand einen maßstabsgerechten Plan von Samarkand verschaffen konnte und damit endlich die verwinkelte Altstadt begriff, wurde mir sehr eindringlich eingeschärft, ihn nicht in der Öffentlichkeit zu benutzen. Ein Stadtplan, mit dem

---

4 Die »größten Abenteuer« bieten dann nach meiner Erfahrung Städte, die auf Hügeln liegen. Im indischen Shillong ging ich am Ende lieber nach dem Sonnenstand.

man sich nicht erwischen lassen darf, das sagt eigentlich alles. Wer ihn besitzt, darf sich trotz *Google Maps* (das im Fall von Samarkand völlig versagte) als Geheimnisträger betrachten.

»Landkarten sind Kunstwerke und seit Jahrhunderten eine subversive Irritation der ›Realität‹«, sagt Dschisaiki, »denn sie packen ja zwangsläufig ›das Runde ins Eckige‹ beziehungsweise Flache.« Das trifft auch auf Karten zu, die in bester Absicht erstellt wurden. Der Fundus an Datenmaterial und Satellitenfotos mag für alle in etwa gleich sein, dennoch fällt die Umsetzung frappierend unterschiedlich aus. Schließlich werden Karten auch noch im Zeitalter der Digitalisierung per Hand vollendet, erst durch die abschließende Arbeit des Kartographen entstehen Lebendigkeit und Schönheit eines Kartenblatts. Und damit ein völlig anderer Gesamteindruck: Die Vorliebe französischer (*Michelin*-) Kartographen für weißbelassene Nebenstraßen auf kaum kolorierter Landschaft macht ihre Karten schwerer lesbar als die kräftiger kolorierten deutschen. Die gelbe Grundkolorierung bei Stadtplänen wirkt im Zusammenspiel mit den weißen Nebenstraßen ähnlich, wohingegen die rosa Kolorierung deutscher Stadtpläne stärkere Kontraste schafft und damit Klarheit. Am schwersten zu lesen sind die englischen (*A–Z-*)Blätter, hier fehlt es nicht allein am durchgängigen Kontrast, hier sind sämtliche Straßen so breit und unbeholfen eingezeichnet, als hätte sich ein Dilettant an ihnen versucht. Daß ausgerechnet ein Volk der Entdecker heutzutage so schlechtes Kartenmaterial produziert, verstimmt.

Ein Fest für den Liebhaber sind amtliche Meßblätter. Ich besitze ein paar, die den Raum rund um München abdecken, produziert vom bayerischen Landesamt für Digitalisierung, Breitband und Vermessung. Sie sind nicht weniger als Ausschnitte eines Weltgemäldes, in denen man immer wieder

Neues entdeckt. Dennoch fehlt selbst darin manchmal gerade das Entscheidende – jedenfalls nach eigener Einschätzung, nachdem man den realen Ort gesehen hat: ein Triumph dessen, der eine andere Auswahl der Wirklichkeit getroffen und die Karte dann im Geiste oder gar mit dem Stift ergänzt und korrigiert hat. Bei einer Fahrt nach Weimar im Jahr 1983 fanden wir erst nach langer Suche das Nietzsche-Haus, das zu DDR-Zeiten in keinem Stadtplan ausgewiesen war. Es dann per Hand einzuzeichnen fiel fast schon unter Systemkritik. In jedem Fall eingezeichnet werden wollen die Strecken, die wir selber zurückgelegt haben. Der simple Vorgang macht gleichermaßen stolz wie demütig, erkennt man dabei doch auch, wie wenig man abgelaufen und gesehen hat.

Erst durch derlei Ergänzungen werden Karten unser geistiges Eigentum, vergleichbar den Anstreichungen in Büchern. Noch nach Jahren legen sie Zeugnis ab von den erkundeten Weltausschnitten und speichern Erkenntnisse, die wir damals gewonnen haben. Oder bilden die Grundlage für Erkenntnisse, die wir erst viel später gewinnen: Als ich 2016 zum zweiten Mal nach Tokio kam, hatte ich meinen U-Bahn-Plan des Jahres 1988 dabei. Der Vergleich mit dem aktuellen Plan las sich wie eine Erfolgsgeschichte in Piktogrammen. Während sich in den Jahrzehnten, da ich in Hamburg lebe, kaum etwas am dortigen U-Bahn-Netz verändert hat, gab es in Tokio mittlerweile doppelt so viele Linien mit doppelt so vielen Stationen, so jedenfalls mein Eindruck. Man sah anhand der beiden U-Bahn-Pläne, wie die Zukunft einer Stadt tatsächlich *gemacht* wird.

Denn jede Karte, welcher Art der Wirklichkeitsauswahl und gegebenenfalls -verzerrung sie auch zuarbeitet, ist als Weltinterpretation eine Setzung und damit, streng genommen, Untersuchungsgegenstand der Erkenntnistheorie. Einzig übertroffen in ihrer Kunst der Komprimierung wird sie von der handgefertigten Skizze. Kann es einen reduzierteren Text geben? Eine Skizze, zur Erläuterung einer Wegstrecke wie ein Aphorismus aufs Papier geworfen, ist die Verkörperung des Wesentlichen schlechthin. Eine Karte für Fortgeschrittene.

Einheimische, die bei mündlichen Auskünften oft ungenau sind, ja den Fremden bedenkenlos in die falsche Richtung schicken, können oft wunderbare Skizzen anfertigen. Sie führen zu Orten, die in keinem Reiseführer und auf keiner Landkarte verzeichnet sind. Natürlich sind die Dimensionen der Wegstrecken auch darauf verzerrt. Der Reiz besteht darin, die versteckten Sehenswürdigkeiten trotzdem zu finden, ohne ortskundigen Führer, dem man einfach hinterhergehen müßte. Damit sind Skizzen stets auch Aufgaben, die dem Fremden gestellt werden, und wenn er sie löst, darf er sich für den Rest des Tages als Entdecker fühlen.

Meine bislang schönste Skizze machte mir ein Lehrer namens Rishot, der sich sein Leben lang, wie er erzählte, den Regenwald rund um sein Heimatdorf Mawlynnong erwandert hatte. Ich war dorthin gefahren, um mir eine besonders berühmte der »Living Root Bridges« anzusehen, von denen ich bereits in Cherrapunjee beeindruckt war: Beide Orte liegen im indischen Bundesstaat Meghalaya; die dort ansässigen Khasi zogen in früheren Jahrhunderten Wurzeln der Banyanbäume quer über die Flüsse und bauten damit »lebende Wurzelbrücken« beziehungsweise ließen sie im Verlauf von fünfzehn bis zwanzig Jahren von den Bäumen selber bauen.

Weil es ein Sonntag war und die Wurzelbrücke im Nachbarort Riwai also völlig von indischen Touristen überlaufen sein würde, machte mir Rishot eine Wegskizze zu einer entlegenen Wurzelbrücke, sie sei garantiert touristenfrei. Inder seien viel zu faul, um den langen Weg dorthin zu gehen, überdies würde ja niemand außer ihm und den Dörflern im Dschungel davon wissen.

Seine Skizze führte mich im Verlauf einiger Stunden bergauf, bergab, bergauf, schnell weg von der einzigen Straße, die es hier gibt, und auf einen Weg durchs Dickicht wie vor Urzeiten. Allerdings war er länger als von Rishot angegeben – ich merkte, wie mir die Zeit davonlief, rannte den Rest des Weges, um die Brücke noch bei Tageslicht zu erreichen. Als sie vor mir auftauchte, dämmerte es bereits, und mit ihren verschlungenen Wurzelformationen sah sie noch märchenhafter aus als erhofft. Ein, zwei Minuten war ich mit ihr allein, dann rannte ich zurück, bis die Dunkelheit einbrach. Der Rest war nichts als Rückweg, begleitet vom Nachtkonzert des Regenwaldes.

Bevor ich zu meinem Guest House ging, suchte ich Rishot auf, um mich zu bedanken. Er erzählte mir von Dutzenden weiterer Brücken, sogar von einer Wurzelwendeltreppe, die man irgendwann an einer Felswand angelegt hatte, um zu einem Feld auf einem Bergvorsprung hinabzugelangen.

Eine Wurzelwendeltreppe?

Von der nur er und sein Freund wüßten, so versteckt läge sie. Bei meinem nächsten Besuch werde er sie mir zeigen.

Ob er mir wieder eine Skizze zeichnen würde, fragte ich ihn.

Nein, grinste er, er werde mich begleiten. Dieser Weg sei zu kompliziert für eine Skizze.[5]

---

5 Wer selber Lust auf dieses Abenteuer hat: Rishot heißt mit vollem Namen Rishot Khong Thonh Rem, neben seinem Beruf als Lehrer führt er das Skyview Guest House in Mawlynnong.

Die Mär vom leichten Gepäck

Man sollte unbedingt mit leichtem Gepäck reisen.«[1] Dieser Satz, leicht variiert, geistert als Gemeinplatz durch die Reiseliteratur. Vor dem geistigen Auge sieht man einen wettergegerbten Zausel, beschwingt in ein moderat hügeliges Terrain hineinschreitend, seinen moderat gefüllten Wanderrucksack auf dem Rücken. Ja, so einer weiß, was man auf eine Reise alles nicht mitnimmt!

Aber wie lange wird er auf diese Weise unterwegs sein können? Seit Jahrzehnten wiege ich meinen Rucksack nach dem Bepacken, einen *Flying Dutchman* von *Jack Wolfskin*, weniger als 16 Kilogramm wiegt er nie, meistens deutlich über 18 Kilogramm. Dazu kommt ein Tagesrucksack, der, den Anforderungen der Reise entsprechend, mal kleiner, mal größer ausfällt; 8 Kilogramm darf er maximal wiegen – und tut es nicht selten. Bei Reisen mit Koffer kämpfe ich regelmäßig gegen die 23-Kilogramm-Marke.

Jedes Mal wundere ich mich, wie schnell aus dem Allernötigsten ein respektabler Haufen wird, der am Ende nur mit Mühe zu verstauen ist. Während der Reise werde ich froh um jedes Teil sein, das ich mitgenommen habe. Sollte ich darauf verzichten, weil ich ja vor Ort nachkaufen

---

1 Paul Theroux: Das Tao des Reisens. Hamburg 2015, S. 63.

könnte, was mir fehlt? Dafür müßte ich kostbare Reisezeit opfern. Mögen andere mit leichtem Gepäck reisen, ich reise lieber mit ein bißchen mehr. Ausrüstung beruhigt.

Irgendjemand hat irgendwo zu Protokoll gegeben, er reise bloß mit Zahnbürste und Kreditkarte. Der Mensch ist anscheinend nur von einem gutgeführten Hotel zum nächsten gefahren. Würden sie heute noch leben, kämen Bert Brecht oder Oscar Wilde als Urheber des Satzes sehr in Frage. Ebenso nachhaltig im Gedächtnis geblieben ist mir die Bitte einer Exfreundin: »Tu mir den Gefallen und nimm Kondome mit, man weiß ja nie.« Wir waren damals schon länger getrennt, und sie meinte es wirklich ernst, das verwirrte mich am allermeisten. Mit derselben Bestimmtheit erklärt Dschisaiki: »Ohne ADAC-Rückhol-versicherung fahre ich nicht los.« Burroughs reiste nicht ohne Heroin, Bruce Chatwin nicht ohne seinen *Mont-blanc*-Füller, Theroux nicht ohne Kurzwellenradio.[2] Ich habe meine Reisegefährten gefragt, was sie mitnehmen. So einig sie sich in vielerlei Hinsicht auch sind, packtechnisch liegen zwischen ihnen Welten. Konsul Walder:

»Egal wohin und wie lange, ich reise nur mit Handgepäck. Ist befreiend. Immer dabei ist ein Reisetagebuch von *Mole-skine*, Umfang je nach Reisedauer. Dort wird nicht nur hin-eingeschrieben, sondern auch -geklebt und -skizziert, im Verlauf der Reise entsteht deren Dokumentation.«

Eric wiegt die Bücher, die er mitnimmt, sie dürfen maxi-mal 350 Gramm wiegen. Sein Handy läßt er daheim: »Was für eine Erlösung, mal nicht erreichbar zu sein. Da fühle ich mich gleich doppelt auf Reisen, noch weiter weg von zu Hause als ohnehin.«

2 Paul Theroux: Ebd., S. 103.

Hingegen der K: »In die westlichen Zivilisationen nehme ich *iPad*, *iPhone*, Fotoapparat und sonstige Hightech-Hilfen mit, bei Touren beschränke ich mich auf Mobiltelefon, *Kindle* und das Nötigste. Allerdings habe ich stets einen europäischen und einen amerikanischen Stecker im Gepäck. Früher, zum Wandern in Finnland, mußten immer sechs Bierdosen mit, das waren jeweils schon drei Kilo. Das hat sich allerdings dank der Preisangleichung erledigt.«

Bierdosen nehme ich auch manchmal mit, allerdings erst auf dem Rückflug. Es gefällt mir, damit zu Hause noch mal auf das Reiseland anzustoßen. Aber derlei sammelt sich quasi von selbst, entscheidend beim Thema Gepäck ist nur der Hinflug. Susan verzichtet (neben manch anderem) auf einen Fön, den sie eigentlich für unverzichtbar hält – weil die strikten Gepäckbestimmungen von *Ryanair* sie dazu zwingen. Auch für Indra ist weniger keinesfalls mehr. Da sie für alle Fälle vorbereitet sein möchte, nimmt sie vom Abendkleid bis zu Gummistiefeln (für den Strandspaziergang bei Regen) jedes Mal viel zuviel mit: »Schließlich reise ich nicht in Birkenstockschuhen und Rentnerhosen. Wenn ich auch unterwegs eine Wahl bei der Bekleidung treffen kann, fühle ich mich fast so, als hätte ich mein Zuhause mitgenommen.«

Die einen genießen den Luxus der Fülle auch während des Reisens, die anderen den Luxus der Reduktion. Doch selbst Achill, der nie mehr als 12 bis 15 Kilogramm mitnimmt, um »die Leichtigkeit des Seins« zu genießen,[3] will auf alle Fälle vorbereitet sein. Er führt fünf verschiedene Packlisten, je nach Destination – Wüste, Wald, Gebirge,

3 Achill Moser: A. a. O., S. 242 u. 239.

Stadt und Strand: »Das einzige, was ich manchmal zuwenig dabeihatte, waren Bücher.«

Ich führe lieber nur eine Standard-Packliste. Sie gilt für Lese-, Tauch-, Trekking-, Recherche- und Urlaubsreisen gleichermaßen, für Winter- wie Sommerziele, ist also extrem umfangreich. Nur für Marathonreisen habe ich eine separate Liste. Und für meine halbjährige Fahrt auf der *Europa* hatte ich auch eine, da mußte ich freilich vom Smoking abwärts an einiges denken, was bei meinen anderen Reisen keine Rolle spielt – und *drei* Koffer füllte. Doch selbst meine Standard-Packliste umfaßt bereits 200 Punkte und manche davon (wie »Wander-« oder »Tauchausrüstung«) weitere zehn Unterpunkte. Wenn ich die Liste einige Wochen vor Reisebeginn ausdrucke, kann ich sofort zwei Drittel davon streichen, ohne erst groß nachzudenken. Danach sieht man's auf einen einzigen Blick, daß nicht mal halb soviel zu packen ist, wie es theoretisch hätte sein können – welch eine Erleichterung.

Bleibt das Problem des seelischen Gepäcks. Am besten, heißt es, lasse man es zu Hause. Funktioniert das? Konsul Walder: »Man kann Probleme wegreisen, sofern man jeden Tag aufs neue losfährt, ohne zu wissen, wo man die kommende Nacht schläft. Der Streß, den man auf diese Weise hat, verdrängt die Alltagssorgen – Reisen ist dann wie eine Arschbombe ins kalte Wasser. Andernfalls muß man nur lang genug reisen. Probleme werden harmloser, je weniger Möglichkeiten man hat, sie aktiv anzugehen. Man kann seine Probleme in der Ferne aussitzen wie ein Politiker.«

Ein einziges Mal habe ich es versucht, im August 1977. Mein seelisches Gepäck hatte ich mit aller Sorgfalt gepackt und zu Hause abgestellt. Dann fuhr ich zur Autobahnauffahrt München-Schwabing, um meinem Kummer davonzutrampen. Wohin? Egal! Normalerweise ist das Ablehnen von Mitfahrgelegenheiten beim Trampen so wichtig wie Mimik und Gestik bei der Akquise, mit dem gestoppten Lift muß man mindestens die nächste »gute« Raststätte oder Auffahrt erreichen, von der man zügig weiterkommt. Diesmal wollte ich nehmen, was mir geboten wurde. Vielleicht hatte ich in den Monaten davor allzulange an einem Ziel festgehalten, jetzt sollte mein Weg in ein neues Leben vom Schicksal bestimmt werden. Ich wollte Teer riechen und nicht viel mehr als Mittelstreifen sehen, ein Ziel war mir egal.

Am Abend saß ich am Stadtrand von Itzehoe. In Gedanken war ich bereits dabei, mich auf der Suche nach einem geeigneten Schlafplatz in die Felder zu schlagen, da hielt ein klappriger *R4*, und zwei Mädchen fragten, wohin es um diese Uhrzeit denn noch gehen solle. Wenn man damals unter Trampern mit seinen Lifts angeben wollte, behauptete man, den Fahrer eines *Mercedes Coupé* gestoppt zu haben – oder eine Frau. Aber zwei Mädchen in einem *R4* waren, weißgott, auch nicht schlecht. Mein seelisches Gepäck, an das ich während des Tages immer wieder gedacht hatte, löste sich auf der Stelle in nichts auf.

Die beiden Mädchen hießen Ati und Heike, die Fahrt mit ihnen ging gerade mal 10 Kilometer weiter, nach Hohenlockstedt. Ihrer Einladung zum Abendessen folgte auch bald die zum Übernachten. Oh nein, ein eindeutiges Angebot war das nicht, schließlich wohnte Atis Freund Uwe mit ihnen zusammen, außerdem war ich ja weggefahren, um wegzufahren, nicht um anzukommen. Im Dorfkrug spielten wir mit der Tochter der Wirtin ein Würfelspiel, bei dem der Verlierer die nächste Bierrunde zahlen mußte, erfreulicherweise meist die Tochter, die wir alle nicht sonderlich mochten. Den Rest der Nacht sah ich nur noch Würfel.

Am nächsten Tag brachten mich Ati und Heike zu einer »guten« Kreuzung – und luden mich ein, auf der Rückfahrt wieder bei ihnen vorbeizukommen. Bald saß ich in einem *VW*-Bus, der an den Autobahnausfahrten sogar extra herausfuhr, um weitere Tramper aufzulesen, Sound und Stimmung waren sensationell. Ab Aarhus sprang einer nach dem andern wieder ab, ich blieb als letzter noch bis Frederikshavn, übernachtete dort hinter einem Stapel Holzpaletten am Kai. Im nachhinein frage ich mich, warum ich von dort nicht die Fähre nach Göteborg nahm und einfach so weitermachte. Stattdessen nahm ich nur die Fähre zur Insel Laesø. Wie ich dort aber Tag für Tag in meinem kleinen Zelt hockte oder die Nudisten am Strand bestarrte, war mein seelisches Gepäck plötzlich wieder da. Solange ich Tempo gemacht hatte, war ich es tatsächlich los gewesen, nun, da ich zur Ruhe kommen wollte, hatte es mich wieder eingeholt. Tagsüber gab es Quallen und abends im »Seemanns- und Missionshotel« als Nachtisch saure Milch.

Eine Woche lang hielt ich es aus, dann trampte ich zurück. In Vejle mußte ich während eines Wolkenbruchs durch die ganze Stadt laufen, in Haderslev entrollte ich meinen Schlafsack trotz anhaltendem Regen an einem Feldrand. Es war ein Bundeswehrschlafsack mit Gummierung, gegen Mitternacht wachte ich patschnaß auf. Auch in Hohenlockstedt schien diesmal keine Sonne für mich. Ati und Heike fuhren mit mir nach Hamburg, um mir eine Nacht lang St. Pauli zu zeigen. Morgens auf dem Fischmarkt wurden Zimmerpalmen und kistenweise Bananen angepriesen: »Heute ist Sonntag, Leute, da ist Affenjagd in Afrika, da wird der Urwald gefegt ...« Mir war nicht zum Lachen zumute. Irgendwann stand ich wieder an der Autobahn. Als wolle mich das Schicksal jetzt auch noch verhöhnen, hielt ein silberner *Mercedes Coupé*, und der Lift ging sogar bis Würzburg. Danach nahm mich ein Lkw-Fahrer mit, allerdings hatte ich meinen Platz im dunklen Laderaum einzunehmen, es war mir fast lieber so. Am Stadtrand von München mußte ich raus. Ich wußte ganz genau, wo mich mein seelisches Gepäck erwartete, versuchte nicht mal, daran vorbei und nach Hause zu fahren. Als sie mir die Tür öffnete, mußte ich kaum etwas sagen. Weil ich pleite war, hatte ich den ganzen Tag nichts gegessen, und *sie* war das Gegenteil einer Frau, die gern kochte. Es gab Nudeln ohne Soße und ohne Parmesan, nur Nudeln. Aber ich wußte auch so, wie maßlos gescheitert ich mit meiner Reise war.

Auf einen, der vorübergeht

Irgendeine oberitalienische Kleinstadt
an einem Samstagvormittag im Mai.
Von allen Kirchtürmen Geläut der Glocken,
vor allen Cafés an der Piazza
Gedränge der Hochzeitsgesellschaften,

jeder will mit jedem eine rauchen, und
jede will mit jeder fotografiert werden.
Kein besserer Ort, um eine Sonnenbrille zu kaufen
und ein neues Leben zu beginnen –
dachte er im Vorübergehen.

Schon wenige Schritte später fühlte er sich
zu schwach, um wenigstens schon mal Kaffee
in einer dieser Schicksalsschenken zu bestellen.
Er war froh, als es Zeit war
und er wieder verschwinden durfte.

Initialschock

s war tief in der Nacht, als wir in Madras landeten. Eine
Weile standen wir auf dem Vorfeld, schließlich fuhren
Busse vor, danach passierte lange nichts. Endlich ging die
Kabinentür auf, und so müde und gereizt wir eben noch
waren: Kaum schlug die feuchtheiße Luft herein, waren wir
hellwach und mit allem versöhnt. So mußte eine Ankunft
in den Tropen riechen! Wir hörten auf zu atmen und begannen zu inhalieren. Man roch das ganz Andre des noch
unbekannten Landes, und als wir die Gangway betraten,
spürte man's in allen Poren. Das Chaos am Gepäckband
war für uns kein Ärgernis, sondern das nächste Erlebnis.
So muß es hier sein, nickten wir einander zu, ebendeshalb
sind wir ja gekommen.

Schöner kann eine Reise kaum beginnen. Dabei findet
die Ankunft, genau genommen, schon während des Lande-
anflugs statt. Wir hatten Madras wie einen illuminierten
Stadtplan unter uns gesehen, kein unendliches Lichtermeer
wie Bombay oder Karachi, doch ähnlich intensiv. Der Über-
fluß an nächtlicher Beleuchtung macht viele Metropolen Asiens zur Lichtskulptur. Man sieht die Häßlichkeit der Städte
nicht, man sieht ihr Elend nicht, man sieht nur ihre Schönheit – ein ästhetisches Vergnügen wider alle Vernunft, das
mich jedes Mal in erwartungsvolle Hochstimmung versetzt.

Am spektakulärsten fällt eine nächtliche Landung in Abu Dhabi oder Dubai aus: Minutenlang fliegt man einigermaßen tief über der Stadt, die im einen wie im andern Fall am Reißbrett entstand und entsprechend lückenlos wie eine einzige riesige Sehenswürdigkeit angestrahlt ist, jede Straße in Gelb, jedes Grundstück in Weiß, und alles über die Maßen hell. Man hat den Eindruck, daß hier auch noch jeder Briefkasten beleuchtet wird.

Deutsche Städte haben diesen Glamourfaktor nicht, auch wenn sie de facto schöner sein mögen. Und den Alltag weit angenehmer strukturieren als beispielsweise das verheißungsvoll funkelnde Madras. Dort ging es dann auf einer mehrspurigen Straße in die Stadt, auf dem Mittelstreifen hatten die »Unberührbaren« Zelt an Zelt errichtet. Im Zentrum schliefen sie zu Hunderten nebeneinander auf dem Bürgersteig, dazwischen stand das eine oder andre weiße Rind. 38 Grad, überall in den Straßen Überschwemmungen, wahrscheinlich waren Abwasserrohre gebrochen. Ich erinnere mich an einen nackten schwarzen Mann, der tief in einen Gully hinabgriff. Dann waren wir wirklich angekommen. Und keinesfalls entsetzt, im Gegenteil, wir fanden alles einfach nur aufregend. Es könnte sein, versicherten wir einander vor dem Einschlafen, daß uns dies Land gefallen würde.

Und es gefiel uns dann auch. War der erste Eindruck vorentscheidend für das Erleben der gesamten Reise? Natürlich wiegelt man bei einer solchen Vermutung ab. Als Reisender will man ein offenes Gemüt zeigen und im Lauf der Reise durch die Bandbreite seiner Urteile auch beweisen – vornehmlich sich selbst. Andrerseits will man, daß die Reise »gut« wird, und ein gelungener Auftakt beschwingt ungemein. Da gibt es erst mal nichts zu hinterfragen, sondern alles zu genießen. Wer auch weiterhin staunen will, und das ist in Ländern wie Indien durchaus eine angemessene Haltung, wird häufiger Anlaß dazu finden als der, der sich von Anfang an in kritische Distanz gesetzt hat.

An der Schwelle vom Vertrauten zum Unvertrauten sind Reisende besonders wachsam und entsprechend aufnahmebereit. Nicht ohne Grund versuchen Entwicklungsländer und Diktaturen, Besucher ihrer Hauptstadt mit einer aufwendig gestalteten Prachtstraße vom Flughafen ins Zentrum positiv einzustimmen. Aber die Phase des Ankommens hält auch am Tag nach der Landung an. Es braucht eine Weile, bis man sich in der Fremde als in seinem neuen Alltag bewegt, entsprechend zielorientiert Eindrücke sucht und andere ausblendet. Nur die allerersten Tage ist man wirklich offen. Was man dabei registriert und fortan immer wieder ähnlich registrieren wird, kann im Verlauf der Reise zu einem ihrer Leitmotive akkumulieren – dem ersten Versuch, im Fremden auch mental anzukommen.

Eine Ankunft per Schiff ist in jedem Fall ein besonderes Erlebnis, es muß nicht gleich die Hafeneinfahrt von Sydney sein oder eine Südseeinsel, die nach sechs Seetagen auf dem Pazifik im Dunst des Horizonts auftaucht. Auch wer mit dem *Eurostar* in St Pancras ankommt, wird durch den Anblick der wunderschönen Bahnhofshalle bestens auf London eingestimmt. Als wir 1990 nach einer Woche mit der Transsib in Ulan-Bator einfuhren, bestand die Stadt noch zur Hälfte aus Jurten, befremdlicher konnte das erste Erleben der Fremde nicht ausfallen. Schon beim Einchekken ins Hotel ahnte ich, daß ich ein neues Lieblingsland gefunden hatte.

Eric sagt, das Chaos einer fremden Stadt könne »so überwältigend sein wie der plötzliche Einsatz einer Rockband«.

Da er aus einer Stadt komme, in der es ihm zu geordnet und gesittet zugeht, sei gerade das über ihn hereinbrechende Chaos ein Genuß. Von seiner Ankunft in Neapel erinnert er noch nach zwanzig Jahren jedes Detail: »Ich trat aus dem Bahnhof, ein riesiger Vorplatz, darüber ein knallblauer Himmel, von fern Verkehrslärm, Gehupe, über allem lag der Geruch von faulendem Gemüse. Und gleich neben dem Bahnhofseingang war ein riesiger Stapel alter Matratzen, das war das i-Tüpfelchen! Ich habe mich sofort in die Stadt verliebt. Und bin sicherheitshalber nie wieder hingefahren.«

Konsul Walder warnt dagegen vor zuviel Euphorie bei der Ankunft: »Der erste Eindruck ist trügerisch wie bei Frauen auch. Ich gebe dem Land, selbst wenn es schön sein sollte, eine zweite Chance.«

Ähnlich verhalten sieht es Indra: »Es ist einfach, Hongkong sofort zu lieben. Um hinter die Kulissen zu blicken, braucht man jedoch auch beim Reisen Geduld. Phnom Penh ist eine Stadt, die man erst beim dritten oder vierten Anlauf ins Herz schließt, dann aber lohnt sie mehr als Hongkong.«

Meist unterschätzt man das Ankommen, will so schnell wie möglich *angekommen sein*. Dabei ist die verhalten bis offen euphorische Art der Annäherung, deren wir uns angesichts des Fremden ganz automatisch befleißigen, im Grunde eine der sympathischsten Phasen einer Reise – was uns selber betrifft. Hier winken wir noch nicht ab, wissen Bescheid, sind wegen dieser oder jener Eigenheit eines Reiselands gereizt und nicht mehr in der Lage, es neu und frisch zu erleben. War unser Blick bei der Ankunft aus Unkenntnis verzerrt, so ist er's dann nicht minder aus einer gewissen Kenntnis heraus.

Gerade Unsicherheiten und Mißverständnisse, wie sie jedes Ankommen begleiten, sind kostbar. Das Erstaunen über rätselhafte Aspekte des neuen Alltags wird am Ende der Reise vielleicht eine der zentralen Reiseerfahrungen sein. Als ich in einem Restaurant kurz nach meiner Ankunft in Japan auf die Toilette ging, erschrak ich vor der Wärme der Toilettenbrille. Sie war elektrisch vorgeheizt. Dann gab es anstelle von Klopapier eine Art Mischpult an der Wand mit einem knappen Dutzend Knöpfchen. Sie waren nur auf Japanisch beschriftet und, wie sich beim Ausprobieren herausstellte, steuerten Temperatur und Stärke des Wasserstrahls, mit dem man sich zu reinigen hatte. Eine Taste für den Fön danach gab es auch und sogar eine, mit der man das Rauschen einer Klospülung erzeugen konnte, um die tatsächlichen Geräusche zu übertönen. Was ich *nicht* fand, war eine Taste, um die Spülung in Gang zu setzen. Ich mußte den Wirt um Hilfe bitten, der auch gleich beflissen mit mir mitkam. Die Taste saß sehr diskret an einer völlig anderen Stelle des Raums, weit vom Mischpult entfernt.

Die Szene spielte keineswegs in einem Luxusrestaurant, derart aufwendig programmierte »Shower toilets« sind in Japan weit verbreitet. Der Initialschock bei der Ankunft, so sehe ich es im Rückblick, erzeugte bereits den Kulturschock, unter dem ich noch nach Wochen stand – eine Reise nach Japan ist für mich bis heute eine Reise in die Zukunft der Zivilisation geblieben. Kehrt man nach ein paar Wochen zurück nach Deutschland, erkennt man bei tausenderlei Gelegenheit, wie überaus perfekt der Alltag in Japan organisiert ist.

Was mag ein Japaner denken, der zum ersten Mal in Deutschland auf die Toilette geht – und über die Kälte der

Klobrille erschrickt? Er wird sein Erlebnis zur Anekdote verarbeiten und fortan seine Freude daran haben. Gibt es auch einen Initialschock, der die Freude am Fremden anhaltend trübt? Ich erinnere mich an die Landung der Fähre in Alexandria 1978, die sofort von Einheimischen gestürmt wurde, um uns unerbetene Serviceleistungen aufzuzwingen; erinnere mich an das rüde Verhör eines New Yorker *immigration officer* bei meiner ersten Einreise in die USA 1982; erinnere mich an Kampala 1993, wo wir von Drogendealern verfolgt wurden, weil wir nichts kaufen wollten. Dschisaiki erinnert sich an seine Einreise nach Gaza, eineinhalb Kilometer Fußmarsch durch israelisch kontrolliertes Niemandsland, ein Bauwagen, dahinter wartende Pferdekutschen. Jürgen erinnert sich an die Ankunft im kurdischen Diyarbakir 1988: »Vom Flugzeug zum Flughafengebäude ging man zu Fuß durch ein Spalier türkischer Soldaten mit Maschinenpistolen im Anschlag und schwerem Geschütz im Hintergrund, ob Panzer oder Artillerie, weiß ich nicht mehr. Es war jedenfalls ein martialischer Empfang.«

Und ein sensationell aufregender zugleich. Auch Alexandria, New York, Kampala, Gaza waren ganz gewiß und vor allem anderen aufregend. Der Initialschock reißt uns aus der eigenen Welt hinüber in eine fremde, mal erleben wir ihn als Warnung, mal als Verheißung. Schlimm ist eigentlich nur eine Ankunft im Fremden, die man achselzuckend erlebt – in Colombo ging es mir so, und darauf folgte dann auch eine eher beiläufige Reise durch mittelinteressantes Terrain.

Der K beteuert, sein erster Eindruck von Jamaika sei überhaupt nicht aufregend gewesen, sondern abscheulich und nichts als abscheulich, er habe ihm bereits den gesamten Urlaub verdorben. Wahrscheinlich formuliert er deshalb so barock: »Ankunft per Schiff. Schon im Hafen von Montego Bay überall bettelnde oder minderwertige Waren anpreisende Afro-Kariben mit mehr oder minder kompletten Gliedmaßen. Eine Freakshow wie aus einem Fellini-Film, dazwischen sexualisierte westeuropäische Rentnerinnen auf der Jagd nach Lowprice-Lovern – Lumpen, Laster, Kiffen, Klauen … Wahrscheinlich der widerlichste Ort der Erde.«

Auch Wolle dachte bei seiner Einreise in den Irak 2015: »Um Himmels willen, wo bist du denn hier gelandet?« Er fügt freilich an: »Man muß nur lang genug bleiben: Irgendwann hat man sich auch an das Schreckliche gewöhnt und empfindet es als normal.«

So wie das Schöne nicht selten des Schrecklichen Anfang ist,[1] ist das Schreckliche – vielleicht nicht des Schönen, aber zumindest des Interessanten Anfang. Dann gilt es, das negative Urteil, das man sich aufgrund seines Initiationserlebnisses gemacht hat, so schnell wie möglich wieder wegzureisen.

1 Rainer Maria Rilke: Duineser Elegien. Zit. nach: Ders.: Sämtliche Werke. Hg. Rilke-Archiv. Frankfurt 1955, Bd. 2, S. 685.

Das Netto-Erlebnis

Während unsrer Ägyptenreise 1978 schickten wir nach der Ankunft in Kairo ein Telegramm an unsre Eltern – keineswegs aus freien Stücken, sondern weil sie uns darum gebeten hatten. Es war das erste Mal, daß wir uns aus Europa herauswagten, drei Jungs und zwei Mädchen, unsre Eltern rechneten mit dem Schlimmsten. Um Geld zu sparen, schrieben wir nur ein einziges Wort: »Allesok«. Jeder von uns hatte einen *Mercedes* von Stuttgart nach Ägypten überführt, nachdem der Tacho abgeklemmt worden war, und selbstverständlich war nicht alles okay gewesen, was wir dabei erlebt hatten. Aber mehr Mitteilungsbedürfnis hatten wir nicht.

Mit Absendung des Telegramms waren wir offiziell zu Hause abgemeldet. Unsre Eltern konnten nur hoffen, daß wir irgendwann wieder auftauchen würden, nicht mal den Termin unsrer Rückkehr hatten wir festgelegt. So war es damals üblich, wer reiste, war weg, *wirklich* weg, und wenn die Zuhausegebliebenen Glück hatten, bekamen sie mit wochenlanger Verspätung eine Postkarte, auf der wieder nur stand, daß alles okay sei. Wie es wirklich gewesen war, wurde nach der Rückkehr erzählt – oder nicht mal dann.

Auch wir erfuhren damals über Wochen nichts von zu Hause, waren ganz im Hier und Jetzt unterwegs. Heute hätten wir Smartphones dabeigehabt und Eltern, Freunde, womöglich einen weiteren Kreis von *Followern* und *Facebook*-Freunden über jeden Teller Saubohnen unterrichtet, den wir am Straßenrand zu uns genommen, und über jede Suche nach einer Toilette, die darauf dringend notwendig gewesen. Wo ich auch bin, sehe ich Reisende, die gerade via Handy in ganz anderen Welten unterwegs sind. Ich frage mich, was sie von der realen Welt währenddessen mitbekommen. Aber auch die Einheimischen sind ständig mit ihren Handys zugange, selbst beim Betteln und in den entlegensten Weltteilen. Alle kommunizieren mit allen, nur nicht mit denen, die gerade physisch anwesend sind.

»Konzentrier dich darauf, wo du bist«, rät der Reiseschriftsteller Paul Theroux, »sei für daheim nicht erreichbar (…). Konzentriere dich auf das Land, wo (sic) du dich befindest.«[1]

Gar nicht so einfach. »Manchmal schalte ich mein Handy ein paar Tage lang nicht an«, sagt Wolle, »doch auf Dauer geht das ja nicht mehr.« Schlechte Nachrichten von zu Hause lassen uns schlechtgelaunt auf unser Reiseland blicken, gute Nachrichten werten es durch die eigene Beschwingtheit auf, beides verzerrt unsre Eindrücke. Die ständige Vernetzung mit Gesprächspartnern, aber auch mit all den Plattformen, die zu Sehenswürdigkeiten, Restaurants und Aktivitäten reihenweise Tips virtueller Reisegefährten bieten, läuft darauf hinaus, daß man nie allein ist und mit Haut und Haar in der Fremde. Sieht man, wie sich ein Großteil der Reisenden per *Google Maps* von Straßenecke zu Straßenecke hangelt, kaum je den Blick vom Smartphone weg und ins Offene richtend, muß man sie bedauern.

1 A. a. O., S. 20.

Zumindest finden sie die vorgeschlagenen Lokalitäten und dort dann ihresgleichen. Was werden sie vom Land, das sie bereisen, später erzählen?

Wahrscheinlich erzählen sie nicht viel, sondern zeigen Selfies. Während sie bei jeder anderen Tätigkeit ihr Display im Auge behalten, um sofort mitzubekommen, was aus anderen Ecken der Welt an neuen Botschaften eingeht, wechseln sie im Akt des Selfie-Machens die Rolle: Nun sind sie's selbst, die wenige Sekunden später die digitale Gemeinde mit einer Kurznachricht samt Foto beglücken. Wichtig ist der hochgereckte Daumen – was im Hintergrund als Teil der Pyramiden oder der Chinesischen Mauer zu sehen ist, spielt allenfalls eine Rolle als Beweismaterial. Die Sehenswürdigkeit dient der Dokumentation des eigenen Lebens, genau genommen: der eigenen Lebendigkeit. Selbst das Betrachten derselben findet per Handy statt, der Datenspeicher ersetzt das eigene Bildgedächtnis.

Früher hat man mehr oder weniger verstohlen Einheimische bei ihren Alltagsverrichtungen fotografiert. Nun geschieht es laufend und in brüskierender Direktheit, indem man sie, offensiv fröhlich, kurzerhand als Motiv vereinnahmt und sich dazugruppiert. Wenn sich ein Strassenhändler entziehen oder ein Rikschafahrer Geld dafür haben will, gilt er als Spielverderber. In etlichen Ländern fotografieren die Einheimischen so wild wie die Touristen, auch als Reisender wird man dort oft zum Motiv. Manche sprechen einen wenigstens noch an, wenn sie gemeinsam mit einem Weißen abgelichtet werden wollen, die meisten knipsen einfach drauflos, sobald man auftaucht, die dreistesten filmen per Handy. Wenn man protestiert, ist ausnahmsweise mal ein Fremder der Spielverderber.

Fotografieren ist nicht mehr nur das entschiedene Hobby

einzelner, Fotografieren ist Lifestyle und unterliegt doch auch gleichzeitig einem gewissen Leistungsdruck. Viele der Sehenswürdigkeiten sind bereits zu Rummelplätzen verkommen, auf denen sich die Weltjugend zum Posen trifft. Der zur Schau gestellte Frohsinn kann dem Unbeteiligten richtig schlechte Laune machen. Indra erzählt, daß die Christus-Statue in Rio bei ihrem Besuch so umlagert war von Touristen, die, auf dem Boden liegend, Selfies mit Christus inszenierten, daß sie dort vor allem aufpassen mußte, niemanden zu treten. Der Maler Johannes Nawrath steht auf Reisen früh auf, um die Sehenswürdigkeit ein zweites Mal, ohne Touristen, zu sehen – und abzufotografieren, freilich auf altmodische Weise: »Wenn man fotografiert, schaut man die Sachen nicht mehr als Ganzes an. Sondern fotografiert Ausschnitte davon. Eigentlich müßte man immer erst ohne Fotoapparat losgehen (ob in einer Landschaft oder einer Stadt) und danach ein zweites Mal mit Fotoapparat. Sonst nimmt man zwar optische Konserven mit nach Hause, aber das Original hat man gar nicht erlebt.«

Der touristische Blick, erklärt er, behindert seinen künstlerischen Blick. Sein bislang größtes Problem war Venedig. Er brauchte zwei volle Tage, um hinter all den Postkartenansichten wieder die Stadt zu sehen – in den Wasserspiegelungen der Kanäle: »Du bist in einer der malerischsten Städte der Welt und siehst erst mal nur, was du sowieso schon irgendwie kennst. Als Maler brauche ich jedoch unverbrauchte Motive. Die Fotos, die ich mache, sind die Ernte meiner Reise, darauf basiert mein zukünftiges Schaffen.«

Auch Eric macht mit Leidenschaft Fotos: »Ein gutes Bild ist stärker als alle Worte dieser Welt. Es ist eine Metapher für viel mehr, als es die Beschreibung einer Situation je sein könnte.«

Eric ist auf seine Weise konservativ, er fotografiert noch mit einer digitalen Spiegelreflexkamera. Alle anderen, die ich gefragt habe, benutzen ihr Smartphone. Dschisaiki: »Sehenswürdigkeiten fotografiere ich damit aber kaum. Eher deren Gegenteil. Diese Fotos werden zum Tagebuch.«

Der K: »Reisetagebuch habe ich früher regelmäßig geführt, heute muß häufig ein *Facebook*-Post als Substitut herhalten.«

Wenn ich selbst gelegentlich Fotos mache, vielleicht aus dokumentarischen Gründen, verengt sich mein Blick auf der Suche nach dem Motiv sofort – und schon kann ich einen zauberhaften Moment nicht mehr genießen. Im Himalaja fotografierte ich eine Yak-Karawane, die uns unter blühenden Rhododendronbäumen entgegenkam. Das Ergebnis war deprimierend. Auf den Bildern fehlte die schwingende Bewegung der Schädel beim Gehen, das dunkle Läuten der Halsglocken, der Zuruf des Treibers, das Zwitschern der Vögel. Zu mehr als dem bloßen Schauen reicht es bei mir meist nicht. Am liebsten reise ich netto.

Und mache mir Notizen. Nicht aus Prinzip, eine Reise ohne jede Notiz ist mir ganz recht. Meist halte ich der Flut der Eindrücke aber nicht stand, ohne dagegen anzuschreiben. In jedem Fall führe ich eine Art Reiseprotokoll im Rahmen meiner sogenannten Braunen Bücher. Gemeint sind *rido Reise-merker*, die ich seit 1975 übers ganze Jahr führe; es gab sie anfangs nur mit braunem Einband, daher der Name. Sie dienen weniger als Tagebuch denn als sparsam kommentierte Auflistung der täglichen Fakten. Um das vorliegende Buch zu schreiben, habe ich sie alle wiedergelesen und war nicht selten überrascht, wie deutlich mir die Reise anhand weniger Worte tatsächlich vor Augen stand. Auch wenn Eric das Gegenteil behauptet: Manchmal ist eine Notiz stärker als alle Fotos dieser Welt.

Einmal bin ich wegen meiner Notizenmacherei verhaftet worden, 2006 im kubanischen Oriente. Mit meinem Freund Cuqui und dessen Frau Mariella war ich in den Bergen der Sierra Maestra unterwegs, sie tauschten bei den Bauern Kleider gegen Lebensmittel – ein Paar alter Schuhe gegen ein Huhn zum Beispiel. Eine Weile folgte uns ein Polizist in Zivil. Als Mariella gerade eine selbstgenähte Jeansshorts gegen ein weiteres Huhn eingehandelt hatte, griff er zu. Erst im Tal erfolgte das Verhör, dann kam der Polizeichef zum nächsten Verhör. Und um mir mitzuteilen, das Gesetz Nr. 23 verbiete Touristen, hier herumzulaufen. Tags drauf mußte ich mich beim *Chef de Immigracion* in Santiago de Cuba melden: Nach einer Dreiviertelstunde Kreuzverhör durch zwei Offiziere der Geheimpolizei stellte sich heraus, daß es kein Gesetz Nr. 23 gab. Verdächtig war ich geworden, weil ich keine Fotos gemacht hatte, sondern Notizen! Wieso ich mich überhaupt in den Bergen herumgetrieben hätte, da gebe es doch nichts zu sehen? Am Schluß verabschiedeten sie mich per Handschlag: Kuba sei ein kleines Land, umgeben von Feinden, da müsse man schon ein bißchen aufpassen auf Leute wie mich. Ob ich sie verstehen würde? Ich verstand sie.

Zehn Jahre später fuhr ich in den Nordostzipfel von Indien, weil ich hoffte, daß man wenigstens dort noch netto reisen konnte, also einfach drauflos, ohne Smartphone und Internet. Ich hatte mich getäuscht, es ging nur brutto, in die meisten Hotels kam man gar nicht erst hinein, wenn man nicht zuvor online ein Zimmer gebucht hatte. In Indien! Zum Glück hatte ich mein *MacBook* dabei, eigentlich um Notizen über die Reise festzuhalten, nun brauchte ich es, um überhaupt reisen zu können. Jeden zweiten Abend war ich abends im Netz, um mir – von *TripAdvisor* über *goibibo.com*, *ClearTrip* und *Agoda* bis *Booking.com* – Hotels anzusehen und ihre Lage auf *Google Maps* zu vergleichen. Der Buchungsvorgang selbst erforderte ähnlich starke Nerven wie früher die Suche nach einer Unterkunft in einer verwinkelten Altstadt und das Feilschen um den Zimmerpreis. Das Netz in Indien ist langsam, oft bricht es im entscheidenden Moment zusammen. In letzter Instanz scheitert man daran, daß man keine indische Handynummer angeben kann oder keine indische Kreditkartennummer.

Zwangsläufig sieht man dabei Fotos und liest Erfahrungsberichte früherer Hotelgäste, man kann sich dem Sog nicht entziehen, auch wenn man weiß, daß man sich damit die Freude des Ankommens verdirbt. Nur selten gab es dabei etwas zu lachen: Als ich eine Zugfahrkarte buchen wollte, bekam ich auf *makemytrip*, »India's No 1 Travel Site«, die Meldung: »No bookings can be made between 8:00 AM and 08:30 AM as per *Indian Railways* regulations.« Ähnlich restriktiv die Seite von *Indian Railways* selbst: Ich solle mich später wieder melden, im Moment sei gerade – tatsächlich wurde das so lapidar behauptet – Mittagspause.

Weil ich ohnehin schon vor einem Computer saß, beantwortete ich auch gleich meine Mails, bereitete meine Reiseziele per *Wikipedia* und weiterer Spezialseiten vor oder nach. Schließlich las ich sogar politische Nachrichten aus Deutschland und dann noch die Ergebnisse auf *kicker.de*.

Auf dieser Reise fotografierte ich auch. Abends sichtete

ich die Bilder des Tages, sortierte aus, schickte das schönste davon in die eine oder andere Gegend der Welt und empfing im Gegenzug Fotos aus ebenjenen Gegenden. Ständig nahm ich Anteil an den Erlebnissen der Daheimgebliebenen oder gerade in anderen Ländern Reisenden, teilte ihre Sorgen und erzählte von den meinen, gab Ratschläge oder erbat sie, ja verabredete mich bereits wieder mit ihnen. Es war wie ein Fluch: Kaum war ich online, fand ich mehr und mehr Gründe, online zu bleiben. In-der-Fremde-Abtauchen geht anders.

Haltung wahren

Ich will lässig aussehen, weder wie ein abgerissener Backpacker noch wie ein Reisesnob in edler Funktionskleidung. Vor allem nicht wie ein Tourist! Ich besitze keine Sandalen.« Das gibt Konsul Walder auf die Frage, wie er sich auf Reisen kleidet, zu Protokoll, und er wird noch deutlicher: »Backpacker passen sich meist krampfhaft an, bei ihnen ist anscheinend nicht nur die Pumphose, sondern auch der Verstand gebatikt. Beim Versuch, während einer Reise wie ein Einheimischer auszusehen, kann man ganz schnell seine Würde verlieren.«

Ob in Dschallabija oder anderen arabischen Spielarten der römischen Tunika, ob als Indienfreak mit allerlei Schmuck und Tüchern oder mit Rastazöpfchen auf Jamaika, man läuft schnell als Karikatur der Einheimischen herum. »Als ob man dann weniger Tourist wäre«, schüttelt Dr. Black den Kopf.

Hinter dem Versuch, sich Land und Leuten anzupassen, steht der Wunsch, sich für die Dauer der Reise in einen anderen zu verwandeln. Die plattere Variante besteht darin, bereits beim Hinflug als Freizeitclown mit Sonnenhütchen einzuchecken. Männer in Bermudashorts und Trekkingsandale, dem mißratnen Halbbruder der *Adilette*. Frauen in fröhlich gemusterten Pluderhosen und Flipflops. Es soll vom Start weg Ungezwungenheit demonstrieren – Konditionierung durch Kleidungswechsel auch hier.

Eine dritte Spezies an Reisenden setzt aus praktischen Erwägungen auf Nachlässigkeit. Mit Bedacht wählt sie diejenigen Teile aus ihrem Schrank, die eigentlich längst in die Altkleidersammlung gehören und vor dem Heimflug an Einheimische verschenkt werden. Dr. Black: »Allerdings ist es mir auch schon vorgekommen, daß die ›Bedürftigen‹ meine ausgefransten Klamotten nur zögernd annahmen, weil ich sie schon so abgetragen hatte, daß ihre eigene Kleidung besser war als meine.« Für Indra ist es völlig unverständlich, »daß man sich auf Reisen achtlos kleidet. Warum ist das so? Weil man niemanden kennt und es einem deshalb egal ist? Will man denn niemanden kennenlernen? Kommt denn keiner auf die Idee, daß man die Einheimischen dadurch beleidigt?«[1]

Drei Arten, sich urlaubsfein zu machen, drei Haltungen, die dahinterstehen: Anpassung bis hin zur Verkleidung als Einheimischer; Verharmlosung bis hin zur Kindlichkeit; optisches Downgrading als Anpassung weniger an die Bevölkerung als an deren härtere Lebensumstände.

Gut, seitdem Outdoor-Kleidung von der Modebranche entdeckt wurde, treten sogar Pauschalurlauber gern mal als (schicke) Abenteurer auf. Und natürlich gibt es auch immer wieder spektakuläre Einzelfälle: Ich erinnere mich an die indonesische Insel Batam, direkt vor Singapur gelegen, erinnere mich an eine Touristin, die dort in Sommerkleid und schwarzen Lackpumps durch den Regenwald – nein, nicht

---

[1] Die einzigen, die immer schick aussähen, seien Spanier, vornehmlich ältere spanische Frauen. Auch unter den Teilnehmerinnen von Städtemarathons werden *ältere* Spanierinnen als »extrem gut aussehen(d)« genannt (M. P.: 42,195. Hamburg 2015, S. 96 f.).

etwa ging, sondern schritt. Eine solche Szene kann man sich nicht ausdenken, dazu wäre sie viel zu unglaubwürdig, vergessen kann man sie erst recht nicht.

Aber um Ausnahmen soll es hier nicht gehen – und auch nicht um passende oder weniger passende Urlaubskleidung. Sondern um die Haltung, die wir in einem fremden Land einnehmen. Durch unsre Kleidung bringen wir sie bereits bis zu einem gewissen Punkt zum Ausdruck. Die Sehnsucht des Urlaubsdeutschen zielt nicht nur auf das Erlebnis des Exotischen, sie zielt auch darauf, im Ausland möglichst positiv wahrgenommen zu werden. Inbesondere ältere Jahrgänge, die noch mit einem historischen Bewußtsein aufgewachsen sind, möchten zeigen, daß die Deutschen »längst nicht mehr so sind«, wie sie sich während der NS-Zeit ins welthistorische Gedächtnis eingraviert haben. Im Grunde ist das ein ehrenwertes Anliegen, und über die Jahrzehnte haben deutsche Touristen tatsächlich zu einem anderen Bild Deutschlands in der Welt beigetragen. Geliebt werden und geachtet werden ist allerdings zweierlei.

Weil die Deutschen geliebt werden wollen, machen sie mitunter nicht nur in ihrer Urlaubskleidung, sondern auch in übertragener Hinsicht eine schlechte Figur. Anders als Engländer, die auf Reisen gern in postkolonialer Attitüde auf die Einheimischen herabblicken und sich über alles lustig machen, wollen die Deutschen unbedingt wieder zur Weltgemeinschaft dazugehören und blicken sicherheitshalber zu allen anderen auf. Sie versuchen zu verstehen. Wenn sie nichts verstehen, lächeln sie verständnisvoll und halten sich diskret beiseite. Böse faßt der K zusammen: »Im Ausland sind sie Chamäleon, zu Hause quatschen sie sich das Barbarische schön.«

Wie eifrig wir bemüht sind, den Einheimischen Komplimente über ihr Land zu machen (»Oh, very much, great«)! Doch weder die englische Selbstüberhöhung noch die deutsche Unterwürfigkeit ist angemessen, wenn man ein Reiseland jenseits der Sehenswürdigkeiten begreifen möchte. Wie würden wir denn einen Touristen in unsrer Heimatstadt empfinden, der uns erzählen möchte, daß er an Deutschland alles super findet und nur super? Wir würden glauben, er wolle sich über uns lustig machen.

Auf die Frage, wie ich ihr Land finde, antworte ich mittlerweile lieber: Ich wisse es noch nicht. Wie es der Fragende denn selber finde? Die Antworten führen oft auf überraschend direktem Weg hinter die Kulissen des Reiselands. In Westbengalen habe ich auf diese Weise erfahren, daß alle Angst hatten vor der Unzahl an illegalen Einwanderern aus Bangladesch:[2] Moslems würden sich nicht integrieren, sie blieben nur unter sich, man wisse überhaupt nicht, was sie dächten und in Zukunft vielleicht tun würden. Jeder meiner Gesprächspartner fand, daß Indien ein wundervolles Land sei (»Oh, very much, great«), doch mehr für die Sicherheit seiner Außengrenzen tun müsse. So weit weg von Europa, wie ich dachte, war ich hier gar nicht.

Haltung bewahren beginnt im Alltag: Sofern man nur darauf bedacht ist, nicht aufzufallen, wird man in vielen Ländern einfach beiseitegedrängt. Sofern man aber die Signale der lokalen Körpersprache lernt, sofern man die Stimme zu erheben lernt und die Ellbogen auch mal auszufahren, wird man selbst in zentralafrikanischen Ländern Achtung erringen und seinen Platz behaupten. Opportunismus bedeutet dort das Gegenteil von Duckmäusertum.

Im Grunde fängt es bereits beim Feilschen an. Gerade

2 Die Bevölkerungsmehrheit von Westbengalen sind Hindus.

Intellektuelle drücken sich gern davor, indem sie sich einreden, die einheimische Bevölkerung hätte »eh fast nichts zu beißen«, man solle ruhig etwas großzügiger sein. Daß sie für ebendiese Haltung von den Einheimischen verachtet werden, wollen sie nicht wahrhaben. So verderben sie nicht nur die Preise, sondern auch das Image der Länder, aus denen sie kommen. Natürlich lohnt es aus unserer Perspektive nicht, vor einer Taxifahrt um hundert Rupien zu streiten. Aber aus Sicht des indischen Taxifahrers lohnt es sehr wohl! Indem wir die Spielregeln nicht einhalten, beleidigen wir ihn; anstatt seine Arbeit adäquat zu entlohnen, rücken wir ihn durch unsre Großzügigkeit in die Nähe von Schnorrern und Bettlern. Feilschen wir hingegen hart mit ihm, erfährt seine Arbeit die ihr angemessene Achtung. Geht es um mehr als eine Taxifahrt, wird die Einigung nicht selten durch einen kräftigen Händedruck besiegelt.

Auch wenn wir es übertrieben finden, unzeitgemäß oder unangemessen: Beim Feilschen wie bei jeder anderen Handlung – also nicht etwa nur dann, wenn wir selbst es beabsichtigen – werden wir überall auf der Welt als Vertreter unsres Landes gesehen. Und in zweiter Linie als Repräsentant Europas beziehungsweise der westlichen Welt. (Oft habe ich auf die Frage, woher ich komme, aus vollem Herzen »Europa« geantwortet. Das hat allerdings keiner gelten lassen, jeder wollte wissen, woher ich »wirklich« komme.) Dies gilt in besonderem Maß für die weltanschaulichen Debatten, die wir im Ausland immer mal wieder führen müssen: Mitreisende in öffentlichen Verkehrsmitteln wollen partout für 100 bis 200 Kamele unsre Freundin kaufen oder bedrängen sie dreist, wenn wir kurz auf der Toilette sind. Statt sich dafür zu entschuldigen, verwickeln sie uns in eine Auseinandersetzung über männliches und weibliches Rollenverständnis. Sie eröffnen uns ihre Verehrung Hitlers, ihre Verachtung der westlichen Dekadenz – bei den jamaikanischen Rastas heißt der Westen bezeichnenderweise »Babylon« – oder ihren Glauben daran, daß Gott groß sei.

In Tadschikistan wird man öfter, als einem lieb sein kann, zur Verbrüderung genötigt, weil man als Deutscher ebenfalls »Arier« sei. Die Tadschiken gehören zur indogermanischen Völkerfamilie und legen großen Wert darauf, sich von den Usbeken und allen anderen Turkstämmen (die gleichfalls in Tadschikistan leben) abzugrenzen. Gern zeigen sie auf ihre runden Augen – und auf die eher geschlitzten des nächstbesten Usbeken. Auch wenn es als Scherz verpackt ist, ist es dennoch ernst gemeint.

Weichen wir aus Höflichkeit aus, erweisen wir uns als genau die Schlappschwänze, die sie in uns vermuten. Sie – das sind natürlich nicht die Intellektuellen eines Landes, denn die werden wir auf einer Reise kaum treffen. Es sind Taxifahrer, Wirte, Zufallsbekanntschaften auf der Straße, meist einfache und nicht selten sehr einfache Menschen. Ihre Wahrheiten sind hart und direkt, sie decken sich nicht im geringsten mit den interkulturell korrekt verschlüsselten Verlautbarungen von Delegationen und Konferenzen.

Insbesondere Gespräche über Glaubensfragen können schnell heikel werden.[3] Aber auch jedes andre Thema. Wolle hat in gewisser Weise resigniert: »In manchen arabischen Ländern darfst du als fremder Mann ja nicht mal einer Marktfrau das Geld für ihre Ware geben, weil du dann ihre Hand berühren würdest. Wie sollte man da über Frauen-

---

3   Keinesfalls nur im Gazastreifen oder in der Westbank. Konsul Walder: »Die Katholiken Südamerikas sind ziemlich fundamentalistisch.« Die im nordamerikanischen Bible Belt nicht minder.

rechte und Demokratie diskutieren?« Man muß es meiner Meinung nach gerade deshalb. Die Verachtung des Westens in weiten Teilen der Welt fußt keinesfalls nur auf Propaganda durch staatlich kontrollierte Medien. Wir selbst sind es, die aufgrund unsres Verhaltens die Verachtung immer wieder hervorrufen oder bestätigen, weil wir im entscheidenden Moment *kein* Rückgrat zeigen und *nicht* für unsre Sache eintreten, die Weltanschauung einer freien Welt.

Nein, die Beschwörung wechselweiser Toleranz hilft uns in den meisten Ländern nicht weiter. Toleranz ist ein zentraler Wert der Aufklärung und das Einklagen derselben eurozentristischer Natur, schon indem wir an ihn appellieren, zeigen wir, daß wir die Werte unsrer Gastgeber geringer schätzen: Glauben, Gemeinschaft, Familie, Sicherheit. Wenn überhaupt, dann müssen wir uns schon dazu aufraffen, Toleranz als *unseren* Wert zu reklamieren und ihn dann auch auf intolerante Weise zu verfechten. Notfalls muß man unversöhnt auseinandergehen, man kann nicht jedermanns Freund sein, auch nicht als Deutscher im Ausland.

2010 wurde es im Samarkander Nachtclub *Randevu* richtig brenzlig für mich. Ich weigerte mich, mit einem Usbeken darauf zu trinken, daß alle Deutschen Verbrecher seien, wie er es von seinen Großeltern gelernt hatte. Als er mich nötigen wollte, den spendierten Wodka zu kippen, kippte ich ihn – in einen großen Blumenkübel. Bevor er auf mich losgehen konnte, stürzten sich seine Freunde auf ihn. Wir einigten uns darauf, daß Deutsche mitunter Verbrecher seien wie Usbeken auch, in der Regel jedoch nicht.

Auch 2011 geriet ich in einen heftigen Disput, diesmal in Milga alias St. Katharin Village auf dem Sinai. Ich hatte mich in der kleinen Moschee eingefunden, als der Imam gerade zum Gebet aufrief. Sowie sich die Gläubigen wieder zerstreuten, lud er mich auf eine Tasse Tee ein, vier seiner Jünger schnitten uns dazu eine Melone auf. Natürlich wollte der Imam mit mir über Gott diskutieren und ging auch gleich in die Vollen: Gott zeuge nicht! Per Handy-App zeigte er mir die entsprechende Sure samt Exegese auf Deutsch, dazu ein selbstbewußtes Grinsen.

Menschen mit festem Glauben sind zwar in ihrem Entscheidungsrahmen eingeengt, innerhalb dessen aber meist zufriedener, fröhlicher und – unbelehrbarer als Freigeister wider Willen aus der entgötterten Welt des Westens. Wie dogmatisch auch dieser Imam war! Gott zeuge nicht, also sei Jesus nur ein Jünger, sprich Mensch, kein Gott, das Christentum damit Götzendienst. Nun habe ich meinen Glauben zwar seit der Konfirmation verloren, in solchen Fällen fühle ich mich jedoch auf der Stelle wieder als überzeugter Christ. Ich fing bei Zeus an, der sehr wohl gezeugt habe, und hörte so schnell nicht wieder auf. Das nötigte dem Imam zwar am Ende keinen Respekt ab, wohl aber seinen Jüngern. Einer von ihnen bat mich, trotz aller Einwände irgendwann einmal den Koran zu lesen. Ich versprach es – unter der Bedingung, daß er seinerseits die Bibel lesen werde. Auch er versprach es. Bevor wir auseinandergingen, gaben wir einander die Hand, der Imam stand etwas abseits und lächelte.

Länder abhaken

Am 14. 1. 2016 erhielt ich folgendes Rundmail von Dr. Black:

Liebe Freunde,
(…) 2015 war ein fantastisches Jahr für mich. Obwohl ich vollzeitig berufstätig war, ist es mir gelungen, allein im letzten Jahr ALLE SIEBEN KONTINENTE zu besuchen. Hier ist die beeindruckende Liste meiner Reisen:
January: ANTARCTICA, SOUTH AMERICA (Chile, Argentina, Uruguay)
February: NORTH AMERICA (California)
March: ASIA (Burma / Myanmar, Hong Kong)
April: New York
Mai: Mexico
June: EUROPE (Germany, Austria, Slovenia, Hungary, Slovakia, Poland, Ukraine, Romania, Bulgaria)
Juli: AFRICA (South Africa, Swaziland, Lesotho, Namibia, Botswana, Zambia, Zimbabwe)
August: Burning Man (not a continent, but like another planet)
September: Oregon Coast
October: Shocking, but I stayed at home in California – but it was full of festivals and parties

November: Mexico, Japan
December: OCEANIA / AUSTRALIA (Fiji – my 120th country, Australia)
27 Länder und sieben Kontinente in einem Jahr. Und nicht nur kurz mal reingeschaut bei einem Stop-Over oder so (außer Antarctica – nur fünf Tage), sondern volle Reisen, meist längere Auto-Touren.
Zur Zeit bin ich in Tasmanien, und es gelingt mir immer noch nicht, mich mal auszuruhen. Aber morgen soll das Wetter schlecht werden. Vielleicht werde ich mal ausschlafen. (…)

Dr. Black, der seit seiner Studienzeit in Kalifornien lebt und offensichtlich auch ständig zwischen seinen zwei Hauptsprachen hin und her »reist«, ist nicht der einzige, der Länder abhakt. Der jüngste Globetrotter, der bereits im Alter von 37 Jahren alle Länder der Erde bereist hat – der Norweger Gunnar Garfors –, hält einen weiteren Guinness-Weltrekord dafür, daß er im Jahr 2012 innerhalb eines einzigen Tages fünf Kontinente besucht hat. Zwei Jahre später der nächste Weltrekord: 19 Länder in 24 Stunden.[1]

Man nimmt es achselzuckend zur Kenntnis. Mit Reisen als dem Sich-Einlassen auf fremde Kulturen hat es nicht unbedingt zu tun. Aber auch Eric hat offensichtlich den Ehrgeiz, möglichst viel von der Welt zu sehen:

»Ich habe eine Landkarte in meinem Wohnzimmer, die mit einer dünnen Goldschicht belegt ist, man sieht nur die Ländergrenzen. Rubbelt man ein neu bereistes Land mit einer Münze frei, leuchtet es rot, grün oder gelb. Ist immer wieder ein schönes Gefühl.«

[1] Gunnar Garfors: 198. How I Ran Out of Countries. Oslo 2015 (http://news.bitofnews.com/every-country-in-the-world-before-age-40/).

Auf eher skurrile Weise verfolgt auch Dschisaiki beim Reisen Ziele, die weit über die einzelne Fahrt hinausweisen: »Ich betreibe in aller Heimlichkeit das Projekt, alle Buchstaben des Alphabets nach bereisten Ländern ›abzuhaken‹, bin bei ca. 80 Prozent und warte auf Staatsgründungen mit Q, X und Y.«

Einer wie Achill weiß gar nicht mehr, wie viele Länder er mittlerweile bereist hat. Zumindest kann er mir sagen, daß er in 28 Wüsten war und dort etwa fünfeinhalb Jahre verbrachte. Ein Freund solcher Statistiken ist er nicht, aber: »Die Menge der bereisten Länder zeigt ja auch einen Erfahrungswert an, Quantität bürgt für Qualität der Erkenntnisse.«

Der Reisende ist das Gegenteil des Spezialisten. Seine Sehnsucht richtet sich aufs große Ganze, im Lauf seines Reiselebens wird er, darin dem Schriftsteller verwandt, bestenfalls Fachmann fürs Allgemeine. Er ist nicht so sehr Liebhaber eines bestimmten Landes, in das er bei jeder Gelegenheit zurückkehrt, als der Welt insgesamt. Potentiell fühlt er sich von allen 194 Ländern angezogen, die es offiziell derzeit gibt.[2] Hinzu kommen 13 weitere Staaten, Nationen, Länder oder Territorien, bei denen die Staatseigenschaft umstritten ist.[3] Sein Hauptproblem besteht darin, Zeit zu finden, all die Länder – ob Territorien oder Staaten – auch tatsächlich zu besuchen.

Jedenfalls möglichst viele davon. Wo sich der Tourist auf die Sehenswürdigkeiten eines Landes konzentriert, widmet

2 Die UN zählt 193 Länder, dazu kommt Palästina als »non-member Observer State« (http://www.un.org/en/sections/member-states/growth-united-nations-membership-1945-present/index.html).

3 https://de.wikipedia.org/wiki/Liste_der_Staaten_der_Erde; der Staatsbegriff ist nicht allgemeingültig definiert, daher werden in anderen Quellen auch leicht abweichende Zahlen genannt.

sich der Reisende auch der Erforschung des Alltäglichen. Er vergleicht das Gesehene mit früheren Reisen, er bilanziert und wertet. In seinen stillsten Momenten sieht er den kleinsten gemeinsamen Nenner dessen, was als Vielfalt der Erscheinungen den Reiz des Reisens ausmacht, er sieht, wo er auch gerade sein mag, das Immergleiche, wiewohl in vielfältigster Ausprägung, und versteht es tiefer und umfassender, als hätte er's nur in der Heimat gesehen: Menschliches, Allzumenschliches.

Das Geschäft des Reisenden hinter all seinen tagtäglichen Verrichtungen ist nichts weniger als praktische Philosophie. Er gewinnt seine Erkenntnisse nicht mithilfe von Logik, sondern von Empirie. Das erklärt, warum uns die Bücher von Reiseschriftstellern oft unmittelbarer berühren als die von Autoren, die ein Leben lang kaum etwas anderes gesehen haben als ihren eigenen Schreibtisch. Man nehme ein beliebiges Werk von Kipling, Krakauer, London, Chatwin – sogleich wird man gepackt von der Direktheit, mit der sie alle auf ihr Thema losgehen wie ein Matador auf den Stier: durchaus elegant und manchmal etwas selbstverliebt, aber vom ersten Moment an zielstrebig. Man spürt in jeder Zeile, daß sie Sujet und Figuren in ihrer innersten Logik begriffen haben und vollständig beherrschen. Ihre Welt- und Menschenkenntnis ist auf solch helle, transparente Weise in die Oberfläche ihrer Texte eingegangen, daß auch in die dunklen Abgründe darunter ungewöhnlich viel Licht fällt.

Neben dem Streben nach Erkenntnis gibt es vom Abenteurer- bis zum Bildungsbürgertum zahlreiche weitere Beweggründe, um in der Ferne nach Rekorden zu jagen und der Leidenschaft des Sammelns zu frönen: die »Seven Summits« besteigen, die jeweils höchsten Berge der sieben Kontinente, oder alle 14 Achttausender, die schönsten Metropolen der Welt besichtigen[4] oder die schönsten Plätze der Welt,[5] alle Weltmeere befahren oder alle *Major-Six-*Marathons laufen, ganze Länder oder Kontinente zu Fuß durchqueren ...

Reflexhaft fragt man sich, welche Superlative man dagegen ins Feld führen könnte und was man selber abgehakt hat. Nun, ich habe ... den saubersten Ort Asiens besucht: Mawlynnong im indischen Bundesstaat Meghalaya hat den Titel »Cleanest village in the whole of Asia« 2003 zugesprochen bekommen. Dahinter steckte zwar ursprünglich nur das Marketing-Magazin *Discover India*, der Titel hat sich nichtsdestoweniger durchgesetzt. Und am regenreichsten Ort der Welt war ich auch: Cherrapunjee, ebenfalls in Meghalaya, hält den Guinness-Rekord »The wettest place on earth«, allerdings für die jährliche bzw. monatliche Niederschlagsmenge im Jahr 1861. Der aktuelle Rekord wird von Mawsynram gehalten, das ganz in der Nähe liegt. Anders formuliert: Ich habe bei solchen Gesprächen nichts zu bieten.

Nach Erhalt des Mails von Dr. Black blieb mir nichts anderes übrig, als wenigstens nachzuzählen, wie viele Länder ich bereist hatte. Es war mir bis dato nicht in den Sinn gekommen und nun lediglich mithilfe meiner Braunen Bücher zu schaffen. Bald mußte ich darüber nachdenken, welches bereiste Land als Staat gelten durfte – vor allem im karibischen Raum und in der Südsee – oder ob die Staatsform eines Landes für den Reisenden nicht völlig egal ist.

Ich entschied mich, mit Abstrichen, fürs Länder-, nicht

---

4 Genannt werden meist Rio, Hongkong, Kapstadt, San Francisco und Sydney.
5 Registan / Samarkand, Imam-Platz / Isfahan, Markusplatz / Venedig, Grand Place / Brüssel, Plaza Major / Salamanca usw. usf.

fürs Staatenzählen. Selbstverständlich konnten bloße Zwischenlandungen nicht mitgerechnet werden. Mitunter ärgerte ich mich, zum Beispiel über meine Reise durch die UdSSR im Jahr 1987. Wäre ich ein paar Jahre später auf-gebrochen, hätte ich auf derselben Strecke einige Staaten mehr gesammelt, die ich nur als Sowjetrepubliken bereist hatte. Andrerseits bescherte mir eine kurze Fahrt nach St. Petersburg 2005 Rußland als »neues« Land, zusätzlich zur UdSSR. Am 17. 6. 2016 kam ich auf 97 Länder.

Also auf die Hälfte aller 194 Länder, die zur Zeit unsre Welt sind, immerhin. Man könnte auch sagen: gerade mal. Was nützte es, 26 Mal in Österreich oder 18 Mal in Italien gewesen zu sein, wenn man in dieser Zeit locker auch in … Aber man reist doch nicht im imaginären Wettstreit mit anderen? Oh, ich kenne einige, die genau das tun.

Weil ich schon dabei war, addierte ich die Tage, die ich auf Reisen war,[6] und kam auf einen Jahresdurchschnitt von 175,66 Tagen. Abgesehen von meiner halbjährigen Kreuzfahrt auf der *Europa* 2006/07, bei der das Abhaken ja gewissermaßen vom Kapitän und seiner Crew für mich erledigt wurde, war das Jahr 2000 mein Spitzenjahr, sowohl was Reisedauer betrifft (226 Tage) als auch »Abhaken« (10 Länder). Zur Erinnerung Dr. Black im Rückblick auf 2015: »27 Länder und sieben Kontinente in einem Jahr.« War er, abgesehen von den angegebenen Pausen, nonstop unterwegs gewesen? Wie konnte er das physisch überhaupt durchhalten? Dr. Black lacht: »Ich habe einen alten *Jeep Cherokee*, der reist für mich. Ich bin so gehfaul, daß ich ge-setzeswidrig in verkehrsberuhigte Innenstädte hineinfahre, auf Wanderwegen durch die Landschaft, durch Tempel-

---

6 Hierbei zählten auch Reisen innerhalb Deutschlands.

anlagen (Tikal, Angkor Wat) und in Burgen hinein. Einmal, in Tschechien, bin ich sogar in ein Schloß reingefahren, richtig in das Innere des Gebäudes. Interessanterweise sind es immer die Deutschen, die sich darüber ereifern.«

Und so fahre er jetzt weiter, bis er alle 194 –?

»Eins nach dem andern«, dämpft oder befeuert Dr. Black meine Erwartungen: »Mein nächstes Ziel ist es, bis zum 70. Lebensjahr 150 Länder bereist zu haben.«[7]

Ich brauchte ein paar Wochen, um das Ergebnis meiner statistischen Selbsterkundung zu verdauen. Aus freien Stücken hätte ich den Aufwand nicht betrieben, im nachhinein will ich die Sache aber nicht herunterspielen oder lächerlich machen. Auch unter Läufern bin ich es gewohnt, nach meiner persönlichen Bestzeit beim Halb- oder beim Marathon gefragt zu werden; selbst unter Freizeitsportlern will man wissen, wo der andere leistungsmäßig steht. Unter Reisenden funktioniert es ähnlich. Urteile und Tips eines weitgereisten Wüstenprofis wie Achill haben einfach ein anderes Gewicht als die eines Zufallsbekannten im Sammeltaxi, der gerade mal Barcelona, Prag und Lissabon abgefeiert hat.

Dennoch, und das habe ich erst jetzt begriffen, war Abhaken anscheinend nie meine Sache. Ich bin einfach nur neugierig gewesen. Was mir wirklich zu denken gibt, seitdem ich mir über meine Reisen Rechenschaft gegeben habe, ist die Tatsache, daß ich, abgesehen vom Tadsch Mahal und der Südsee, bis heute nicht mal meine Traumziele »abge-

7 Dr. Black ist Jahrgang 1963. Er hätte also von 2016 bis 2033 Zeit, 30 Länder zu bereisen – weniger als 2 Länder pro Jahr. Ist das für ihn nicht ein bißchen wenig? Nein, widerspricht er, die verbliebenen Länder lägen ja nicht nebeneinander, er müsse sie, im Gegensatz zu seiner bisherigen Reisepraxis, alle einzeln abhaken.

hakt« habe – weder Timbuktu noch den Hoggar, weder Grönland noch Arktis oder gar Antarktis; was den Kilimandscharo betrifft, so war ich zwar schon mal im Basislager bei Marangu, bestiegen habe ich ihn aber noch nicht. Warum eigentlich? Gereist bin ich ja. Nur eben nie dorthin, wo ich seit Jahrzehnten am allermeisten hinwollte. Denn was den Tadsch Mahal und die Südsee betrifft, so lagen sie schlichtweg auf der Route der *Europa*. Andernfalls hätte ich selbst diese beiden Traumziele bis heute versäumt.

Nach Tourplan reisen

Jede Reise ist eine Prüfung, die man am Ende gut bestanden haben will. Doch »gut« ist nicht gleich »gut«. Es hängt vom Schwierigkeitsgrad des Reiselandes ab, vom Tourplan, den man sich für die Reise gemacht hat, und dem Schwierigkeitsgrad der Stationen, die darin vorgesehen sind. Ein Tourplan ist nichts weiter als die Darstellung unsrer Sehnsüchte und Hoffnungen in Form eines Kalenders.

Der begrenzte Zeitraum, die Zahl der Stationen, die wir erreichen möchten, Hindernisse, mit denen wir nicht gerechnet haben, plötzliche Verlockungen, die uns von der geplanten Route abbringen, all das erzeugt latenten Leistungsdruck. Tagtäglich müssen wir uns entscheiden, für oder gegen einen spontanen Abstecher, für oder gegen Einheimische, die einen besseren Weg zu wissen glauben, und jede dieser Entscheidungen kann uns das ganz große Glückserlebnis bescheren oder die ganz große Katastrophe. Je ehrgeiziger die Reise geplant war und je knapper wir die Vorgaben an den entscheidenden Punkten erfüllt haben, als desto »besser« werden wir sie im Rückblick empfinden.

Natürlich unternimmt man eine Reise nicht zuletzt, weil man dabei sein Vergnügen haben will. Es tatsächlich vor Ort zu finden ist oft harte Arbeit, Glückssache oder unmöglich. Selbst dezidierte Vergnügungsreisen garantieren

kein durchgehend *reines* Vergnügen: Während einer Kreuzfahrt kann man bei ziemlich vielen festlichen Gelegenhei-
ten eine ziemlich schlechte Figur abgeben. Bei Städtereisen
schafft man's meist nicht mal, die Sehenswürdigkeiten abzuhaken, die der Reiseführer als »Top-Tip« listet, trotzdem
will man nebenbei auch noch irgendeinen Restaurant-
Geheimtip finden, der *nicht* im Reiseführer steht. Nicht
umsonst fliegen auf Reisen gern auch mal die Fetzen, und
nicht nur unter Ehepaaren.

Dabei wird gerade von Vielreisenden in verdächtiger
Einstimmigkeit zu Protokoll gegeben, daß sie sich auf ihre
Reisen kaum vorbereiten, daß sie es vor Ort locker an-
gehen und das meiste dem Zufall überlassen: »Je weniger
Reiseführer, desto besser. Selbst *TripAdvisor* schränkt ein«
(Konsul Walder). Der Topos »Sich einfach treiben lassen«
suggeriert wunderbar entspannte Reiseerfahrungen und
nebenbei grandiose Überraschungen. Einmal habe ich es
selber auf diese Weise versucht.

Im Sommer 1979 unternahm ich mit meiner Freundin
eine spontane Radrundfahrt durch Süddeutschland. Einen
Abend lang hatten wir uns über eine Straßenkarte gebeugt
und die Route grob festgelegt: von München über Regens-
burg und Nürnberg nach Würzburg, dann im Rheintal bis
Freiburg und von dort zurück nach München. Nebenbei
hatten wir Burgen, Schlösser, Kirchen auf der Karte entdeckt, die wir uns ansehen würden – oder auch nicht. »Bloß
kein Streß«, das war die Devise.

Unsre erste Etappe führte bis Landshut, lediglich 70 Kilometer, doch danach hatte ich solche Knieschmerzen, daß
ich abends kaum mehr aus dem Zelt kam. Bislang waren wir
nur von unsrer Wohnung bis zur Uni und zurück geradelt,
ein bißchen Training vorab hätte uns gutgetan. Und nach

Landshut ging es mit den Bergen erst richtig los! Vielleicht hätten wir unsre Fahrt doch besser anhand einer topographischen Karte geplant. Als erstes strichen wir die Sehenswürdigkeiten, die auf Anhöhen neben unsrer Route lagen. Bald strichen wir die Route selbst zusammen. Schließlich fuhren wir unsre Tagesziele auf möglichst direktem Weg an, ohne Energie an irgend abseitig Gelegenes zu verschwenden. Wir sahen nur noch Teer. Und hatten jeden Tag Streß. Nachdem es im Rheintal endlich einmal wie geplant lief, kam auf der Tagesetappe von Freiburg nach Donaueschingen der Schwarzwald. Ich fuhr damals ein Stadtrad von der Stange mit *Torpedo*-3-Gang-Nabenschaltung, aufgemotzt mit *Easy-Rider*-Lenker und Dreiklanghupe. Nicht gerade das, was sich für eine Tour durch deutsche Mittelgebirge aufdrängt. Meine Ehre bestand darin, nicht zu schieben, selbst jetzt nicht. Die Beifahrer in den vorbeipreschenden Autos kurbelten die Scheibe runter und verhöhnten uns. Das war die erste und letzte Radtour, die wir unternahmen.

Dabei war die Idee ja nicht schlecht gewesen. Nur wie wir sie umgesetzt hatten, war weniger lässig als überheblich. Aufgewachsen in München, hatten wir geglaubt, genug von Süddeutschland zu wissen, um mit einer bloßen Straßenkarte durchzukommen. Und mußten am Ende feststellen, daß wir diese Reise gar nicht unternommen hatten, sondern von ihr unternommen worden waren.[1] »Unwissenheit ist ein schlechter Reiseführer«, schreibt Kipling.[2] Wer einfach so drauflosreist wie wir, will spontan und cool sein, de facto ist er ein Dilettant. Ein Dilettant des Abenteuers; professionelle Abenteurer erkennt man an ihrer Vorbereitung.

Es ist immer wieder befriedigend, sich Ziele zu setzen,

1 Steinbeck: A.a.O., S.8.
2 Von Ozean zu Ozean. Hamburg 2015, S.68.

verschiedene Wege zum Ziel zu bedenken und das Ziel dann auch, sei's auf Umwegen, zu erreichen. Ließe man sich in der Fremde nur treiben, man triebe an vielem Interessanten vorbei. Eine interessante Reise ist zwar noch lang keine gute, aber eben auch keine ganz mißlungene mehr. Hakt man die Stationen eines Tourplans der Reihe nach ab, reist man zumindest auf dem Weg zur Zufriedenheit. Das Glück kommt urplötzlich dazu, das Unglück auch.

Es ist wie beim Romanschreiben: Die Gliederung sorgt dafür, daß ich auch an mittelmäßig kreativen Tagen vorankomme. Vor allem liegt sie für den Moment bereit, da das Unerwartete eintritt – wenn die Phantasie in eine Richtung davonschießt, die ich im wahrsten Sinn des Wortes nicht auf dem Zettel hatte. Falls die Euphorie den Plot dann auf andere Weise voranbringt als geplant: gut. Falls nicht, finde ich aus der erzählerischen Sackgasse nur heraus, indem ich mich auf den nächstgelegenen Hauptpunkt der Gliederung konzentriere, den ich für den Gesamtablauf unbedingt brauche, und ohne Rücksicht auf womöglich geplante Nebenpunkte einen Weg dorthin suche. Im Rückblick sind gerade das die großen Momente beim Schreiben.

Und beim Reisen sind sie's nicht minder. Selbstverständlich modifiziere ich meinen Tourplan im Verlauf der Reise, ja setze ihn bei jeder sich bietenden Gelegenheit außer Kraft. Erst wenn zur Pflicht des Geplanten als Kür das Ungeplante dazukommt, wird es eine gute Reise, eine gute Romanniederschrift, ein gutes Leben.

Und wenn diese großen Momente ausbleiben? Und jeden Tag nur eine neue Pflicht ruft, die bewältigt werden will? Dann geht mir irgendwann die Energie aus, dann verkrieche ich mich in meinem Hotelzimmer und nehme eine Auszeit. Ich liege unterm Ventilator und höre ihm zu, von draußen dringen Gehupe, Geschrei, Gezänk, die Rufe der Straßenhändler, der Gesang des Muezzins, das Geblök der Esel, das Gezwitscher der Vögel. Plötzlich wird ein Generator angeworfen, ein Zug fährt vorbei, indem er ununterbrochen sein Signal ertönen läßt. Und immer gibt es mindestens einen, der auf einem Blech herumhämmert. Man hört den Soundtrack des Landes ganz anders, als wenn man gleich die passenden Bilder dazu wahrnimmt. Im Nichtstun kann Segen liegen, auch beim Reisen.

Jede Reise braucht ihre unverhofften Höhepunkte, sonst erscheint sie uns am Ende, selbst wenn alle Stationen des Tourplans abgearbeitet sind, als unbefriedigend. 1981, ein Jahr nach dem Militärputsch, hatten wir die Türkei bereist – Wolle, ein weiterer Freund, meine Freundin, ich – und nach einigen Wochen das flaue Gefühl, nur Kulissen gesehen zu haben. *Erlebt* hatten wir einige Straßensperren und Stromausfälle, verstopfte Klos und arg nach Fußschweiß stinkende Teppiche in den Moscheen. Das durfte es nicht gewesen sein!

In Bursa, fünf Tage bevor wir in Istanbul den Rückflug antreten mußten, hatten wir abends eine Idee. Am nächsten Tag saßen wir im Nachtbus nach Malatya. Zum Frühstück gab es dort Eintopf mit Gehirn, wir nickten uns zu, es wurde spürbar spannender. In Adyaman nahmen wir einen Minibus nach Kahta, von dort noch einen Bus hoch nach Eski Kahta, dann waren wir da: in einem Bergdorf mitten in Kurdistan.

In den Wochen zuvor hatten wir in Fahrkartenschaltern, Banken, Amtsstuben häufig ein Farbfoto von der Spitze des Nemrut Dağı gesehen. Es zeigte kolossal aus Stein gemeißelte Adler-, Löwen- und Menschen- oder auch Götterköpfe vor einem riesigen Schotterhaufen, offensichtlich eine künstlich errichtete Bergspitze, vielleicht ein Grab, vielleicht eine Kultstätte. Von Kayseri aus hätten wir vor einigen Wochen relativ einfach hinfahren können, aber ... es war nicht auf unserem Tourplan gestanden. Nun hatten wir den Berg mit einer zweitägigen Gewalttour doch noch erreicht, ein Tag blieb uns für Auf- und Abstieg, die restlichen beiden für die Rückfahrt, schon allein das empfanden wir als angemessen aufregend verrückt. Eski Kahta ... Der Bus war noch nicht außer Sichtweite, als wir schon von allen umringt waren, die hier lebten. Eine Weile bestaunten wir uns gegenseitig, schließlich wurden wir bei einer Familie untergebracht, die ihren Wohnraum für uns räumte. Ein Sohn, der ein paar Brocken Englisch konnte, ließ uns ungefragt wissen, hier würden sich alle als Türken fühlen, es gebe keinen Konflikt zwischen Kurden und Türken. Wir spitzten die Ohren. Unsre ganze bisherige Reise war nur das Präludium gewesen, jetzt ging es richtig los.

Um fünf Uhr morgens begannen wir mit dem Aufstieg zum Gipfel, dem Sohn als unserem Bergführer hinterher. Frühstück gab es in einem Dorf weit oberhalb der Strasse, auf der wir gekommen waren. Wieder beteuerten alle, sie fühlten sich als Türken, obwohl sie Kurden seien. Um zwölf standen wir auf dem Gipfel: zwischen kopflosen Göttern aus Stein, ihre Köpfe da und dort in der Landschaft, die Realität übertraf das Foto bei weitem. Schweigend versuchten wir, uns einen Reim darauf zu machen, denn in unserem Türkeiführer war der Nemrut Dağı mit keinem Wort erwähnt. Wir wußten nichts und vermuteten alles. Natürlich stiegen wir auch noch den Schutthaufen

hoch, eine vierzig oder fünfzig Meter hohe Geröllpyra-
mide, und betrachteten von dort aus eine Mondlandschaft
aus bronzefarbenen Gebirgszügen. Um halb drei mußten
wir mit dem Abstieg beginnen, weit nach Einbruch der
Dunkelheit waren wir zurück bei unsrer Gastfamilie.

Erst in dieser Nacht fingen wir uns die Flöhe ein, die uns
dann während unsrer beiden letzten Urlaubstage begleiteten. Über hundert Bisse hatte ich am Morgen gezählt, in
einem der Busse, die wir Richtung Istanbul nahmen, waren
die Flöhe plötzlich weg. Zurück in Deutschland, kaufte
ich mir ein Buch über den Nemrut Dağı, um endlich zu
erfahren, was wir dort gesehen hatten. Wenige Jahre später
brach der Konflikt zwischen Kurden und Türken offen aus.
Heute ist der Nemrut Dağı längst UNESCO-Weltkultur-
erbe, es soll eine Straße bis zum Gipfel führen. Wahrscheinlich steht er auf dem Tourplan eines jeden Türkeiurlaubers.
Wer am Ende der Rundreise ein flaues Gefühl haben sollte,
muß sich etwas anderes einfallen lassen.

Stadtwandern (I)

M ein Gott ist der Gott der Wanderer«, schreibt Bruce Chatwin in seinem Reisebericht »In Patagonien«: »Wenn man lange genug wandert, braucht man wahrscheinlich keinen anderen Gott.«[1] Mit der Entdeckung des Wanderns Ende des 18. Jahrhunderts durch das Bürgertum wurde Gehen zur Freizeitbeschäftigung. Die Romantiker betrieben es als Selbsterfahrung im Spiegel der Landschaft – und das ist es bis heute für viele geblieben.

Tatsächlich finden sich viele religiöse Anklänge in den Bekundungen von Wanderern, am extremsten vielleicht bei Henry David Thoreau, dem amerikanischen Apologeten der Wildnis. Tagtäglich durch Wald und Wiese seiner unmittelbaren Heimat zu streifen war für ihn eine Wallfahrt ins »Heilige Land« der Natur oder gar »eine Art Kreuzzug«, »der Versuch, hinauszugehen und dieses Heilige Land aus der Hand der Ungläubigen zu befreien«.[2]

Auch für Achill ist Gehen ein »Akt der Befreiung« und »ein Weg zum Glück«. Er ist nicht nur Wüstenwanderer, als der er bekannt wurde, sondern Lebenswanderer, ob in der spanischen Mancha, den nordamerikanischen Badlands, am Nil oder im Harz. Unter meinen Reisegefährten ist er

1 Reinbek 1984, S. 49.
2 Vom Spazieren. Zürich 2001, S. 5 f.,7.

das krasse Gegenteil von Dr. Black; am liebsten würde er auch dort noch wandern, wo man nur mit dem Auto fahren darf, über die Hamburger Köhlbrandbrücke zum Beispiel oder auf den Stelzen-Autobahnen in Seoul, die auf 20 bis 30 Meter Höhe durch die Wolkenkratzer führen.

Auch ich kenne das »erhebende Gefühl, auf dem Weg zu sein« und dabei »das Aktive mit dem Kontemplativen zu verbinden«.[3] Wer lange genug geht, wird zum Weg – aber auch zum Berg, zum Tal, zur Wüste, zum Himmel über der Wüste. Alles ist hier und jetzt und eins, man selber auf beiläufige Weise mitten darin, die ganze Welt auf grandiose Weise im Lot. In solchen Momenten ist man im Besitz des Zen, vergleichbar dem »Runner's High«, wie es Läufer erleben. Beides entsteht aus der repetitiven Monotonie der Bewegungsabläufe, die das Gegenteil von Langeweile ist, und führt zur vollendeten Leere. *Es* geht.

Keine Frage, das ist das Glück. Freilich muß die Landschaft auch gleichförmig genug sein, um ein gleichmäßiges Gehen zu ermöglichen. Will man höher hinauf in die Berge oder tiefer hinein in die Wälder, verliert sich der Automatismus des Gehens schnell, das Ich übernimmt wieder die Regie und sondiert mit hellwachen Sinnen das Terrain. Je existentieller die Herausforderungen, desto klarer und einfacher werden die Gedanken, die man während der kurzen Verschnaufpausen hat. *Es* denkt.

Keine Frage, auch das ist großartig. Dennoch bin ich, ohne daß ich es bewußt so gewollt hätte, vor allem anderen ein Stadtwanderer. Die Stadt, insbesondere die Megastadt, die den einzelnen mit ihren gewaltigen Selbstinszenierungen zu erschlagen droht und schon knapp daneben in

3   Alle Zitate aus: Achill Moser: A. a. O., S. 61, 248, 67, 27.

tiefste Provinz umschlägt, das erscheint mir mehr denn alles andere als unsre Welt, unsre Gegenwart. Wider Willen setze ich mich ihr aus, immer wieder. Denn ich bin weißgott kein Fan jener Städte, sie bringen mich nicht weniger schmerzhaft an meine Leistungsgrenze als eine schwierige Tour in einer schwierigen Landschaft.

London, New York, Delhi, Peking ... das sind auf *ihre* Weise Extremlandschaften. Die Wanderung überhaupt zu beginnen ist die erste Mutprobe, die sie uns abverlangen. Das kleine Einmaleins des Reisenden besteht darin, auf jeder Station zunächst sichere Routen zu erkunden und damit die Komplexität des Fremden zu reduzieren. In den Metropolen der Welt mit ihren zahlreichen Zentren und Subzentren kommt man mit dem kleinen Einmaleins jedoch nicht weit. Überdies sind viele dieser Knotenpunkte, insbesondere in Fernost, auf mehreren Ebenen begehbar: auf riesigen Fußgängerbrücken, die ganze Stadtviertel queren, parterre und in unterirdischen Passagen, die sich zu kilometerlangen Einkaufsstraßen mit Plätzen, Brunnen, Gärten und Cafés entwickeln. Weder Brücken noch Passagen folgen dem Straßenverlauf, wie er durch den Stadtplan kodifiziert ist, es gibt unzählige Abzweigungen und Ausgänge, die oft direkt in Einkaufszentren, Büro- und Restauranttürmen münden – man weiß anfangs nie, wo man wieder auf die Straße kommt.

In Hongkong kann man auf diese Weise per Rolltreppe durchs halbe Stadtzentrum und tüchtig bergauf in die »Mid-Levels« fahren, wo die Schlafstädte liegen. Zur Rushhour morgens laufen alle Rolltreppen in entgegengesetzter Richtung, hinunter ins Geschäftszentrum. Das Ganze ist auf eine simple Weise mustergültig, es als Besucher zu erleben wirkt gleichermaßen euphorisierend wie einschüchternd. Allein schon diese Kette an perfekt miteinander vernetzten Rolltreppen zu bestaunen, degradiert uns zum Besucher aus einem Entwicklungsland. Eine Wanderung durch eine fernöstliche Megacity ist an ihren entscheidenden Stellen eine Reise in die Zukunft, jedenfalls für einen Europäer, der solche Städte sonst nur aus Science-Fiction-Filmen kennt.

Aber auch anarchisch wuchernde Megacitys wie Jakarta können bis zur Verzweiflung verwirrend sein. Das Gassenlabyrinth der interessantesten Viertel wird von keinem Stadtplan angemessen erfaßt, der Reisende irrt darin, solang er strebt. Beide Arten von Megacitys verpassen uns zur Begrüßung einen Kulturschock, die einen mit ihrem hyperperfekten Ordnungssystem, die anderen mit Chaos. Wie sollte man sich dort je zurechtfinden, ja mehr noch: die Stadt begreifen? Ich versuche es andersherum: versuche als erstes, die Stadt zu begreifen, und dann erst, mich darin zurechtzufinden. Dazu muß ich einen Blick von oben auf sie werfen, der mir ihre Struktur zeigt, bloßes Herumfahren mit der U-Bahn nützt mir nichts.

1976 standen wir auf der Akropolis und konnten nicht fassen, was wir sahen. Athen zog sich unter unseren Augen als Gewirr von Dächern und Mauern so weit in sämtliche Himmelsrichtungen, daß wir spontan beschlossen, es mit der »Besichtigung« von oben gut sein zu lassen. Wir fanden uns ziemlich ausgebufft, als wir am selben Tag noch Richtung Sparta weiterfuhren. In Wirklichkeit hatten wir klein beigegeben.

Zwei Jahre später bissen wir uns an Kairo die Zähne aus. Wir hatten keinen vernünftigen Stadtplan auftreiben können, im Grunde kamen wir nur voran, indem wir uns verliefen und immer weiter verliefen. Einmal zerstritten wir uns dabei, fünf Ahnungslose, die es jeder besser zu wissen glaubten als die andern. Mich führte mein Weg danach zur Ibn-Tulun-Moschee, ich stieg aufs Minarett und ... blieb wer weiß wie lange. Was ich von dort oben sah, erkannte ich zum Teil, ein paar Moscheen, die Zitadelle, vor allem aber sah ich zum ersten Mal die unfaßbare Ausdehnung der Stadt.

Wenn man lange genug über eine Stadt blickt, fängt man an, da und dort, wo sie besonders markante Punkte aufweist, in sie hineinzublicken. Irgendwann zieht man Verbindungslinien zu den Punkten und zwischen ihnen. Schließlich genießt man nicht mehr nur den Anblick, sondern dessen zugrundeliegenden Bauplan. Hat man eine Karte zur Hand, potenziert sich die Erkenntnis.

In der Bar *Cloud 9* des *Grand Hyatt* von Shanghai kann man auf den Bund wie auf eine Spielzeugstraße hinabblikken und dazu für horrendes Geld Cocktails trinken, bis um halb elf schlagartig die Beleuchtung aller Hochhäuser ausgeschaltet wird. Auf dem *Canton Tower* läßt man sich mit einer *Bubble-Tour*-Bahn am Rand des Aussichtsdecks herumfahren. Im *Cosmo Tower* von Osaka gibt es speziell in Richtung Sonnenuntergang kleine Sofa-Nischen, um den Anblick ungestört zu zweit zu genießen. Auf dem Fernsehturm von Taschkent gibt es gar nichts, im Restaurant einen Stock unter der Aussichtsetage trifft sich abends die örtliche Mafia. Es ist ziemlich aufschlußreich, wie sich Städte anhand ihrer Aussichtstürme präsentieren, auch anhand der Beleuchtung, die sie ihren Bürotürmen mit Einbruch der Dämmerung verpassen. Während sich Seoul oder Tokio in ruhig schimmernde Lichtermeere verwandeln, auf denen nur die Spitzen der Wolkenkratzer mit Hunderten an Signallampen rot blinken, überziehen sich in chinesischen Städten ganze Hochhausfronten und Brücken mit Neonmustern, die Form und Farbe ständig ändern.[4]

Dann aber Dubai. Schon das *zweit*höchste Gebäude der Welt, der *Tokyo Skytree* (634 Meter), ist ein Fingerzeig aus dem 22. Jahrhundert. Die obere Aussichtsplattform (450 Meter) war zum Zeitpunkt meines Besuches mit Figuren aus »Krieg der Sterne« dekoriert, so daß man die futuristische Kulisse, die Tokio ohnehin bietet, mit den passenden futuristischen Lebewesen fotografieren konnte. An speziellen Fotopoints konnte der Besucher selber mit Laserschwert vor dem Panorama posieren. Die untere Plattform (350 Meter) bietet eine überraschend andere Perspektive auf die Stadt als die, die man hundert Meter höher gewinnt – der Einfallswinkel des Blicks ist flacher, »menschlicher«. Hier gibt es meterlange Touchscreens, auf denen die Aussicht in Ruhe als interaktives Foto zu geniessen ist, falls man das Gedränge an den Glasfronten vermeiden will. Einzelne Ausschnitte der Wolkenkratzerkulisse kann man heranzoomen oder auf Nachtbeleuchtung umschalten. Jahreszeitlich (in meinem Fall: mit Weihnachtsbäumen) dekorierte Fotopunkte gibt es natürlich auch.

Dann aber Dubai. Das *Burj Khalifa* (828 Meter) ist derzeit mit Abstand das höchste Gebäude der Welt; Zweiklassentourismus auch hier. Auf der höchsten der drei Aussichtsplattformen (555,70 Meter) werden Säfte und Pralinen gereicht, die in der deftigen Eintrittsgebühr von 125 Euro (2015) enthalten sind. Man spricht in gedämpftem Ton, als

---

4 Der Fernseh- und Aussichtsturm *Tsutenkaku* in Osakas Vergnügungsviertel ändert (nur) die Farbe seiner Spitze gemäß Wetterbericht: rot = bewölkt, blau = regnerisch, weiß = klarer Himmel, rot / blau = bewölkt bis regnerisch usw. (http://www.tsutenkaku.co.jp / Guide-pdf / mishiran-guide-english.pdf).

wäre man in einem exklusiven Club, und tatsächlich ist man's für die Dauer des Besuchs ja auch. Man fühlt sich noch weit mehr wie im Turmbau zu Babel als auf den beiden unteren Aussichtsplattformen, wo sich die Wucht des Anblicks schon wieder reduziert hat. Selbst mitten in der Stadt entdeckt man überall unbebaute Planquadrate, die noch von der Wüste beherrscht werden. Und plötzlich sieht man schon die Ruinen, wie sie vielleicht irgendwann in der Zukunft hier zu besichtigen sein werden, wenn sich die Wüste all das verlorene Terrain wieder zurückgeholt hat.

Dubai als das Babylon unseres Jahrhunderts, das ist ein Anblick, der weit über die bloße Orientierung hinaus beschäftigt. Die Hybris des Menschen, etwas innerhalb weniger Jahre aus dem Boden zu stampfen, das im Falle Tokios während einer 1000jährigen Geschichte langsam gewachsen ist – eine Weltstadt –, wirkt gleichermaßen niederschmetternd wie beflügelnd. Manch einer zieht sich zur Erinnerung einen Goldbarren aus dem Automaten, bevor er das *Burj Khalifa* verläßt.

Seitdem ich in Kairo die Zeit vergaß, weil mich die Ansicht der Welt von oben so in den Bann schlug, habe ich zielstrebig überall in der Fremde ähnliche Blicke gesammelt. Nicht nur meine Reisen sind davon geprägt, mein Blick auf die Welt insgesamt ist es. Als ich damals endlich vom Minarett der Ibn-Tulun-Moschee hinabstieg, war die Tür verschlossen. Ich stieg wieder hoch, ging über die Dächer zum Haupttor und warf Steinchen zwischen die Bettler, die traditionell vor dem Eingang sitzen. Auf der Stelle hob ein Geschrei an, wenige Minuten später stand ich selber dort unten. Und dann ging ich los.

Stadtwandern (II)

Und dann gehe ich los. Als erstes zu den Sehenswürdig-keiten, selbstverständlich will ich auch sie sehen, sie sind ja nicht umsonst Sehenswürdigkeiten. Kaum habe ich sie jedoch besichtigt, will ich weiter. Der Lärm, die Enge und die Not hinter der prächtigen Kulisse, die Menschen, die dort ihren täglichen Verrichtungen nachgehen, ziehen mich an.

Meine Erinnerung an Tempel, Schreine, Schlösser, Burgen, Kirchen und Moscheen zerfließt nach einigen Jahren und vermischt sich mit derjenigen an andere Tempel, Schreine, Schlösser, Burgen, Kirchen und Moscheen, die ich auch irgendwann irgendwo besichtigt habe, verschwimmt zu diffus ortlosen Reminiszenzen. Die Nebenschauplätze einer Stadt habe ich dagegen in scharf gestochenen Einzelszenen abgespeichert, insbesondere wenn ich auf die eine oder andre Weise mit den Menschen dort ins Gespräch kam. Weder erinnere ich mich an die Al-Azhar-Moschee noch an die Zitadelle, die wir uns in Kairo anhand unsres *Polyglotts* ansahen; umso genauer jedoch an all die Gassen mit ihren Teeständen und fußballspielenden Jungs, desgleichen an den Tahir-Platz, der damals trotz allem Verkehr eine deprimierend weitläufige Ödnis war. Ich schließe die Augen und sehe den netten Kopten, der dort täglich seinen Mangosaftstand aufbaute, und wie ich ihm einmal den Saft (und manch andres dazu) direkt vor den Stand kotzte, weil ich das Glas in einem Zug geleert hatte. Erst nach mehreren solcher Mißgeschicke hatte ich begriffen, daß man in heißen Ländern keine eisgekühlten Getränke trinken sollte, am wenigsten auf ex. Der Saft wurde vom Staub der Straße wie von einem flauschigen Teppich aufgesaugt, vor unsern Augen verschwand er so schnell und vollständig, daß alle lachen mußten. Der Staub, der Stand, der Kopte und all das grelle Licht darum herum – das ist mehr Kairo für mich als alles andere.

Städte sind nicht per se schön, wie es Wüsten, Gebirge oder Meere sind, das macht sie anziehend und abstoßend zugleich. Man muß darin oft lange Straßen abgehen, in denen man nicht mal von Kinderhorden verfolgt wird, an hohen Mauern entlang oder am Kai eines verlassenen Industriehafens, durch heruntergekommene Vorstädte oder, noch ein Stück weiter draußen, über versteppte Areale zwischen Baracken und Hochhäusern, um am Ende des Weges die angepeilte Sehenswürdigkeit als Offenbarung zu erleben: ein heiliger Baum, ein kleines Mausoleum, eine Wand voller Graffiti, ein Ziehbrunnen, der noch mit einem Ochsen betrieben wird. Für den, der per Taxi auf direktem Wege hinfuhr, wahrscheinlich eher unbedeutend. Dem, der aus eigener Kraft den Weg dorthin fand, prägt sich das Bild mit Macht ins Herz.

»Alles Wesentliche im Leben, alles, was wir Gewinn nennen, wächst aus Mühe und Widerstand«, schreibt mir Stefan Zweig aus der Seele: »Wo wir nicht entdecken oder wenigstens zu entdecken vermeinen (…), fehlt eine geheimnisvolle Spannung im Genießen, eine Verbindung zwischen dem Niegesehenen und unserem überraschten Blick, und je weniger wir die Erlebnisse an uns bequem heranbringen lassen, je mehr wir ihnen abenteuernd entgegendringen, umso inniger bleiben sie uns verbunden.«[1]

Als den seelischen Reiz, der uns all die Mühen in Kauf nehmen läßt, benennt Zweig »ein(en) merkwürdig prickelnde(n) Stolz, das Gefühl der Eroberung«. Auch eine Stadt als Ganzes, will man sie wenigstens ansatzweise erfassen, muß man sich Straße für Straße erobern. Natürlich »versäumt« man dabei viel Zeit mit Vierteln, die Fremden eigentlich nichts zu bieten haben. In Wirklichkeit haben gerade sie etwas zu bieten, was besichtigungsrelevante Viertel nicht haben: die Normalität einer Stadt, ihr wahres Gesicht, nicht das für den Touristen zurechtgemachte oder durch Tourismus bereits entstellte. Es trägt zur Kenntnis des bereisten Landes mehr bei als all seine Sehenswürdigkeiten.

Zum ersten Mal bin ich auf diese Weise durch Venedig gegangen, im März 1978, gemeinsam mit Susan, die kurz zuvor in unsrer Wiener WG eingezogen war. Wir gingen in kein Museum und nur sehr selten in eine Kirche. Nichts konnte uns aufhalten, wir gingen und gingen, manchmal aßen wir eine Pizza, tranken ein Bier, dann gingen wir weiter, Tag um Tag. Die Touristensaison hatte noch nicht angefangen, und Schlepper oder sonstige Nervensägen, die uns aus der meditativen Stimmung gerissen hätten, gab es nicht. »Alles glitt so gleichmäßig und schön dahin«, lese ich in meinem Braunen Buch über diese Reise, »daß man direkt Lust auf den Tod bekam.« Nun ja, ich war damals zweiundzwanzig.

Das war für Jahrzehnte das erste und letzte Mal, daß ich durch eine fremde Stadt ging, wie Wanderer vom Schlage

[1] Dieses und das folgende Zitat aus: Reisen oder Gereist-Werden. In: Ders.: Auf Reisen. Feuilletons und Berichte. Frankfurt 1987, S. 261 f.

Achills durch die Landschaft gehen. Heute bin ich in der Fremde vergleichsweise rastlos, der Weg ist für mich ein Lehrpfad und Genuß von Alkohol dabei undenkbar, er würde mich vorschnell mit der Stadt versöhnen. Ich rede hier nicht mehr von Venedig im Vorfrühling, ich rede von Nairobi im Hochsommer, von Trivandrum während des Monsuns, von London im Herbst. Gehen als meditativer Akt ist hier unmöglich, zu abrupt wird der Bewegungsablauf unterbrochen, zu unterschiedlich sind die Eindrücke, die es blitzschnell zu verarbeiten gilt: Wo ein Wanderer wie Achill die Ruhe der Natur findet, arrangiert sich der Stadtwanderer notgedrungen mit der Unruhe.

Und versucht, sich den Gegebenheiten eines Ortes anzupassen, voranzukommen wie ein Einheimischer. Er ist kein Gourmet beim Gehen und erst recht kein Voyeur. Er flaniert nicht, er läßt sich nicht treiben, er streift nicht ziellos umher, er geht. Er fügt sich in die Bewegungsströme der Einheimischen ein. Ihr Tempo ist sein Tempo, ihr Weg ist sein Weg. Er hält Augen und Ohren offen, und das ist schon alles, was er tut.

Ein Vergnügen ist das nicht unbedingt. Eher die gleichmäßige Arbeit dessen, der auf Recherche unterwegs ist, ohne zu wissen, wofür er eigentlich recherchiert. Er recherchiert um des Recherchierens willen, wie er auch um des Reisens willen reist, beides läuft aufs gleiche hinaus. Alles wird wahrgenommen, nichts ausgesondert, nichts bewertet, dafür wäre gar keine Zeit. Bloß kein Experte werden wollen! Sondern Sammler sein und bleiben, Sammler von Eindrücken, Szenen, Gesprächsfetzen, und weiter!

Das Zeitalter des Flanierens ist abgelaufen. Touristen machen Urlaub und können sich Müßiggang erlauben, der Reisende jedoch darf sich erst wieder zu Hause erholen.

Wer in den Metropolen nur schlendern wollte, versäumt das allermeiste, wer stehenbleibt, hat blitzschnell falsche Freunde als Ratgeber und Begleiter gewonnen.

Zum Stadtwandern gehört schieres Vorankommen auch dort, wo keine Straßenschilder und Hinweistafeln mehr stehen, das ist ja der Reiz an der Sache. Besonders ergiebig ist es in Städten, deren Alltagsleben sich in den Straßen abspielt. Hier führt die Strecke durch alle Varianten der Normalität, im Vorbeigehen entdeckt man eigentlich nur einfache Dinge oder Menschen, die einfache Dinge tun. Entdeckt sie erneut, wie man sie als Kind einst entdeckte. Entdeckt sich selbst dabei als Kind, das staunt und wenige Sekunden später mit derselben Intensität schon wieder etwas anderes bestaunt. Genau diese Einfachheit ist das Besondere, genau dieses Selber-einfacher-Werden. Wann hat man zuletzt einem Schreiner bei der Arbeit zugesehen, einem Schlosser, einem Schuster? Nun sitzen, hocken, knien sie der Reihe nach vor ihren kleinen Geschäften, ganz in ihrem Tun versunken. Schon die fortwährende Betrachtung des Einfachen macht einfach.

Hinsehen ist bei alldem viel wichtiger als Begreifen. Man lernt die Dinge lieben, die man betrachtet, selbst wenn man sie nicht versteht, und manchmal auch die Menschen. An der nächsten Ecke schon schüttelt man den Kopf über sie oder erschrickt vor ihrer Dummheit, ihrer Dreistigkeit, ihrer Grausamkeit, bemitleidet sie ob ihrer Geworfenheit. Städte sind Städte sind Städte. Städter sind Städter sind Städter. Ich liebe sie, ich hasse sie, ich will am liebsten gar nicht hin, nichts von ihnen mitbekommen und ihrem oft zweifelhaften Tun, dann gar nicht mehr weg, ich kann ohne sie nicht sein. Der Bewohner einer schwarzafrikanischen, arabischen, indischen Stadt ist nicht weniger und nicht mehr als mein eigenes Spiegelbild. Er verhält sich so direkt, wie ich mich, kultivierter Vertreter der westlichen Gesellschaft, niemals verhalte. Und doch auch verhalten würde, sobald die Fesseln unserer Kultur von mir abfielen und eine rohere Natur ihr Recht forderte. Der Gang durch die Städte zeigt mir, wie ich auf keinen Fall sein möchte und wie ich trotz aller Sublimations- und Kulturtechniken, die mir mein Schicksal hat angedeihen lassen, auch weiterhin bin. Jeden Tag in einer fremden Stadt gehe ich mein anderes, mein dunkles Selbst auf einer neuen Route ab.

Wenn man lang genug geht, kehrt selbst in den aufregenden Megacitys des Fernen Ostens Normalität ein. In Osaka beginnt schon zwei Parallelstraßen neben der belebten Geschäfts- und Flaniermeile die Kleinstadt. Es ist kaum noch ein Auto zu sehen und kaum ein Passant. Stattdessen eine alte Frau, die vor ihren Blumentöpfen kniet, die sie zu Dutzenden rund um die Haustür arrangiert hat. Oder fünf Katzen, die mitten auf der Straße sitzen und sich sonnen. Zwischen den Hochhäusern ein Feld, in dem eifrig Gemüsebeete beharkt werden. Radfahrer, die sich Sonnenschirme an den Lenker montiert haben und an den Griffen Manschetten, die ihre Unterarme bis zum Ellbogen vor der Sonne schützen. In einem kleinen Park zeigen Akrobaten ihr Können, über Headsets sprechen sie mit dem Publikum. Tatsächlich werden noch Teller jongliert, wie ich es zuletzt als kleines Kind im Wanderzirkus gesehen habe. Als ob die Zeit stehengeblieben wäre, ausgerechnet hier. Irgendwann gelangt man in die Randbezirke, die fließend in die Randbezirke der angrenzenden Millionenstadt übergehen.

Man stößt auf einen Fluß, und wenn man am Ufer entlang-
geht, passiert man eine Frau, die eine Mozart-Arie singt,
fünfzig Meter weiter einen Mann, der ein Beatles-Stück
auf der Gitarre spielt, noch einmal fünfzig Meter weiter
eine Flötenspielerin und als nächstes einen Schlagzeuger,
der unter einer Brücke übt. Schließlich ein Mann, der hin-
gebungsvoll seinen kleinen Hund bürstet. Ein älterer Herr
in blütenweißer Hose, der mit einem Kescher Jagd auf
Schmetterlinge macht; der Kescher ist so groß, daß er selber
locker hineinpassen würde. Manchmal setzt er zu einem
leichten Trab ins hohe Gras der Uferböschung an, dann
sieht man nurmehr den erhobenen Kescher. Der Stadtteil,
von dem ich spreche, heißt Abiko. Wenn man nicht aufpaßt,
läuft man dort Gefahr, wieder zum Flaneur zu werden.

Trotz Einheimischer reisen

Als Neuankömmling ist man ein leichtes Opfer, vor allem in Ländern der Dritten Welt.[1] Man hat noch keinerlei Orientierung, man kennt die Preise nicht, man glaubt fast jedem und fast alles. »Heute letzter Markttag«, mit diesem Satz, auf deutsch, begrüßte uns ein Abschlepper am Fähranleger in Tanger, nachdem wir 62 Stunden lang mit Zug und Bus quer durch Europa angereist und entsprechend angeschlagen waren. Er behauptete, ab morgen bleibe der Souk für 25 Tage geschlossen, hielt uns zur Eile an, damit wir wenigstens heute abend noch etwas davon mitbekämen. Etwas seltsam fanden wir das schon. Aber nicht seltsam genug, wir waren ja erst Mitte Zwanzig. Kaum hatten wir uns in einem schäbigen Hotel seiner Wahl einquartiert, ging es mit ihm kreuz und quer durch die Medina, in die Geschäfte seiner Wahl. O ja, die Souks blieben ab morgen in ganz Marokko geschlossen, wir sollten besser jetzt noch etwas kaufen. Weil wir wenigstens

[1] Man unterscheidet heute zwar eher zwischen »Vierter Welt« und »Schwellenländern«, um der Unterschiedlichkeit der ursprünglich als »Dritte Welt« zusammengefaßten Länder besser gerecht zu werden. Für den Reisenden hat der alte Begriff hingegen nach wie vor Sinn; seine Erfahrungen mit Einheimischen in einem Schwellenland wie Indien werden ähnlich ausfallen wie die in einem schwarzafrikanischen Land der Vierten Welt.

das nicht taten, bekam der Schlepper nirgendwo Provision und wurde sauer. Von einem Moment zum nächsten brach er die Tour ab und forderte Bakschisch. Wir gaben ihm viel zuviel. Ob wir ihn beleidigen wollten? drohte er uns. Plötzlich umringt von Zuschauern, waren wir drauf und dran, mehr zu zahlen. Doch da beschimpfte er uns bereits in mehreren Sprachen und verschwand. Unsre Vorfreude auf Marokko schlug bereits am ersten Abend in Mißtrauen um – zu Recht, wie sich fortan bestätigte. Zurück in der Heimat, waren wir uns allenfalls uneinig darüber, ob es in Tunesien *noch* schlimmer gewesen war oder nicht.

An jeder Station einer Reise erwartet uns ein Empfangskomitee aus Einheimischen, die ganz normale Einheimische spielen, um uns unerwünschte Dienstleistungen aufzudrängen, an unerwünschte Orte zu führen oder unerwünscht Gesellschaft zu leisten. Es beginnt stets ganz freundlich, das ist das Vertrackte, dabei werden bewußt Signale der Gastfreundschaft ausgesandt. Wer sich nicht auf der Stelle freischüttelt und seiner Wege geht, wird von einem »Onkel« zum nächsten durchgereicht.

Solche Begegnungen wirken weit über ihren Anlaß hinaus verstimmend. Das Bild eines ganzen Landes gerät in Schieflage, noch ehe man richtig angekommen ist. Fortan tritt man jedem mit gebremster Euphorie entgegen und vermutet, letztendlich von ihm ausgenommen, angebettelt, belogen, betrogen oder beklaut zu werden. Und *irgend*etwas dieser Art passiert ja auch tagtäglich, mitunter führt man regelrechte Haßreden gegen die Einheimischen. Selbst im Sterbehospiz der Mutter Teresa in Kalkutta kam einer auf mich zu, kaum daß ich den Raum für die todgeweihten Männer betreten hatte, und wurde zudringlich. Er stand im Angesicht des Todes, blieb nichtsdestoweniger Schnorrer.

So verwandeln sich Vorurteile im Lauf der Reise zu Nachurteilen. Zu Hause erzählt man dann jedem, wie »die Inder« oder »die Araber« seien, dabei hat man unterwegs nur immer wieder dieselbe Klientel kennengelernt.

Die Welt der Reisenden ist härter und schlichter als die von Politikern oder Schriftstellern, die auf roten Teppichen in der Fremde empfangen werden und mit ausgesuchten Gesprächspartnern diskutieren. Wir haben es fast überall erst mal mit Überlebenskünstlern aus den untersten Gesellschaftsschichten zu tun und jeder Menge Arbeitsloser. Mit Kameltreibern, die den vereinbarten Ritt eigenmächtig verkürzen, mit Geldwechslern, die Taschenspielertricks beherrschen, mit vorgeblichen Parkplatzwächtern, die Schutzgebühr erheben, mit Priestern, die uns kurzerhand einen roten Punkt auf die Stirn drücken und damit einen (kostenpflichtigen) Segen verbinden. Mit Polizisten, die sich ein lukratives Zubrot verdienen wollen, und mit Jugendlichen, die unter ihrer Testosteronproduktion leiden. Mit Straßenkindern, Bettlern, Dieben. Selten hingegen mit Vertretern der Ober- und Mittelschicht, so gut wie nie mit den Intellektuellen eines Landes. Keiner von ihnen würde uns aus freien Stücken ansprechen. Wir tun es in unsrer Heimatstadt ja auch nicht, wenn wir Touristen sehen.

Unser Urteil über Länder und Völker unterscheidet sich entsprechend markant von dem derer, die auf roten Teppichen reisen, und unser Verhalten vor Ort nicht minder. Während unsrer Maghrebreise, die in Tanger so vertrauensselig begonnen hatte, lernten wir, uns zu wehren. Ich hängte mir eine kaputte Armbanduhr an die seitliche Gürtellasche meiner Jeans – wenn ich ein Zupfen registrierte, wußte ich, daß wir besonders aufpassen mußten. Irgendwann fing ich an, mich gegenüber all den selbst-

ernannten Stadtführern, die uns den Weg zu den Sehenswürdigkeiten verstellten, als Reiseführer auszugeben, sie
sollten mir gefälligst nicht das Geschäft verderben. Ein
kleiner Junge konterte in Fes mit der Gegenfrage: »Wenn
du wirklich ein Reiseführer bist: Wieviel Tore hat also die
Medresse Bou Inania?« Da war ich sprachlos. Wenn wir
von Kinderhorden mit Steinen beworfen wurden, machten
wir Jagd auf sie, desgleichen, wenn ein Halbwüchsiger eine
unsrer Freundinnen auf den Hintern küßte. Wir waren zu
fünft und bereit, für unsre Freundinnen zu kämpfen; wen
immer wir erwischten, der wurde in den Schwitzkasten
genommen oder mit einer Ohrfeige bedacht. Wollte uns
jemand partout nicht in Ruhe lassen, so fotografierten wir
ihn und baten um seine Adresse, angeblich um ihm das
Foto zu schicken. Jeden Tag führten wir Diskussionen
mit Händlern, die uns das Dreifache des korrekten Preises
abverlangen wollten. Das stehe ihnen zu, behaupteten sie,
jahrhundertelang seien schließlich sie diejenigen gewesen,
die übers Ohr gehauen wurden – von den Franzosen.
Wenn wir dagegenhielten, daß wir Deutsche seien, fiel der
Preis.

Es ging uns nicht mal so sehr um das Geld, das man uns
über Gebühr abnehmen wollte. Es ging um unsre Würde.
Dabei führte uns gelegentlich auch jemand »einfach so«
zu der gesuchten Sehenswürdigkeit oder lud uns auf einen
frischen Pfefferminztee ein. Wir blieben mißtrauisch bis
zu dem Moment, da er sich von uns verabschiedet hatte,
ohne Bakschisch zu verlangen. Das ist der Fluch des Reisens: Ausgerechnet die nettesten Einheimischen sieht man
scheel an, weil man vermutet, daß sie das ehrliche Spiel nur
spielen, um uns am Ende desto raffinierter abzuzocken.

So tradieren sich Klischees durch die Jahrhunderte, und

sobald Reisende unter sich sind, versichern sie einander gern, daß sie – trotz aller Differenzierungen, die man im Einzelfall einzuräumen bereit ist – stimmen. Belege dafür kann jeder zu Dutzenden ins Feld führen:

* Im ceylonesischen Kandy wurden wir auf besonders raffinierte Weise ausgenommen: Ein Singhalese, der sich als Pilot vorstellte, begleitete uns eine Weile, schlug vor, gemeinsam Tee zu trinken. Dann trank er selber freilich Bier und schwatzte uns in aller Ruhe 300 Rupien für eine Teesendung von der Plantage seines Vaters ab: Der Tee werde natürlich als Geschenk geschickt, nur das Porto in Höhe von 280 Rupien müßten wir vorab erstatten. Wir erstatteten. Zahlten die Rechnung. Und begriffen erst Wochen nach unsrer Heimkehr, daß wir auf ihn reingefallen waren – wahrscheinlich weil er sich als Vertreter der Oberschicht vorgestellt hatte.

* Einem pakistanischen Taxifahrer in Maskat, der uns zu weit überhöhtem Preis chauffierte und dann nicht mal am Ziel absetzte, brachten wir Deutsch bei, damit er potentielle Fahrgäste künftig noch besser überzeugen könne. Der Taxifahrer wiederholte unsre Worte mit großer Freude: »Ich größter Bescheißer von Oman!« Wir korrigierten ihn, bis er seinen Satz fehlerfrei aufsagen konnte. Erst dann stiegen wir aus.

* In Havanna fiel mir an der Kasse eines Dollarladens der Geldbeutel herunter. »No hay problemas«, meinte der Dieb nur, der sie bereits aufgehoben und eingesteckt hatte, als ich ihn zur Rede stellte. Als hätte ich ihn gerade auf den Fuß getreten und mich dafür entschuldigt. Er übergab mir die Börse ohne jedes Zeichen von Scham.

* Im Londoner Stadtteil Hackney wurde ich am hellichten

Nachmittag von einer entgegenkommenden Schwarzen bewußt angerempelt und anschließend als Weißer beschimpft. Wie reagiert man da? Immerhin ein klarer Fall von Rassismus. In Afrika, wo Rassismus überall offen ausgelebt wird, hätte ich mich wehren dürfen. Aber in Europa?

* Auf der indonesischen Insel Lombok wurde ich als *Vespa*-Fahrer von einer Motorradstreife verfolgt und abkassiert, weil mein Beifahrer keinen Helm trug. Unsern Hinweis, daß auch die einheimischen Beifahrer im seltensten Fall Helm trugen, »verstand« der Polizist nicht. Als er sein Geld hatte, entschuldigte er sich und ließ uns ohne Helm weiterfahren, verriet uns sogar einen Weg, um die nächste Polizeikontrolle zu umfahren.

Ein besonderes Ärgernis sind Männer, die in unserem Beisein dreist unsre Begleiterin anbaggern. Und ein noch größeres Ärgernis, wenn sie deren unverhofften Anblick nutzen, um spontan zu onanieren: am Strand, auf der Uferpromenade, der Fähre, im Zugabteil, in jeder erdenklichen Alltagssituation. Spitzenreiter leider auch in dieser Hinsicht Indien und der arabische Raum. Ganz abgesehen von den ubiquitär wichsenden Jungs, die sich aus ihren Darbietungen oft bewußt ein doppeltes Vergnügen machen. Dem Zug von Chiwa nach Taschkent, der 2013 einmal täglich in jeder Richtung fuhr, lauerte eine ganze Gruppe im Feld am Bahndamm auf und legte gemeinsam los, als wir in Schrittgeschwindigkeit passierten.

Eine Bekannte erzählte mir, daß sie 1985 auf dem Djemaa el Fna direkt angewichst wurde, während sie einem Schlangenbeschwörer zusah. Als sie plötzlich etwas Nasses am Rücken fühlte, eilte sie mit durchgedrücktem Kreuz ins Hotel, zog sich die Bluse übern Kopf und warf sie weg: »Ich frage mich bis heute, wie der Typ das gemacht hat, das müssen doch andere gesehen haben, da waren ja viele Leute.«

Susan kaufte sich in Marokko eine Sonnenbrille mit verspiegelten Gläsern: »So hatten die Männer keine Möglichkeit, mit mir in Augenkontakt zu treten. Anscheinend fanden sie das abtörnend und ließen mich tatsächlich in Ruhe.«

Indra rastet regelmäßig aus, wenn sie beim Einkaufen und in Museen den doppelten Preis zahlen muß, weil sie Ausländerin ist: »In Afrika ist es ja normal, daß von mir als Weißer permanent angenommen wird, daß ich Geld habe und es deshalb teilen muß. Ich versuche, das nicht persönlich zu nehmen. Aber manchmal platzt mir einfach der Kragen!« Mein persönlicher Rekord: Das Ulug-Beg-Observatorium in Samarkand, hier mußte ich 2013 dreissigmal so viel Eintritt zahlen wie ein Einheimischer. Es gab ganz offiziell zwei verschiedene Sorten Eintrittskarten, eine Diskussion darüber führte wenigstens dazu, daß sich die Einheimischen entschuldigten. Wer sich nicht wehrt, reist verkehrt. Wolle legte sich in Afrika ständig mit Einheimischen an: »Auf einem Markt in Mombasa hätte ich mich um ein Haar mit einem Händler geprügelt, weil er mir eine Mineralwasserflasche zum vierfachen Preis andrehen wollte. Ich wußte den Preis, wollte sie dann auch nicht zum normalen Preis kaufen, weil ich ihn für einen Betrüger hielt und es ihm sagte. Ein anderer Händler mußte einschreiten.«

Auf dem Marktplatz der finnischen Kleinstadt Äänekoski schlug der K einen Finnen mit einem einzigen Fausthieb k. o., weil er ihn als Nazi beleidigt hatte. Und auch sonst kennt er keine Kompromisse: »Ich wehre mich gegen den pauschal sozialromantischen Blick auf andere Kulturen. Bettler und Kinder werden verjagt. Sie kriegen prinzipiell nichts.«

Achill kann richtig laut werden, am lautesten »in der islamischen Männerwelt: Die haben einen Blick für Opfer, dort lasse ich mein Machotum zu, als Schutzfaktor, da kann ich auch mal unangenehm werden.«

Konsul Walder geriet nach der Einreise aus Nepal mit einem Inder aneinander: »Noch ganz arglos idealistisch, wie man in Nepal ja reisen kann, wurden wir gleich im Grenzort mehrfach abgezockt, irgendwann zettelte ich fast eine Schlägerei an. Wir standen bereits Nasenspitze an Nasenspitze.« Ansonsten ärgert er sich jedes Mal, wenn er beschissen wurde: »Da ist einer intelligenter als ich gewesen, und ich bin ihm in meiner westlichen Arroganz auch noch auf den Leim gegangen.« Gleichzeitig genießt er aber auch den Witz, den die Einheimischen dabei entwickeln: »Lustig der Taxifahrer in Varanasi, der uns um fünf Uhr früh fröhlich vor dem Bahnhof erwartete: ›No cheating in the morning!‹« Selbst als ihm in Bolivien der Rucksack gestohlen wurde, verlor er nicht seinen Humor: »Dabei hatte ich mich nur für Sekunden weggedreht, um den Rucksack meines Kumpels aus dem Bauch des Busses in Empfang zu nehmen. Respekt! Auf dem Hexenmarkt in La Paz konnte man all das zurückkaufen, was in den vorangegangenen Tagen verschwunden war. Die unentwickelten Filme aus den geklauten Kameras wurden extra verkauft, sozusagen Überraschungseier, eigentlich eine coole Idee.«

Dr. Black wurde als 16jähriger bei seiner ersten Reise nach New York dermaßen abgezockt, daß ihm das eine Lehre fürs Leben war: »Seitdem habe ich unermeßlich aufgeholt, mittlerweile zocke ich die Einheimischen ab.« Bevor er losfährt, kauft er bei der *AAA*, der *American Automobile Association*, einen Stapel von internationalen Führerscheinen, das Stück zu 15 Dollar. Bekommt er im Ausland einen Strafzettel und muß den Führerschein abgeben, um ihn nach Überweisung der Strafgebühr auf der Hauptwache wieder abzuholen, rückt er einen seiner Führerscheine heraus und fährt weiter.

Auf seine Weise kompromißlos geht Eric vor, wenn er sich »besonders in Rajasthan und natürlich in Afrika« bewußt die Aura eines Kolonialherrn zulegt: »Du darfst die Kerle nicht mal eines Blickes würdigen, mußt einfach weitergehen und höchstens kleine entschiedene Gebärden der Abweisung machen. Das kapieren sie!«

Manchmal ist es auch er einfach nur leid – wie während seiner Eritreareise: »Wenn du wochenlang immer wieder über den Preis einer Banane diskutieren mußt, bist du irgendwann erschöpft. Es ist eine Art umgekehrter Rassismus, alles ist für Weiße fünf- bis fünfzigmal teurer. Aber man will ja als Fremder wie jeder andere auch behandelt werden.« Trotzdem bleibt er ein Reisender mit Leidenschaft. Irgendwann verwandeln sich seine Haßreden in Anekdoten, spätestens dann ist alles wieder im Lot.

Die plötzliche Wucht des Schönen

Alles geschieht auf Reisen zum ersten Mal – oder so intensiv, als wär's das erste Mal. Selbst das Alltägliche erlernen wir in der Fremde neu, wir essen mit der Hand statt mit Messer und Gabel, wir fahren links statt rechts, wir bejahen eine Frage, indem wir die Augenbrauen hochziehen, statt zu nicken. Vor allem erleben wir die Welt als solche neu und groß – als Naturschauspiel: Niemals werde ich den Sternenhimmel über der Wüste vergessen, wie ich ihn 1980 zum ersten Mal sah. Genau genommen, sehe ich ihn heute noch.

In ähnlich gestochen scharfen Bildern erinnere ich mich an einen Morgen, da wir, auf der Terrasse eines Pfahlbaus lagernd, vom thailändischen Ufer auf den Mekong blickten und hinüber nach Laos. Außer einem breiten Fluß und einem Streifen Dschungel dahinter gab es nichts zu sehen, trotzdem konnten wir uns lange nicht von dem Anblick losreißen. Drüben in Laos lag, im nachhinein waren wir uns einig, das Paradies.

Und dann gibt es die wuchtig-dramatischen Landschaften, für den Philosophen fallen sie eher unter »erhaben« als »schön«. Das Schöne ist, frei nach Kant, vielleicht die perfekte Form des Vertrauten, dessen höchste Steigerungsform. Das Erhabene dagegen das atemberaubend Fremde.

Das eine bezaubert, das andre läßt uns erstaunen, mitunter wirkt es so übermächtig, daß man davor (auf lustvolle Weise) erschrickt: Den einen erwischt es am Grand Canyon, den nächsten in der Antarktis, den dritten im Hindukusch.

Jeder hat solche Schlüsselerlebnisse, die zur Meßlatte werden für alles, was in den Jahrzehnten danach folgt. Für Dschisaiki waren es die schottischen Highlands: »Diese majestätischen grünen Bergrücken. Groß. In puncto Spiritualität ist der Vatikan dagegen Ravioli aus der Dose.« Für Indra war es Kap Hoorn: »Der Ort ist historisch so aufgeladen, daß es einen wirklich ergreift, wenn man dort steht.« Für Susan der Anblick des K2: »Er war schön und furchteinflößend zugleich, uralt, unerschütterlich, ehrwürdig. Er schien alles andere mit finsterer Miene zu überblikken. Im Jahr darauf machte ich eine Trekkingtour zum Basislager des K2.«

All diese Landschaften und ungezählte weitere, ob schön oder erhaben, sind auf ihre Weise überwältigend. Es kommt freilich darauf an, in welcher Reihenfolge man sie erlebt, deshalb werden sich Reisende untereinander niemals einig über die Wertung ihrer Eindrücke. Und das betrifft keineswegs nur Landschaften, in der Fremde entdecken wir auch Dörfer – Städte – Großstädte neu. Ob sie nun Mont-Saint-Michel – Salamanca – Sydney heißen oder Sidi Bou Said – Bordeaux – New York, auch hier läuft es in jeder Kategorie aufs gleiche hinaus, auf die alte Rod-Stewart-Formel: »The first cut is the deepest.«[1]

Desgleichen bei den Sehenswürdigkeiten: Es ist gleichgültig, ob wir mit dem Goldenen Pavillon in Kyoto beginnen oder mit Borobudur auf Java, mit der Alhambra in

[1] Titelzeile eines Songs von Cat Stevens, der das Stück auch selber eingespielt hat.

Granada oder der Ruinenstadt Ephesos – wo auch immer wir *begonnen haben*, wir werden ein Leben lang nicht davon loskommen. Nämlich vom *ersten* Anblick dessen, was uns da so vollständig in den Bann gezogen hat. Wer durch die schmale Schlucht auf die jordanische Ruinenstadt Petra zuschreitet und in einer Biegung plötzlich einen Ausschnitt des »Schatzhauses« sieht, wird von diesem Initiationserlebnis so geprägt, daß es vermutlich alle weiteren Eindrücke – die bei einer verlassenen Felsenstadt ja gewaltig ausfallen – überstrahlt. Petra wird sich in der Erinnerung zu diesem einen Bild zusammenziehen.

Wer reist, reist ein Leben lang. Schließlich hoffen wir, im Lauf weiterer Reisen von weiteren Eindrücken überwältigt zu werden. Aber je mehr wir reisen, es ist nicht zu verhindern, desto seltener passiert es: Der Sternenhimmel über dem Himalaja ist spektakulär. Doch derart überwältigt wie damals in der Sahara war ich nicht. Der frühe Morgen an einem Seitenarm des Ganges ist zauberhaft, Palmblätter rascheln im Wind, die ersten Fähr- und Fischerboote sind unterwegs. Doch es war nicht der *erste* Blick, den ich aufs Paradies warf. Genau genommen, saß ich sogar da und dachte: Sieh an, es ist fast so schön wie damals am Mekong. Dabei war es in Wirklichkeit viel schöner, selbst die Vögel zwitscherten dazu. Doch ich konnte es nicht empfinden, das Genre »Fluß, groß, morgens« war für mich bereits besetzt.

Für Fontane soll der Reisende ohne Voreingenommenheit auf sein Reisegebiet blicken: »Er muß den guten Willen haben, das Gute gut zu finden, anstatt es durch krittelige Vergleiche tot zu machen.«[2] Den guten Willen habe ich,

2 Wanderungen durch die Mark Brandenburg. In: Ders.: Werke in zwei Bänden. Salzburg-Stuttgart o. J., Bd. 1, S. 417.

doch ich kann meine Erinnerungen an frühere Eindrücke einfach nicht ausblenden, gerade dann am allerwenigsten, wenn ich etwas Gutes entdeckt habe. Mein ganzes Reiseleben der letzten Jahrzehnte ist eine Abfolge unfreiwilliger Vergleiche. An den Victoriafällen dachte ich: Gewaltig! Aber die Niagarafälle ... An der Hamburger Köhlbrandbrücke dachte ich: Wie elegant! Aber die Golden Gate Bridge ... Im kubanischen Valle de Viñales mit seinen bizarren Buckelbergen dachte ich: Sogar Palmen fehlen nicht! Aber die Landschaft rund um Guilin ... An all den Vulkanen in Guatemala und El Salvador, ob rauchend oder nicht, dachte ich: Wie überaus symmetrisch! Aber der Fudschi ... Es ist durch und durch ungerecht. Ich sehe die Schönheit, genieße sie, kann mich kaum von ihrem Anblick trennen. Nach einer Weile jedoch sehe ich im Geiste jedes Mal auch etwas anderes. Und indem ich vergleiche, bin ich schon nicht mehr überwältigt.

Bleiben die Menschen der Länder, die man bereist, auch sie begeistern uns immer wieder mit ihrer Schönheit. Freilich fällt sie in jedem Land, bei jedem Volk verschieden aus, dort gelten ja andere ästhetische Kriterien als in der westlichen Welt. Wenigstens traditionellerweise: Die hennabemalten Gliedmaßen arabischer Frauen empfindet man womöglich als etwas unheimlich. Andererseits verleiht ihnen die Verschleierung eine unverhoffte Attraktivität, die Schlüsselreize sind auf Augen, Fußfesseln und Gangart beschränkt. Im Lauf der Wochen lernt man, davon ausgehend, Hochrechnungen auf die verborgene Schönheit zu machen, die man im Vorbeigehen erhascht hat, mehr läßt die arabische Welt nicht zu.

Die Fülle von Nasenschmuck und Zehenringen an Inderinnen wirkt für mein Empfinden ästhetisch kontraproduktiv. Auch die erstaunliche Tatsache, daß sie gern auf der Straße in der Nase bohren. Sie lassen den Finger tief im Nasenloch stecken, wenn sie einen passieren, blicken einem dabei sogar in die Augen. Ihr Lachen dagegen ist hinreißend. Der über die Nasenwurzel durchgezogene *eine* Augenbrauenstrich von usbekischen Frauen oder die vielen Goldzähne, die in Tadschikistan von beiderlei Geschlecht als Schmuck getragen werden, muten bizarr an. Bei Frauen aus unteren Gesellschaftsschichten, die sich derlei nicht leisten können, fällt die herbe Schönheit ihrer Gesichtszüge umso deutlicher auf. Überhaupt scheint es ein erschreckendes Nebenergebnis des Reisens zu sein, daß dem westlichen Betrachter die Frauen vieler Kulturen umso schöner erscheinen, je ärmer sie sind beziehungsweise das Land, in dem sie leben. Das Zurschaustellen des Reichtums durch Fettleibigkeit trifft nicht den europäischen Geschmack.

Aber auch das kleinkindhafte *Hello-Kitty*-Outfit der Japanerinnen, kombiniert mit Micromini und knallharten Stilettos, entspricht nicht unseren Schönheitsidealen. Noch dazu, wenn es mit kleinkindhaft getrippelten Schritten, die Fußspitzen nach innen gedreht, mit devotem Gekicher, Gezupfe, Geschubse und gespielter Empörung als fernöstliche Lolita-Variante ins Werk gesetzt wird, von erwachsenen Frauen wohlgemerkt. Unschuld und Kindlichkeit sind zentrale Aspekte der japanischen *Kawaii*-Kultur, die *überall* im öffentlichen Leben gepflegt wird, von den »niedlichen« Plüschtierchen an winzigen Tagesrucksäckchen bis hin zu amtlichen Anweisungen, die in den Sprechblasen »witziger« Comicfiguren stehen. Wahrscheinlich ist der tägliche Druck in Alltag und Beruf so hoch, daß es solcher Ventile bedarf. Wer als Reisender über japanische Frauen den Kopf schüttelt oder gar emanzipatorische Ratschläge geben wollte, überschätzt sich maßlos: Sie wollen ja nicht *ihm* gefallen. Sondern den coolen japanischen Jungs, die mit ihren schwarzen Schlapphüten und ockerfarbenen Ringelsocken wie putzige Zauberlehrlinge aussehen.

Welches sind nun die »Länder mit den schönsten Frauen«? So viele Leute man fragt, so viele verschiedene Antworten bekommt man. Fast könnte man meinen, daß es überall auf der Welt schönere Frauen gibt als zu Hause. Die Urteile meiner Reisegefährten erscheinen willkürlich, ihre Begründungen weit interessanter:

Kuba (»Allerdings nur die Teenies. Die schönsten kommen aus Guantánamo.«)

Ukraine (»Die haben einfach das beste Styling.«)

Polen (»Viel weiblicher als die Deutschen.«)

Brasilien (»Doch nur als Tanztruppe beim Karneval, der Rest kommt an den Mythos nicht ran.«)

Frankreich (»Die Pariserin kannst du vergessen, aber unten im Süden sehen sie fast schon spanisch aus.«)

Burma (»Weit schöner als die überschätzten Thaimädels.«)

Borneo (»Wenn du ihnen allerdings zu nahe kommst, reden sie gleich von Heirat. Und kommandieren dich auch schon mal rum.«)

Kolumbien (»Faszinierende Mischung aus Indianern, Schwarzen und Spaniern.«)

Indonesien (»Braune Haut und fröhlich drauf.«)

Korea (»Die *wollen* zumindest schön sein.«)

Mali (»Aber nur die Peulh am Nigerufer, sie sehen ähnlich aristokratisch aus wie die Äthiopierinnen.«)

Es ist offensichtlich, daß bei der Beurteilung weiblicher Schönheit ästhetische Kriterien von erotischen Interessen überlagert werden. Der Reiz fremdländischer Frauen wirkt fast überall und seit Jahrhunderten, schon Georg Forster berichtet von Orgien an verschiedenen Stationen seiner Weltreise mit Kapitän Cook 1772–75. Insbesondere schwärmt er von der »natürlichen Grazie« und »edlen Einfalt« der »Indianerinnen« auf Tahiti[3] – und davon, daß sie sich »ohne Schwierigkeiten den Wünschen unsrer Matrosen überließen«.[4] Selbst offenkundige Häßlichkeit scheint die erotische Anziehungskraft in der Fremde nicht grundsätzlich zu verhindern, auch wenn Forster kopfschüttelnd notiert:

»Außerdem stanken die Neu-Seeländerinnen auch dermaßen, daß man sie gemeiniglich schon von weitem riechen konnte und saßen überdem so voller Ungeziefer, daß sie es oft von den Kleidern absuchten und nach Gelegenheit zwischen den Zähnen knackten. Es ist erstaunlich, daß sich Leute fanden, die auf eine viehische Art mit solchen ekelhaften Creaturen sich abzugeben im Stande waren.«[5]

Auch Flaubert reiste nicht nur der malerischen Eindrücke wegen nach Ägypten, bei jeder sich bietenden Gelegenheit suchte er professionelle »Tänzerinnen« auf, über deren körperliche und erotische Vorzüge er detailliert berichtet.[6] Nach einer solchen Liebesnacht notiert er noch voller Sehnsucht: »Welch süße Befriedigung für den Stolz das wäre, wüßte man beim Abschied, daß sie einen nicht ver-

3 Georg Forster: Johann Reinhold Forster's (…) Reise um die Welt während den Jahren 1772 bis 1775. Zit. nach: Ders.: Reise um die Welt. Frankfurt 2007, S. 209. In Forsters Formulierung klingt Winckelmanns »edle Einfalt und stille Größe« an, desgleichen Schillers Begriff von Anmut (Anmut und Würde), aber auch Kleists Vorstellung von der Reflexionslosigkeit der Grazie (Über das Marionettentheater).
4 Ebd., S. 181. Weitere Orgien S. 212, 240 u. a.
5 Ebd., S. 159. Mit »Neu-Seeländerinnen« sind die Maori gemeint.
6 Gustave Flaubert: Die Reise nach Ägypten. Zit. nach: Berlin 2011, S. 49, 101 f., 105 ff., 119.

gessen wird, daß man ihr mehr als andere im Gedächtnis und im Herzen bliebe!«[7]

Die plötzliche Wucht der Erotik in der Fremde. Frauen wie Männer trifft sie gleichermaßen. Je fremder, desto erotischer, auch wenn man weiß, daß all die Schönheit nur inszeniert ist, um den Lebensunterhalt einer ganzen Familie zu bestreiten oder um Fluchtmöglichkeiten in ein besseres Leben zu eröffnen.

»Wenn die Richtige drinsteckt, macht sogar eine Burka an«, bekennt Wolle, der viel in arabischen und schwarzafrikanischen Ländern unterwegs war: »Andrerseits weiß man ja, wo die Grenze zwischen den Geschlechtern in islamischen Gesellschaften verläuft. Der krasse Gegensatz dazu sind die Frauen in Schwarzafrika. Sie setzen ihre Erotik gezielt ein, um sich sozial zu verbessern. Auch bei ihnen weiß man, daß man jede Menge Probleme bekommt, wenn man sich auf sie einläßt. Was man auch macht oder nicht macht, an manche dieser Frauen denkt man noch nach Jahren.«

7 Ebd., S. 111.

Die Welt von hinten

Ungläubig habe ich mein Braunes Buch des Jahres 1978 gelesen: Wir waren ganz allein in der Tempelanlage von Luxor, fast allein im Tal der Könige, wieder ganz allein im Tal der Königinnen und einige Tage später im Tempel von Abu Simbel. Lauter Sehenswürdigkeiten von Weltrang, und wir fünf hatten sie fast ganz für uns. Zumindest während der Sommermonate war Ägypten damals noch fast völlig touristenfrei. Wir ritten auf Eseln durch rote Berge, saßen stundenlang in verschiedenen Gräbern, der Eseltreiber fing mit einem Spiegel das Sonnenlicht auf, um einzelne Hieroglyphen zu beleuchten. Ich war sprachlos vor Begeisterung – bis wir das Grab des Tutenchamun besichtigten. Meine Eltern besaßen einen prächtigen Bildband über den jung verstorbenen Pharao, den ich als Schüler geliebt hatte. Was hatte ich denn jetzt erwartet? Seine Totenmaske war ja bereits im Ägyptischen Museum in Kairo zu sehen gewesen. Trotzdem war ich maßlos enttäuscht. Alle anderen Gräber waren weit prächtiger, weil die bestatteten Herrscher bedeutender gewesen waren. Auch wenn ich mir meine Enttäuschung erklären konnte, hätte ich mir etwas mehr Glamour für Tutenchamun gewünscht.

Hätte ich den Bildband nicht gekannt, wäre der Tag im Tal der Könige anders für mich zu Ende gegangen. Gerade

Sehenswürdigkeiten, von denen wir uns am meisten erhofft haben, erleben wir nicht selten als Flop. Karthago ist nur noch ein klingender Name, Troja nicht minder. Die Ruinen von Murshidabad sind an der entscheidenden Stelle vollgeschissen, Korridore und Kammern der Cheopspyramide so anhaltend von Dragomanen als Pissoir mißbraucht worden, daß der Gestank den Ort entzaubert. So war es jedenfalls 1978. Als ich 1979 zwischen den Köpfen zahlloser Museumsbesucher hindurch einen Blick auf die Mona Lisa erhaschte, erschien sie mir so klein, daß ich vom gesamten Louvre enttäuscht war. 1985 stand ich nördlich von Peking völlig allein auf der Chinesischen Mauer, aus einer Laune heraus rannte ich los – bis zu ihrem überraschenden Ende. Ich konnte es nicht fassen. Alle Bilder, die ich gesehen hatte, zeigten die Chinesische Mauer, wie sie sich als unendliches Befestigungswerk über Berg und Tal schlängelte, sie durfte doch nicht einfach aufhören! Hätte ich nur einen Spaziergang darauf gemacht, ich wäre mit einem perfekten Reiseerlebnis zurück ins Hotel gefahren.

»Die Besichtigung von Sehenswürdigkeiten ist die Kunst der Enttäuschung«, spitzt es Robert Louis Stevenson aphoristisch zu.[1] Was tun, wenn die Realität mit unseren Erwartungen nicht mithalten kann? Wolle: »Ich habe mich aus Frust vollaufen lassen.« Indra: »Einfach all das mitdenken, was man nicht sieht.« Konsul Walder: »Die Erwartung ständig tief halten. So tief wie möglich.« Ich selbst halte mich zunächst an den Touristen schadlos, falls *sie* es sein sollten, die mir aufgrund ihrer massenhaften Anwesenheit eine Sehenswürdigkeit verderben. Ich besichtige Touristen. Immerhin Vertreter aller Nationalitäten, die sich völlig un-

---

[1] Zit. nach: Paul Theroux: A. a. O., S. 163.

geniert benehmen; indem man ihre jeweiligen Eigenarten unverstellt präsentiert bekommt, reist man im Sitzen rund um die Welt. 2016 war ich auf diese Weise vom Louvre ganz begeistert: Die Glaspyramide des neuen Eingangs ist ein Magnet für Selfie-Tourismus geworden. Die kreisenden Bewegungen der Selfie-Sticks verleihen all den Hauptdarstellern die Aura von Schattenboxern und Nebenerwerbsmagiern. Das Bizarre der Situation wird durch die herrschende Lautlosigkeit unterstrichen. Eine neue Attraktion von Paris!

Man wird allerdings kein Menschenfreund, wenn man Touristen allzulang beobachtet. Dann breche ich auf – zu den Sehenswürdigkeiten zweiten Grades. Das Außergewöhnliche eines Reiseziels liegt für mich ohnehin meist außerhalb des touristischen Trubels. Es wartet auf niemand und nichts. Man muß es finden. Eigentlich muß man zunächst einmal ahnen, daß es da ist – und ähnliche Wichtigkeit haben könnte wie die Top-Sehenswürdigkeit: eine Tempelanlage, die es aus unerfindlichen Gründen nicht auf die Liste des UNESCO-Welterbes geschafft hat und deshalb nur von Einheimischen zum Beten aufgesucht wird. Ruinen, die allenfalls von Mauerseglern bevölkert sind. Ein Provinzmuseum mit ausgestopften Tieren, die ihre Augen oder Federn verloren haben, mit verstaubten Dioramen, einer Gepardentatze zum Anfassen oder Elefanten- und Löwenembryos in Alkohol – wie das Owela-Museum in Windhoek. Die Treppe zu einer Moschee, auf deren Stufen mancherlei Gewerbe betrieben wird; bleibt man lang genug sitzen, entdeckt man Ohrenputzer bei ihrer gewissenhaften Arbeit, beispielsweise auf den Stufen zur Jama-Masjid-Moschee in Delhi.

Man muß Tiefschläge wegreisen. Die kostbaren Orte

sind nie da, wo die Masse ist. Nach dem Abhaken des touristisch Notwendigen beginnt die Kür der eigentlichen Entdeckungen. Es gilt, *eigene* Bilder für ein Land zu finden, Postkartenmotive taugen selten für prägende Erinnerungen. Die malerischen Inseln der Südsee werden erst interessant, wenn man sich ein Rad mietet und so lange drauflosfährt, bis es nicht mehr malerisch ist. Desgleichen die Bermudas oder die Bahamas. Deren vom Tourismus völlig verzerrte Vorderseiten begreift man nicht, ehe man die desolaten Rückseiten gesehen hat, die verrosteten Autowracks, Kühlschränke und Kloschüsseln am Wegesrand, die dürren Hühner zwischen den Bretterbuden. Erst die heruntergekommene Hauptstadt Male erklärt die romantisch inszenierten Overwater-Bungalows auf den Urlauberinseln der Malediven.

1991 in Thailand fanden wir, aus dem sagenhaften Burma kommend, alles vergleichsweise so langweilig, daß wir weit aus den touristischen Orten hinausradelten, in die Reisfelder hinein. Dort wurde es sogleich interessant und manchmal richtig spannend. Einmal, als ich mich mit Wolle zu zweit auf den Weg gemacht hatte, stand plötzlich ein Arbeitselefant auf dem Weg, der Teakholzstämme schleppen sollte. Wir hielten lieber erst mal an und beratschlagten, wie man am besten vorbeikam. Ein andermal halfen wir einem Bauern, dem der Ochsenkarren umgestürzt war. Kurz darauf gerieten wir fast in einen Streit zweier Halbstarker auf der Dorfstraße, der als Thai-Boxkampf ausgefochten wurde, das kannten wir bislang nur vom Fernsehen. Schließlich landeten wir in der Nachmittagsvorführung eines Dorfkinos, bei der unsre gesamte Sitzreihe plötzlich umkippte, danach in einem kleinen Café, in das uns drei halbwüchsige Mädchen hineingewunken hatten. Sie priesen sich wechselweise als Sexpartnerin an und waren ganz bedrückt, daß jeder von uns ein Cola reizvoller fand. In ihrer Ratlosigkeit holten sie eine Freundin; als wir auch sie abgelehnt hatten, wollten sie uns ihren kleinen Hund schenken. Auch den wiesen wir zurück. Sie winkten uns nicht nach.

Alles touristisch Relevante von Thailand habe ich vergessen. Unsre Radtouren nicht. Ganz normale Landstraßen, ganz normale Feldwege. Vor allem anderen aber interessieren mich die Rückseiten der Städte. Dort gibt es jedes Mal aufs neue eine ganze Welt zu entdecken – den Trubel an Busbahnhöfen, die Trauben von Menschen, die sich vor Gefängnistoren ansammeln. Ganz abgesehen von den Gefängnissen selbst, falls sie zu Sehenswürdigkeiten der speziellen Art umdeklariert wurden. Im Belfaster Crumlin Road Gaol (»The Crum«), in dem u. a. IRA- wie Ulster-Army-Häftlinge einsaßen, wird sogar der Exekutionsraum en detail vorgeführt. Danach braucht man auch am hellichten Tag ein Stout im *Duke of York* oder im *Crown Liquor Saloon*, die mit ihrem prachtvoll viktorianischen Interieur wiederum zur Vorderseite der Stadt gehören. Immer interessant sind Rotlichtviertel am Tage, unendlich sich dehnende Außenbezirke mit ihren Schrottplätzen, Rohbauten und Parks, deren vertrocknete Grünflächen von Ziegenherden abgegrast werden. Die hinreißende Ödnis altgewordener Industriehäfen. Leere Fabrikhallen, stillgelegte Tankstellen, überwucherte Freiflächen. Die Rückseiten fremder Städte bieten all das ganz unverstellt, was es in Hamburg zwar auch so oder ähnlich gibt, was ich dort aber viel zu selten mitbekomme, sie bieten es auf häßliche Weise und sehr direkt: das Leben in seiner gesamten Bandbreite.

Außerhalb der Zentren werden selbst indische Straßen grau – und mit ihnen ihre Bewohner. Nicht daß es an

Farben dort fehlen würde, sie wirken bloß nicht mehr bunt. Alles ist zum Farbschleier zusammengeflossen, der Versuch, mühsam Ausrufezeichen an einzelnen Läden zu setzen, vergeblich. Man ist schon so lang geradeaus gegangen, daß man nichts Spezielles mehr wahrnimmt. Eine Art hellwacher Müdigkeit, als hätte der Körper auf Automatik geschaltet und sämtliche Sinne auf Stand-by. Vielleicht ist das einer der Gründe, warum ich reise: um nichts mehr zur Kenntnis zu nehmen und zu bedenken als das, was unbedingt nötig ist.

Spätestens an diesem Punkt beginnt die Stadtwanderung interessant zu werden. Es gibt keinerlei Flitter mehr im Alltag der Fremde, der rund um Sehenswürdigkeiten in Fülle und in den Ladenstraßen der Zentren noch immer reichlich für Ablenkung sorgt. Das Knochengerüst der Stadt und womöglich eines ganzen Landes wird mit einem Mal sichtbar. Die Wahrheit hinter all der Schönheit.

Jetzt wird das Terrain nur noch von Einheimischen kontrolliert und nicht von Touristen. Eine gewisse Gnadenlosigkeit des Voranschreitens ist geboten, wer Unsicherheit ausstrahlt, ist schon verloren. Achill behauptet, ich hätte ein Faible für die Rückseiten von berühmten Stätten und Städten, für alles, was zwischen Abwasserkanälen, Eisenbahntrassen und Ausfallstraßen zu entdecken ist. Die Wahrheit ist, daß ich unter einer Obsession leide, die mich im Verlauf meines Reiselebens mehr und mehr in den Bann gezogen hat. Rückseiten ziehen mich einfach stärker an als Vorderseiten, hier atme ich anders durch, hier werde ich ein anderer, jedenfalls vorübergehend.

In Müllgebirgen

Am tiefsten in die Rückseite von Städten eingedrungen bin ich in Indien. Bis man in einer indischen Stadt leer wird, ist es ein besonders weiter Weg. Sobald mich der Teemann an seinen Stand winkt, »Tea, sir!«, will ich keinen Tee mehr. Ich gehe so lange, »Hello Mister!«, »Hello Sir!«, »Come!«, bis ich einen Teeverkäufer sehe, der mich ignoriert. Dann erst bin ich außerhalb der Touristenzone. Leider meist auch außerhalb dessen, was der Stadtplan erfaßt. Also gehe ich aufs Geratewohl oder nach den schwankenden Auskünften von Einheimischen, die im Zweifelsfall selbst nicht wissen, wo dies oder jenes liegt und deshalb umso eifriger nicken, jaja, immer geradeaus. Oft bin ich ins Leere gegangen. Aber in Kalkutta wollte ich es wissen.

Müllberge sind die letzten weißen Flecken auf der Landkarte, verbotene Territorien für den Normalsterblichen, und Kolkata Dhapa ist die Mutter aller Müllberge. Ein kilometerlanges Gebirge aus Müll. Am Eingangstor werde ich strikt abgewiesen, ohne Sondergenehmigung komme hier niemand herein. Am Tonfall des Türhüters merke ich, daß ich mir einen Bestechungsversuch sparen kann. Und übrigens, läßt mich der Türhüter noch wissen, das gesamte Gelände werde mit Videokameras überwacht, nur damit ich nicht auf dumme Gedanken komme. Sofort komme ich auf dumme Gedanken.

Ich bin einige Stunden unterwegs gewesen, um Kolkata Dhapa zu finden. Auf dem Kamm des Müllbergs sieht man Silhouetten von Kühen und Menschen, darüber kreisen Raubvögel. An den Hängen qualmen Schwelbrände, andernorts offen auflodernde Feuer. Es riecht. Es ist gewaltig. Es ist das Gegenteil des Indischen Museums, des Victoria Memorial und der St Paul's Cathedral. Es ist schon jetzt *mehr* Kalkutta, als ich in der gesamten Woche zuvor gesehen habe.

Kolkata Dhapa. Was nicht von Straßenkindern oder Bettlern aus dem Müll herausgefischt wurde, hier wird es systematisch gesichtet und auf verschlungenen Wegen zurück in den indischen Alltag geführt. Männer, Frauen und Kinder sammeln alles, was als Rohstoff brauchbar ist, der eine hat sich auf Metall spezialisiert, der nächste auf Holz, die meisten auf Plastik. Der Rest bleibt liegen, wächst Schicht um Schicht und wuchert dabei in die Breite. Nicht nur Brachland oder Felder verschwinden sukzessive unter dem Müll, manchmal muß auch ein Haus geräumt werden – der Müllberg wächst auf beiden Seiten darum herum und schließt es irgendwann vollständig ein. Überall suchen Kühe, Schweine und Hunde nach Abfällen, sie verbringen hier ihr ganzes Leben. Insbesondere die Schweine bilden stattliche Herden, sie werden im Müll gezeugt und geboren, und manche sterben auch im Müll und werden bis auf den Kopf gefressen. Normalerweise jedoch werden sie geschlachtet, jedes Schwein gehört einem der Menschen, die hier arbeiten, es ist Teil seiner Lebensgrundlage – wie der Müll auch. Nicht wenige haben ihre Hütten gleich am Fuß des Müllgebirges gebaut und am Hang. Selbst wenn es für einen Europäer unbegreiflich ist: Auch hier sieht man fast nur fröhliche Gesichter.

All das weiß ich noch nicht, als ich am Eingangstor von Kolkata Dhapa abgewiesen werde. Ich weiß, genau genommen, gar nichts und ahne alles. Ein, zwei Kilometer gehe ich zurück Richtung Stadtrand. An der ersten Kreuzung biege ich links ab, passiere ein Müllverarbeitungsdorf, das allein schon den Ausflug wert gewesen wäre, haushoch gestapelte Müllsäcke überall, dann biege ich wieder links ab: und gehe auf einer anderen Straße erneut auf den Müllberg zu, schließlich an seiner Längsseite entlang. Dann kommt der Mauerdurchbruch. Eine Weile sehe ich einer Schweineherde zu, die sich im Morast am Fuß des Bergs suhlt, dann folge ich zwei kleinen Jungs durch den Mauerdurchbruch und bergauf.

Die Halde ist steil und besteht nur aus geschichteten Plastikfetzen, Lage um Lage, vor allem auch aus feinem grauen Pulver, das dazwischen hervorquillt, den Hang hinabrieselt und ihn teilweise bedeckt. Immer wieder rutsche ich darauf ab, muß die Hände zu Hilfe nehmen, um Halt zu finden. Oben setze ich mich zu den zwei Jungs, und wir lachen uns an. Die Aussicht ist phantastisch, vor uns liegt eine Landschaft aus Salzseen und schmalen Streifen Land dazwischen. Über uns kreisen Dutzende von Bussarden, in der Nähe wühlen Schweine und Hunde nach Nahrung, auf der nächsten Bergkuppe schiebt ein Raupenfahrer den neu angefahrenen Unrat weiter, damit er besser sortiert werden kann. Von zwanzig, dreißig Stellen des Müllgebirges steigt Rauch auf, in der Ferne erinnert es frappierend an Vulkanlandschaften in Island. Mein erster Müllberg! Gleich am nächsten Tag fahre ich nach Haora (Howrah), Kalkuttas Nachbarstadt, um auch dort den Gipfel des Müllgebirges zu besteigen.

Ab wann ist ein Urlaub eine Reise?

Wenn man länger als 4 bis 5 Stunden hinfliegen muß«, behauptet Wolle: »In Europa macht man überall nur Urlaub. Eine Reise beginnt da, wo Handgepäck nicht mehr ausreicht.« Das sieht Konsul Walder, bekennender Handgepäckreisender, naturgemäß anders: »Urlaub ist selbstgewählte Isolationshaft im Ressort, wo auch immer. Reisen ist Horizonterweiterung. Wenn du in der Fremde ständig auf ein und denselben Horizont guckst, ist es keine Reise.«

Wieder anders unterscheidet Indra: »Urlaub bedeutet, daß man eine Auszeit nimmt. Der Urlauber läßt sich's irgendwo gutgehen, verwandelt sich damit aber noch lange nicht in einen Touristen!« Den sieht sie äußerst kritisch: »Tourist sein heißt: in der Fremde fremd bleiben wollen, sich per Pauschalangebot absichern gegen alle Eventualitäten, eine ganz limitierte einfältige Art der Weltwahrnehmung pflegen. Und dann diese totale Fokussierung auf Sehenswürdigkeiten, statt ein Land in seiner Diversität begreifen zu wollen, das finde ich ziemlich banal und abstoßend.«

Wenn Reisende von Touristen reden, meinen sie alle Arten von Pauschaltouristen, von der *Studiosus*-Bildungsreise bis zur Butterfahrt. Sie meinen Gruppenreisende, die busladungsweise auf Attraktionen losgelassen werden und durch ihre schiere Zahl, doch auch durch ihr respektloses Verhalten dazu zwingen, daß man die Besichtigung als Einzelreisender besser auf den nächsten Morgen vertagt, wenn die Gruppen noch mit Frühstücken beschäftigt sind. Polemiken gegen Touristen gab es schon, noch ehe das Phänomen des (Massen-)Tourismus überhaupt entstand. Kipling mokiert sich wiederholt über »Weltenbummler«, die sich ohne eigentliches Interesse durch Länder chauffieren ließen, um ihre Namen in Tempelsteine zu ritzen. In ihren Urteilen kämen sie über »dies oder das habe ihnen sehr gefallen« nicht hinaus.[1]

Ein Hauptargument, das Reisende gegen Touristen vorbringen, ist der Vorwurf, sie würden lediglich Sehenswürdigkeiten konsumieren, anstatt sich auf das Land einzulassen. Als ob das bei der Kürze der Zeit, die pro Station vom Veranstalter eingeplant ist, anders möglich wäre! Zweifelsohne schwingt hier Weltanschauliches mit. Reisende gehen davon aus, daß sie die einzig wahre Art des Reisens praktizieren und dadurch zur Weltverbesserung beitragen. Wohingegen Touristen gar nicht wüßten, was sie tun. Ähnlich plakativ grenzen sich Läufer von Joggern ab,[2] in beiden Fällen ist es eine Minderheit, die das »Eigentliche« an der Sache für sich reklamiert. Die Argumentation der Reisenden läuft in etwa so:

1. Länge eines Auslandsaufenthalts und Exotik des bereisten Landes entscheiden noch nicht darüber, ob man dort eine Reise macht oder Urlaub. Sondern die Einstellung, mit der man auf das Land blickt. Indem man auch den Neben- und Abseiten einer Destination etwas abgewinnt, nicht nur den welterbemäßig markierten Vorderseiten, ist

1 A. a. O., S. 64, 53.
2 Vgl. M. P.: A. a. O., Km 31: Ab wann ist ein Jogger ein Läufer? (S. 225 ff.)

man selbst bei einer Dreitagestour durch Südtirol nicht im Urlaub.

2. Wer etwas entdecken will, nimmt das Risiko des Scheiterns in Kauf. Daß er ein Ziel aus eigener Kraft erreicht, erfüllt ihn mit Befriedigung. Vornehmlich will er Orte oder Völker entdecken, die vom Tourismus noch unberührt sind – einen Stamm irgendwo im Dschungel, den man erst nach langem Fußmarsch erreicht und der dann überhaupt nichts zu verkaufen hat.

3. Reisen ist kein Vergnügen, Reisen ist eine ernste Angelegenheit. Es ist die Form von Arbeit, bei der der Arbeitende glaubt, es sei Freizeit. Der Triumph des Reisenden fällt umso herrlicher aus, je größer die physische oder logistische Herausforderung war, das gesteckte Ziel zu erreichen. Auch im Streben nach Erkenntnis ist der Reisende leistungsorientiert.

4. Der Tourist kommt grosso modo mit den Ergebnissen heim, die er vorab durch den Veranstalter als Programmpunkte gebucht hat – ob er sie nun als enttäuschend oder als großartig erlebte. Der Reisende beschränkt seine Neugier nicht auf die schöne Schauseite des Fremden. Dabei gewinnt er auch jede Menge unliebsamer Erkenntnisse.

5. Der Tourist sammelt Fotos und Eindrücke anhand von Kulissen, der Reisende sammelt Erfahrungen anhand teilnehmender Beobachtung. Und damit Bausteine einer neuen Haltung – der Welt, der Heimat, dem Mitmenschen gegenüber. Paul Bowles läßt seine Hauptfigur in »Himmel über der Wüste« ausführen, »ein weiterer, wichtiger Unterschied zwischen Touristen und Reisenden sei der, daß ersterer seine eigene Zivilisation akzeptiere, ohne an ihr zu zweifeln. Nicht so der Reisende, der sie mit anderen Zivilisationen vergleiche und Elemente ablehne, die nicht

nach seinem Geschmack seien.«[3] Summa summarum: Die Avantgarde reist, der Mainstream kommt touristisch hinterher.

All solche Thesen klingen plausibel. Eine schlüssige Abgrenzung von Touristen/Urlaubern und Reisenden ergibt sich daraus trotzdem nicht, die Übergänge sind fließend, vor allem wechselt man ja selber öfter das Genre: Ein Tourist mag sein Leben lang im Ausland Tourist sein. Ein Reisender ist immer wieder *auch* Tourist, mal einen ganzen Urlaub lang (weil das Land – die UdSSR zur Zeit des Kalten Krieges – nicht anders zu bereisen ist), mal einen Tag (weil er sich eine Touristenattraktion wie *Disneyland* nicht entgehen lassen will), mal eine Stunde (weil auch er mit der berühmten Tram Nr. 28 in Lissabon gefahren sein will). Ganz einfach deshalb, weil auch Reisende wie Touristen staunen, wenn sie zum ersten Mal am Themseufer stehen und auf die Houses of Parliament mit dem Big Ben blicken.

Und im übrigen sind es nicht nur Touristen, die ganze Städte wie Rom fluten oder Stadtteile wie Havanna Vieja, Straßenzüge wie Temple Street in Dublin oder Bourbon Street in New Orleans. Dorthin zieht es auch jugendliche Fun- und Erlebnisreisende en masse, die von Touristen kaum zu unterscheiden sind. Sie lassen sich per Handy-App von Zieleingabe zu Zieleingabe dirigieren – ihr Reiseführer ist virtuell und entsprechend virtuell die Reisegruppe, der sie per App angehören, das ist der einzige Unterschied. Selbst wenn sie sich als Entdecker »auf eigene Faust« fühlen, gehen sie auf ausgetretenen Pfaden, vielleicht sind sie ja nur die Art von Touristen, denen nicht bewußt ist, daß sie Touristen sind? Selbst die klassischen Rucksackreisenden

3 München 1994, S. 12.

tragen zur Entstellung eines Ortes aufgrund ihrer Menge mittlerweile ebenso bei wie der organisierte Massentourismus. Die einen kommen in verschiedenen Fernbussen, die anderen alle im Reisebus ihres Touristikunternehmens. Beides *zusammen* führt dazu, daß immer mehr magische Orte wie Stonehenge durch Absperrungen in museale Räume verwandelt und nurmehr aus der Distanz zu erfahren sind.

Ich erinnere mich an wunderbare Urlaube, angefangen von denen in Italien oder an der Nordseeküste, die ich als kleiner Junge mit meinen Eltern im Zelt verbrachte, bis hin zu einer leicht surrealen Woche im *Emirates Palace Hotel* von Abu Dhabi. In einem der Marmorflure stand ein »Gold to go«-Automat der deutschen Firma *Ex oriente lux*, im Foyer sollte demnächst wieder ein Christbaum aufgestellt werden, mit Schmuck aus dem Besitz der hier residierenden Scheichfamilien behängt. So sei es bereits 2014 gewesen, versicherten die Rezeptionisten, eine Sonderbewachung sei nicht nötig gewesen. Im nahegelegenen Vergnügungspark *Ferrari World* zahlte man für eine Minute Fahrt mit der schnellsten Achterbahn der Welt 125 Euro pro Person und stand dann auch noch zwei Stunden an, um einen Sitzplatz in der ersten Reihe zu bekommen. Der katapultmäßige Start war ein Todeserlebnis, vergleichbar einem Bungee-Sprung, in 4,9 Sekunden hatten wir auf 240 km/h beschleunigt. Danach wußte ich, wie man sich in einem Formel-1-Boliden bei Vollgas fühlt, auch das eine (Grenz-) Erfahrung, die ich nur in der Fremde machen konnte.

Trotzdem hatte ich in Abu Dhabi permanent ein schlechtes Gewissen, so viel Geld für so wenig Reise hinauszuwerfen. Andrerseits, so suchte ich mich zu beschwichtigen, erhielt ich dafür umso mehr Urlaub, auch wenn das nicht meine genuine Sache war. Ich sah es schließlich als späte Gegenaktion zu den Low-Budget-Reisen meiner Studentenzeit. Während unsrer Fahrt *coast to coast* schliefen wir damals zu dritt sechs Wochen lang im Auto, weil wir uns kein Hotel leisten konnten, und gingen einmal am Tag zum All-you-can-eat-Buffet bei *Wendy's*. Vielleicht, sagte ich mir in Abu Dhabi, kommt es darauf an, im Leben *beides* gemacht zu haben.

Meistens mußte ich aus den gebuchten Urlaubsparadiesen ausbrechen. Sobald man ein vorgegebenes Konzept verläßt und ins Neue aufbricht, beginnt eine Reise. Selbst eine Last-Minute-Woche Teneriffa wird dann mit dem Mietwagen zur Entdeckungsfahrt durch abgelegene Bergdörfer. Auf Curaçao hätte ich die heile Welt am Strand nicht ertragen ohne den täglichen Ausritt auf der *Vespa*. Während meiner Fahrt durch China, die 1985 nur als Gruppenreise zu bewerkstelligen war, zog ich jeden Tag nach dem Ende des offiziellen Besichtigungsprogramms noch mal mit der chinesischen Reiseleiterin los. Wir tranken Tee mit Arbeitern in deren Nangkinger Wohnung und mit Fischern auf dem Kaiserkanal, wir gingen in die erste Disco, die gerade in Shanghai eröffnet hatte, und in ein Bauernhaus nahe Qufu, wo ich den einzigen Stuhl angeboten bekam und ein Glas Zuckerwasser. Am nächsten Morgen ging es wieder weiter mit der Gruppenreise, und die war nicht weniger interessant als das, was wir auf eigne Faust unternahmen.

Aber auch meine Reisen wurden zwischendurch immer mal wieder zum Urlaub, sei's weil ich einen Tag Pause brauchte, sei's weil ich Sachen ausprobieren wollte, die bei einer Reise *eigentlich* ausscheiden: mit dem Jetski in der Bucht vor Sharm El-Sheik herumbrettern oder mit dem

Quadro-Bike durch die namibische Wüste. Eine Ballonfahrt über der Serengeti und danach auch noch ein Sektfrühstück im Stil von »Out of Africa«, mit historisch kostümierten Kellern und Tafelsilber an einem gedeckten Tisch unter einer Riesenakazie. O ja, das machte alles Spaß, auch wenn's dem idealkorrekten Verhalten eines Reisenden nicht entsprach.

Als ob die Erkenntnis eines Landes nur durch Entbehrungen und von ganz unten zu gewinnen wäre! »Luxus ist der Feind der genauen Beobachtung«, meint Theroux, »weil man vor lauter Wohlgefühl nichts mehr wahrnimmt.«[4] Ich fühle mich im Luxus nicht unbedingt wohl und beobachte genauer als in meiner »gutbürgerlichen Wohlfühlzone«. Am schwersten fällt es mir, auf Reisen zwischendurch ein bißchen Luxus zuzulassen – den Luxus, an einem Ort zu verweilen, anstatt die Zeit zu nützen und weiterzureisen. Oder den Luxus, sich auch mal ein schönes Hotel zu leisten, in dem man nicht erst auf Insektenjagd gehen muß. Am ehesten gelingt es mir dort, wo der Luxus bereits sichtbar abbröckelt, wie in alten britischen Kolonialhotels oder umgewidmeten Maharadscha-Palästen. Den Aufenthalt darin genieße ich als Exkursion in eine vergangene Zeit. Auch ein *Grand Hotel Europe* in St. Petersburg bietet historisches Kolorit, in der Lobby-Bar macht man eine Reise in die Zeit des Jugendstils *und gleichzeitig* in die neureiche Zukunft Rußlands, deren Rituale man nirgendwo sonst so hautnah studieren kann.

Keine meiner Reisen empfand ich anstrengender als die 183-Tage-Reise auf der *Europa* 2006/07 – ausgerechnet die, könnte man meinen. Die *Europa* bekam über Jahre ein

4   A.a.O., S.34.

Rating als »bestes Kreuzfahrtschiff der Welt«, mit seinem »Plus« ragte es über alle anderen Fünfsterne-Schiffe hinaus. Ein halbes Jahr im Luxus eines Fünfsterneplus-Kreuzfahrtschiffs muß man freilich erst mal aushalten. Das soll nicht snobistisch klingen. Für Luxus muß man bereit sein, damit man ihn genießen kann. Indra ist es: »Wenn ich für einen Cocktail in die Bar des *Raffles* gehe, bin ich danach auch wieder fit für eine Stadt wie Phnom Penh.« Konsul Walder: »Drei Tage im *Oberoi*-Hotel, der Lärm von Kalkutta kam nur als fernes Gehupe am Pool an. Ich dachte: Legt euch alle gehackt, hier kommt ihr nicht rein.« Susan: »Luxus? Immer her damit! Am besten alle fünf Sterne. Wir buchen immer das, was wir uns gerade noch leisten können, und beten, daß es ein Upgrade geben wird.«

Der historische Buddha kam als Prinz aus dem Luxus, floh ins andre Extrem, in die Askese – und erkannte nach sechs Jahren, als ihm, dem mittlerweile fast Verhungerten, eine Schale Reis angeboten wurde, daß auch dies nicht der rechte Weg war. Fortan predigte er den Weg der Mitte.

Seine Mitte zwischen Luxus und Askese muß jeder selbst finden, die Mitte des einen ist nicht die Mitte des anderen. Was mich betrifft, so versuche ich es jede Reise aufs neue – und tue mir bis heute schwer damit. Was darf ich mir gönnen, was muß ich mir versagen, damit es eine gute Reise wird? Als ob es das nur werden könnte, sofern man sich Tag für Tag auch ein bißchen bestraft für den Luxus des Reisens, den man schon wieder und immer noch genießt. Ganz abgesehen davon, daß man doppelt so lange reisen kann, wenn man in Bruchbuden absteigt statt in Mittelklassehotels. Nach Strapazen sollte eine Belohnung wohl drin sein, nur eben: in welcher Dimension? Reicht es, wenn ich meine schmutzige Wäsche ausnahmsweise zum Waschen gebe? Oder sollte ein bißchen neue Trekkingausrüstung gekauft werden? Ist ein ganzer Urlaubstag angemessen, an dem ich mir eine Fahrt mit der Stretchlimousine gönne, einen Helikopterrundflug, ein Stück Schwarzwälder Kirschtorte im *Hilton* – wie es Achill nach entbehrungsreichen Monaten in der Wüste Gobi getan hat –, vielleicht sogar alles zusammen? Ach, vielleicht reicht ja auch ein besonders kaltes Cola.

Einmal erwischte mich der Luxus so unvorbereitet, daß ich ihm völlig ausgeliefert war. Nach zwei Wochen Trekking im Himalaja wurde ich von meinem Bergführer, wie verabredet, nach Pemayangtse gebracht, von wo ich alleine weiterreisen und dann auch bald heimfliegen würde. Während der Vorbereitung der Reise hatte ich mich dafür entschieden, dort zu übernachten, so nah wie möglich an dem berühmten Kloster, das ich besichtigen wollte. Was ich nicht gewußt hatte: daß es nur ein einziges Hotel in Pemayangtse gibt, ein Luxushotel namens *Mount Pandim*.

Mein indisches Reisebüro hatte den Wunsch kommentarlos umgesetzt, und da wir einigermaßen hart um den Preis des Gesamtangebots gerungen hatten, erwartete ich ein halbwegs passables Guesthouse. Und verschenkte am letzten Morgen unsrer Trekkingtour fast all meine Kleidung an die Nepalesen, die mich begleitet hatten. Wenige Stunden später stand ich in meinen total vertrekkten Hosen und einem Funktionsunterhemd vor einigen Livrierten im Foyer des *Mount Pandim*: Einer rang mir sogleich den Rucksack ab, ein zweiter hing mir einen weißen Seidenschal zur Begrüßung um, ein dritter schickte mir schon mal einen Cherry Brandy aufs Zimmer. Das Zimmer war eine Suite. Vor dem Kamin stand ein Eimer mit kleingehacktem Brennholz. Ein Hoteldiener ließ mich wissen, daß auch

mein Abendessen vorgebucht und also Flucht zur nächstgelegenen Garküche unmöglich war.

Am Ende improvisierte ich mit verschwitzter schwarzer
Funktionskleidung und müllbergverschmutzten Laufschu-
hen. Der Maitre begrüßte mich so freundlich, als hätte er
nicht längst erkannt, wie es um mich und meine Garderobe
stand. Zum Essen genehmigte ich mir ein *Hit Beer*, gebraut
in Sikkim. Zurück in meiner Suite, saß ich ratlos vor dem
kalten Kamin und aß auch noch die bereitgestellten Pralinen. Ich konnte und konnte und konnte es nicht genießen.
Bevor ich ins Bett ging, schrieb ich in mein Braunes Buch:
Luxus ohne Liebe macht traurig.

Reines Auge, kalter Blick

Bei kaum einer anderen Tätigkeit kann man derart zum reinen Auge werden wie beim Tauchen. Das Betrachten der Unterwasserwelt mit ihren Kuriositäten, vor allem ihrer schweigenden Schönheit, ist derart erfüllend, daß man das Gesehene anschließend stundenlang mit einem Fischbestimmungsbuch oder seinem Tauchbuddy nachbereiten kann. Funktioniert das auch, das Reine-Schauen-und-später-darüber-Nachdenken, wenn die Welt, in die man eine Zeitlang eintaucht, eine schreckliche ist, eine häßliche, grausame, leidvolle, entsetzliche? Kann man sich auch durch sie hindurchbewegen und, ob man nun einen nackten Mann in einem Müllhaufen sieht oder eine Frau in einer Pfütze, die Geschirr wäscht, ein Kind, das Passanten anbettelt, oder die Todgeweihten in einem Hospiz, die reglos stumm nebeneinandersitzen und warten – kann man auch an alldem einfach nur vorbeigleiten und schauen?

»Auf Reisen nimmt man alles hin, die Empörung bleibt zu Haus«, schreibt Canetti: »Man schaut, man hört, man ist über das Furchtbare begeistert, weil es neu ist. Gute Reisende sind herzlos.«[1] Das wirkt hart und unbarmherzig, dessenungeachtet stößt man in der Reiseliteratur häufig

---

1 Die Stimmen von Marrakesch. Frankfurt 1980, S. 24.

auf ähnliche Bekenntnisse. Insbesondere die Bücher der berühmten Bergsteiger »ähneln sich vor allem in einer gewissen Kälte des Tonfalls: der Kälte von Kompetenz«.[2] Jon Krakauer und Reinhold Messner bleiben selbst dann noch sachlich, wenn sie beschreiben, wie sie oder andre an den Leichen verunglückter Bergsteiger vorbeiklettern.[3]

Auch für belletristische Autoren spielt »Kälte« als Betrachtungs- und Stilprinzip eine Rolle. Flaubert ging in Kairo von einem Spital (»Hübsche Fälle von Syphilis«) ins nächste (»Verrückte, die in ihren Zellen heulen«), ließ sich die schwersten Fälle sogar nackt präsentieren.[4] Benn rechtfertigt Kälte als Haltung des Künstlers schlechthin: »Er ist kalt, das Material muß kaltgehalten werden, er muß ja die Idee, die Wärme, denen sich die anderen menschlich überlassen dürfen, kalt machen, härten, dem Weichen Stabilität verleihen.«[5]

Selbstverständlich waren bzw. sind all die Genannten keineswegs »kalte«, eher besonders sensible Naturen, die sich zur Kälte der Beobachtung zwangen. In dieser Haltung des staunenden Betrachters ähneln sich Schriftsteller und Reisende. Um Sensationsgier oder Katastrophentourismus geht es keineswegs, vielmehr um Selbstkonditionierung von forschend Suchenden, die ihre Erkenntnisse, soweit möglich, vor emotionaler Verzerrung bewahren möchten. Erst wer den Schmerz des Hinsehens auszuhalten lernt, wird in der Beurteilung seines Reiselands über Klischees

2 David Roberts: Patey Agonistes. Zit. nach: Jon Krakauer: In eisige Höhen. München/Berlin 1998, S. 190.

3 J. Krakauer: A. a. O., S. 147, 304 ff., 378; R. Messner: Überlebt. München 2013, S. 228 ff.

4 A. a. O., S. 73, 75 ff.

5 Doppelleben. In: Ders.: Gesammelte Werke in vier Bänden. Stuttgart o. J., Bd. 4, S. 162.

hinauskommen. Dr. Black bringt diese Haltung unverblümt auf den Punkt: »In der Tat, ich schaue hin. Je bizarrer, grausamer, elender, gemeiner, ungerechter, umso mehr schaue ich hin. Das ist aber kein Voyeurismus, sondern ein Lernprozess. Ich will Zeuge werden.«

Es geht in den Slums los. Was heißt das eigentlich genau, Slum, wo fängt er an? Wellblech allein ist noch längst kein Kriterium; ebensowenig sind Satellitenschüsseln schon ein Indiz, daß der Slum hier aufhört. Es gibt so viele Arten von Slum, wie es Abstufungen von Armut gibt. Indra: »Armut ist etwas Relatives. In Europa wird sie versteckt, Scham ist etwas Europäisches – wenn man nichts hat, will man nicht wahrgenommen werden. Das ist in Asien, Afrika, Lateinamerika anders, Armut ist ständig sichtbar, daran gewöhnt man sich. Am schlimmsten am Slum ist tatsächlich das Gutmenschentum der Touristen, die alles mit ihrem eigenen Zuhause vergleichen müssen.«

Niemals bin ich in einem Slum angebettelt worden. Überall sonst, aber nicht dort. Und niemals bedroht. Freilich muß man sich eine beiläufige Art des Hinsehens aneignen, die niemanden belästigt. Am besten geht man seiner Wege wie in anderen Stadtvierteln auch. Nichts darf einen dazu bringen, entsetzt stehenzubleiben und eine neugierige Zudringlichkeit an den Tag zu legen. Oder eine scheinheilige Betroffenheit. Obwohl man alles genau registriert, blickt man darüber hinweg, als wäre es ganz normal. Ohnehin *wird* es schnell normal, auch im Slum herrscht, oberflächlich betrachtet, vor allem Alltag. Wer mit verhaltner Herzlichkeit hineingeht, kommt darin oft weiter als in den großbürgerlichen Vierteln.

Was erhoffe ich mir hier? All das, was ich andernorts nicht bekomme. Eine Lektion des Lebens – so deutlich und unvermittelt, wie man sie sonst nirgendwo erteilt bekommt. Schon immer habe ich mich zu diesen Vierteln als einer Art Gegenwelt zu meinem heimischen Umfeld hingezogen gefühlt. Ich finde dort alles, was im westlichen Alltag kaschiert und ausgegrenzt wird. Im Slum bin ich ein Lernender, muß meine Ansichten über Mensch und Gesellschaft wieder und wieder nachjustieren. Dr. Black: »In Favelas fühle ich mich wohl, das ist authentisch und aufrichtig, auch dort, wo's ins ›Milieu‹ übergeht. Selbst die Gauner sind mir dort lieber als ein Versicherungsvertreter mit Schlips und Kragen, der mich richtig abzockt, und dann ist ein Drittel der Rente weg. Der Gauner nimmt ja nur mein Taschengeld.«

Ein Großteil des Lebens spielt sich im Slum auf der Straße ab, nichts läßt sich verbergen. Natürlich sind Slums so unterschiedlich wie die Länder, in denen sie liegen. In Belize City wurde ich, kaum daß ich eine für mich unsichtbare Linie passiert und noch gar nicht richtig begriffen hatte, daß hier etwas anderes begann, von einem tätowierten Schwarzen liebevoll in den Arm genommen und zurückgeleitet, das hier sei nichts für mich. In den subventionierten Slums der US-amerikanischen Indianerreservate kehrte ich angesichts der durchgängigen Hoffnungslosigkeit ganz von alleine um. In Santiago de Cuba, wo ich ein halbes Jahr lebte, kannte ich mich irgendwann auch in »meinem« Slum aus – weil ich ein paar Menschen dort kannte. Es war vollkommen normal für mich, in einer der Baracken zu sitzen und Kaffee zu trinken, und wenn mir der Nachbar dann auch noch ein Stück gegrillter Schweinebacke übern Zaun aufnötigte, lief ich Gefahr, die Sache als Idylle zu romantisieren.

Tatsächlich erscheint der Slum mitunter pittoresk, die Geborgenheit in der Gemeinschaft auf engstem Raum ist die raffinierteste Maske der Trostlosigkeit. Spätestens sobald es regnet, zeigt sich das Elend wieder. In Nairobi erschien mir die ganze Stadt, mit Ausnahme der bewachten Wohnblocks, wie ein durchgehender Slum, als Weißer war man ständig auf der Flucht. In Tokio mußte ich drei Tage lang suchen, um den Slum überhaupt zu finden. Und als ich ihn schließlich gefunden hatte – der Name des Stadtviertels war, wie in anderen japanischen Städten auch, von der Verwaltung in der Hoffnung getilgt, die Sache selbst damit zum Verschwinden zu bringen –, da wirkte alles so gepflegt und sauber herausgeputzt, daß ich dachte: Ein japanisches Problemviertel sieht immer noch besser aus als das schickste Viertel einer schwarzafrikanischen Stadt. Selbst die Betrunkenen grölen hier nicht herum. Und abends bauen sie sich aus mehreren Kartons kunstvoll zusammengefügte Papphäuser am Straßenrand. Der Einstieg erfolgt durch eine Luke auf Höhe des Kopfes, die dann von innen zugezogen wird. Welch ein Bedürfnis nach Diskretion noch unter Pennern!

Wer die Slums eines Landes begriffen hat, hat das Land begriffen. Die sogenannten »Tagelöhnerviertel« japanischer Städte sind so perfekt organisiert und kontrolliert, daß man dort selbst nach Mitternacht sicherer ist als in jeder deutschen Großstadt. Das krasse Gegenteil findet sich in Indien. Eine Stadt wie Kalkutta ist zum Inbegriff von Armut und Elend geworden. Auch dort muß man suchen, für einen Japaner könnte jedes Stadtviertel ein Slum sein. Wo ist der Slum des Slums?

Wer genau hinsieht, kann ihn tatsächlich fast überall entdecken. Die Skala des Elends beginnt bei den offiziellen Slums, den *bustees*. Hier gibt es Wasserpumpen, Stromleitungen und überhaupt eine Infrastruktur, die derjenigen anderer Stadtviertel vergleichbar ist, bis hin zu Herrenschneidern und Juwelieren. Anhand der geparkten Motorräder, der *gemauerten* Hauswände und *geziegelten* Dächer sieht man, daß auch im Slum manche gleicher sind als die anderen.

Weniger heimelig wirken die illegal errichteten Slums an den Stadträndern, an Kanalufern, Eisenbahntrassen oder am Fuß von Müllbergen. Es ist staubig, es stinkt, die Häuschen sind nurmehr Baracken. Dennoch herrscht auch dort eifrige Betriebsamkeit, wird man angelächelt, begrüßt, herbeigewunken, eingeladen.

Noch tiefer im Elend liegen all die Wohnstätten, die mithilfe weniger Plastikplanen am Rand der Gehsteige markiert sind, auf den Mittelstreifen von Ausfallstraßen und sonstwo im ganz normalen Straßenleben: kein Slum im eigentlichen Sinn und doch schlimmer als alles, was ich an Slums in Kalkutta gesehen habe. Hier wird nicht mehr gelacht, hier wird überlebt. *Darunter* kommen dann nur noch diejenigen, die sich mitten im Fußgängerstrom ein Stück Pappe hingelegt haben, um darauf zu schlafen.

»Aus klimatisierten Hotels und kernsanierten Altbauten läßt sich das Leben in den Slums von Kalkutta zwar trefflich kritisieren«, schreibt Gabor Steingart, »aber wahrscheinlich nicht verstehen.«[6] Ich habe mich tagelang in den Slums der Stadt herumgetrieben, bin zum Friseur gegangen, habe an Straßenständen gegessen und getrunken, mit jungen Männern eine Art Poolbillard ohne Queue gespielt und mit anderen Männern gelacht, die eine Ratte an der Leine ausführten. Hier habe ich die Stadt besser begriffen als im desolaten Indischen Museum oder in der seelenlosen *Chowringhee Bar* des *Oberoi Grand*, die in »1000 Places

6 *Handelsblatt Morning Briefing*, 5.9.2016.

to See Before You Die« allen Ernstes als die beiden einzigen Attraktionen der Stadt aufgeführt werden.[7] Ob ich die Slums jedoch *verstanden* habe? Noch lange nicht.

Ja, sie sind schrecklich, aber eben unterschiedlich schrecklich, vor allem nicht *nur* schrecklich. Richtig schlimm wird es erst außerhalb der Slums, am allerschlimmsten im Eingangsbereich der Tempel. Was ist da parterre? Noch ein Händler mit seinem Gemischtwarenangebot oder schon ein Bettler inmitten seiner Habseligkeiten? Wolle: »Am Anfang guckst du bei jedem hin. Irgendwann kannst du das Elend nicht mehr sehen. Am liebsten würdest du ihm aus dem Weg gehen, aber das kannst du gar nicht. Auch in Afrika sitzen sie vor allen touristischen Hauptattraktionen, die abgemagerten Aids-Kranken wissen ganz genau, daß du ihnen hier nicht ausweichen kannst.«

Reisende sind sich beim Thema Betteln einig: Man dürfe auf keinen Fall etwas geben, damit vergrößere man nur das Leid, finanziere die Bettel-Mafia, die das alles auf ruchlose Weise organisiere, treibe Eltern dazu, ihre Kinder zum Betteln zu schicken statt in die Schule, sie zu verkaufen oder zu verstümmeln.

Mir fällt es nach wie vor schwer, die theoretische Einsicht in praktisches Handeln umzusetzen. Immer wieder erwischt mich ein Bettler auf dem falschen Fuß – oder ist es der richtige? –, und schon knicke ich in meiner Abwehrhaltung ein. Im kubanischen Camagüey jammerte mich ein junger Kerl so sehr an, daß ich richtig sauer wurde. Als er sich dann aber vor mir in den Rinnstein kniete und mir die Hände flehend entgegenhob, hätte ich ihn fast umarmt. In den arabischen Ländern sind auch die Bettler von unver-

7 Patricia Schultz: 1000 Places to See Before You Die (dt. Ausg.). Potsdam 2012, S. 583.

gleichlicher Zudringlichkeit, ich habe Passanten gesehen, die sich wutentbrannt den Gürtel von der Hose gezogen haben, um sich ihrer zu erwehren. In Japan habe ich keinen einzigen Bettler entdecken können, im Gegenteil, in Osakas »Tagelöhnerviertel« Kamagasaki wollte mir ein Penner sogar partout etwas schenken. Er hieß Nobushite Ando, es ging um einen kleinen Plastikwecker in Form einer Lokomotive, den er besonders liebte. Ich kam am Ende nicht darum herum, ihm den Gefallen zu tun und sein Geschenk anzunehmen. In Indien hingegen habe ich ... oje, auch in dieser Hinsicht hat das Land Maßstäbe gesetzt.

Im New Market von Kalkutta lag jeden Abend ein Unterschenkelamputierter am Rand der Straße und schrie ununterbrochen »Allah« in die vorbeidrängende Menschenmasse, nur das eine Wort, in voller Lautstärke. Es half ihm nichts, keiner nahm von ihm Notiz. Wenige Meter entfernt präsentierte man einen Krüppel auf einem Karren, übrigens vollkommen wortlos. Eine ähnliche Szene hatte ich in einem jemenitischen Bergdorf erlebt, dort fuhr man einen Kriegsversehrten ohne Beine so lange im Schubkarren neben uns her, bis jeder bezahlt hatte. Auch er bettelte nicht, er blickte nur grimmig, das genügte.

In Bombay wird man am Gateway of India von Bettlern regelrecht umringt. Etwas abseits sah ich einen mit Elefantenfuß, einen anderen, der seine völlig fleischlosen Beinknochen zur Schau stellte. Und in Agra einen, der sich auf allen vieren einer Busreisegesellschaft in den Weg stellte, man hatte ihm sämtliche Gliedmaßen so gebrochen, daß er sich damit immerhin noch auf bizarre Weise fortbewegen konnte. Die dargebotenen Dollarscheine nahm er mit dem Mund entgegen.

Am härtesten fand ich Bodghaya, ein Städtchen rund

um den heiligen Bodhi-Baum, unter dem Buddha seine Erleuchtung hatte. Der Ort zieht Pilger und Touristen zu Tausenden an, in jedem Eingangstor der verschiedenen Tempel hat man Krüppel plaziert, denen die Beine nicht selten mehrfach gebrochen wurden. Indem sie sich mit den Händen auf Plastikplatten oder alte Bügeleisen stützen, robben sie erstaunlich schnell zu jedem hin, der sich nähert, und legen sich direkt vor seine Füße. Man weiß, daß man ausgerechnet ihnen nichts geben sollte, damit sich ihr Schicksal nicht an anderen wiederholt – wenn man trotz gebrochener Beine nicht erfolgreicher betteln kann als andere, würde die furchtbare Prozedur ja nicht lohnen.

Aber sie lohnt. Auch ich habe versagt und wider besseres Wissen jedem dieser armen Kreaturen Geld gegeben, manchmal bin ich sogar zurückgegangen, nachdem ich es schon vorbeigeschafft hatte. Die zahnlosen Weiblein, die fordernd mit ihren Münzen in der Alu-Schüssel scheppern, lassen mich kalt. Blinde ebenfalls und ihre minderjährigen Begleiter, die jeden bedrängen, der passieren möchte. Erst recht junge Mütter, den Säugling auf dem Arm, oder Kleinkinder, die einen hartnäckig am Hosenbein zupfen. Man *muß* sich an Bettler gewöhnen, sonst könnte man ein Land wie Indien nicht bereisen. Doch bei Krüppeln, noch dazu: mutwillig verkrüppelten Menschen, die ihre Bettelschale mit einer Wut vor mir auf den Boden knallen, als wollten sie einen Nagel in die Welt schlagen, ist mir ein kalter Blick unmöglich. Weil mir mein Herz in die Quere kommt, ehe Erkenntnis einsetzen könnte, habe ich nur viele, allzuviele Bilder von ihnen gesammelt, aber keinen einzigen klaren Gedanken.

»Die Elite des schrecklichsten Schreckens«[8] kam dann über-
raschenderweise in Darjeeling. Jeden Morgen stellte man
dort einen Mann ohne alle Gliedmaßen am Rand der Fuß-
gängerzone ab. Ein bloßer Rumpf mit gesenktem Haupt,
stets in Schwarz gekleidet, die Mütze tief ins Gesicht gezogen und den Kopf so gesenkt, daß man sein Gesicht nicht
sah. Eine Art antiker Torso, allerdings ein lebender, und so
reglos wortlos klaglos über Stunden, daß es ein Zyniker für
ein Kunstwerk hätte halten können oder für einen Künstler,
der eine Performance gibt. Alle anderen begriffen es als
einen schwarzen Schrei zum Himmel, die Bettelschale
davor war stets randvoll mit Scheinen gefüllt.

8 Joseph Roth: Die Krüppel. Ein polnisches Invalidenbegräbnis. In:
   Ders.: Reisen in die Ukraine und nach Rußland. München 2015, S. 26.

Allein unter Palmen

Meist bin ich allein unterwegs. Doch es ist meine Sache nicht. Einsamkeit in der Wüste oder einer grandiosen Bergwelt, das mag seinen Zauber haben. Einsamkeit in der Stadt ist etwas anderes. Es ist Einsamkeit inmitten von Menschen, die ihren Alltagsgeschäften nachgehen. In Touristenmetropolen kommt der Frohsinn der Kurzurlauber erschwerend dazu. Bei meinen Stadtwanderungen muß ich mir jedes Erlebnis aus eigener Kraft erarbeiten. Mein Mißmut hält länger an, mein Zweifel gräbt sich tiefer, mein Ärger über ein mißlungenes Abenteuer kann mir locker den ganzen Tag verderben. Allenfalls kann ich mir mit Sarkasmus und Ironie behelfen, zum Humor ringe ich mich erst in Gesellschaft durch.

Solange man ein Ziel hat und sich entsprechend in Bewegung hält, wird die Einsamkeit von all den kleinen Aufgaben verdeckt, die auf dem Weg zum Ziel zu lösen sind, den damit verbundenen Erfolgs- oder Mißerfolgserlebnissen. Die Versuchung des Alleinreisenden ist die Ruhe. Kaum sitzt er im Café, umgeben von Pärchen, Familien, besten Freunden und Freundinnen, fühlt er seine Verlassenheit. Am schlimmsten dann der Abend in einem Restaurant. Auch wenn er mithilfe eines Smartphones so tun wird, als hätte er tausend virtuelle Tischgenossen, hat er doch in realitas keinen einzigen, mit dem er auf den Tag anstoßen kann. Für heute ist er endgültig allein. Und wird morgen abend lieber nur auf der Straße essen, *im Vorübergehen*.

Andere sind in der Fremde gern für sich. »Reisen ist im besten Fall eine einsame Unternehmung. Um schauen, sehen und urteilen zu können, muß man allein und unbelastet sein«, schreibt Paul Theroux: »Ich bin schon immer allein gereist. Bei jeder anderen Form des Reisens wird das Erlebnis durch die Anwesenheit anderer geschmälert.«[1]

Auch Achill ist einer, der die Einsamkeit auf Reisen sucht und als »stillen Rausch« erlebt. Er geht für sich, um seine »Energie nicht teilen zu müssen«, Schritt für Schritt wird ihm »die Einsamkeit zu einer sinnlichen Rückeroberung der kleinen Dinge«.[2] Das klingt beneidenswert, auch wenn Achill die Rückeroberung der kleinen Ärgernisse, Ängste und Nöte unterschlägt, die ihm als Kehrseite des Einsamkeitsrauschs ja auch tagtäglich aufgegeben ist. Nach meiner Erfahrung nimmt man als Alleinreisender vieles zu schwer, ist schneller erschöpft, weil man die Widrigkeiten der Umstände oder das Verhalten der Einheimischen als persönlichen Affront empfindet. Jede Reise beinhaltet kritische Momente – hat man einen Freund an seiner Seite, ist man grundsätzlich mutiger. Jede Reise beinhaltet ärgerliche Momente – verwandelt der Freund das mißliche Erlebnis in eine lustige Anekdote, ist man eher versöhnt.

»Aber die Erlebnisse allein sind trotzdem ganz andere«, wendet der K ein: »Man ist angewiesen auf Kontaktsuche, während man sich mit Partner/Freunden doch eher selbst genügt. Also: Entdeckungen lieber allein, Wiederentdeckungen zu zweit.«

1 A.a.O., S. 19, 120.
2 Achill Moser: A.a.O., S. 49, 159, 182.

Ähnlich Eric, der in den letzten Jahren oft mit seiner Freundin unterwegs war: »Die Erlebnisse, die man auf einer Reise hat, vertiefen die Beziehung zu einer Frau. Manchmal allerdings vermisse ich die Intensität, die Freiheit und sogar die Einsamkeit, die man eben nur hat, wenn man allein unterwegs ist.«

Indra: »Da man meist einsam ist, wenn man allein reist, fangen irgendwann die inneren Stimmen an, sich bemerkbar zu machen. Von da an ist der Reisende auch zu sich selbst unterwegs.«

Eine Quadratur des Kreises schlägt Susan vor: »In der Anonymität einer Gruppenreise kannst du manchmal besser allein sein, als wärst du wirklich allein. Du hängst deinen Gedanken nach und mußt mit niemandem sprechen. Trotzdem bist du nicht gestreßt, weil du ständig Entscheidungen treffen mußt oder dich als Frau irgendwo unsicher fühlst.«

Es sprechen viele Gründe dafür, eine Reise ohne Begleitung zu machen. Dennoch reise ich in Gesellschaft fröhlicher, beherzter, übermütiger. Wohingegen ich als Alleinreisender? Die Reise etwa nicht genießen will? Das Motiv des Alleinreisenden scheint mir tatsächlich wenig mit Vergnügen zu tun zu haben. Er sucht etwas, wovon Reisende nichts wissen, die in Gesellschaft unterwegs sind, wovon auch er selbst nur vage ahnt, etwas, das jenseits aller Sehenswürdigkeiten liegt, aber auch jenseits aller Begegnungen mit Einheimischen, aller Einblicke in ihre Kultur und ihr Leben. Er sucht mehr als das, so viel steht fest, bloß was? Das einzige, was er weiß, ist: daß er unterwegs ist, weil er sucht, und daß er sucht, um unterwegs zu bleiben. Er braucht die Bewegung. Gönnt er sich einen Moment der Ruhe, überfällt ihn die Melancholie.

»Reisen ist eine der traurigsten Vergnügungen im Leben«,

vielleicht hat Madame de Staël diesen Satz geschrieben, als sie erschöpft Pause machte.[3] Der Moment der Besinnung kommt nach meiner Erfahrung dann, wenn es am schönsten ist, wenn man die Zeit anhalten und alles intensiv aufsaugen und genießen möchte, er kommt als Wehmutsanfall, Weltschmerz und Selbstmitleid in eins. Also tatsächlich aus heiterstem Himmel. Solange das Wetter schlecht ist, der Weg steil und die nächste Durststrecke bereits absehbar, kann ich ganz gut alleine reisen. Sobald etwas Schönes zu erleben ist, vermisse ich einen Reisegefährten, mit dem ich es teilen könnte. Am heftigsten in gemäßigter Landschaft, in der es nichts gibt, was man ihr erst mühevoll abtrotzen müßte. Oder in kleinen gemütlichen Städtchen, wo jede Ecke und jeder Winkel Heimat ausstrahlt, nur eben für andere, die am nächsten Morgen nicht schon wieder Abschied nehmen müssen. Erst geteiltes Glück ist für mich Glück.

Nicht selten schreibe ich in solchen Situationen ein Gedicht, danach geht es mir besser. Als ob ich darin das Gespräch mit einem Gegenüber geführt hätte, das ich gerade so vermisse. Aber beileibe nicht immer schreibe ich, wenn es mir schlechtgeht auf Reisen. Dann gehe ich zu den Toten. Auf einem Friedhof kann man mit etwas Phantasie zahlreiche Reisen innerhalb der einen Reise antreten, auf der man sich real befindet: Man liest lauter Kurzromane in Form von Grabsteinen. Die Lektüre geschieht im Handumdrehen, das Nachdenken darüber währt oft lang. Mit jedem weiteren Grabstein wird der Aufenthalt auf dem Friedhof mehr zu einer kleinen Kulturgeschichte des Landes; auch hier können wir ihm näher kommen als auf den touristisch vorgegebenen Pfaden.

3 Zit. nach: Theroux: A.a.O., S. 295.

In manchen Städten sind Friedhöfe die einzigen Oasen der Ruhe, nichts muß erfragt, erfeilscht, erstritten, erkämpft werden. Die Gesellschaft der Toten stellt keine Bedingungen, alles *ist* – und ist genug. Vor lauter Dankbarkeit, daß ich noch eine Weile weiter- und der Schwermut davonreisen darf, vergesse ich den Kummer, der mich hergetrieben hat.

Es sind nicht die berühmten Toten, die mir Kraft geben, Georg Trakl unter seinem häßlichen Innsbrucker Zementkreuz, Jim Morrison in seinem mit Graffiti beschmierten Grab auf dem Pariser Père Lachaise, Hafis unter seinem Pavillon im Rosengarten von Shiraz, wo noch heute seine Ghaselen rezitiert werden, Gauguin, der von seinem Grab auf Hiva Oa, Französisch-Polynesien, weit in die Südsee blicken kann … Das sind, jede auf ihre Weise, bedeutende Gedenkstätten, gerade deshalb bewegen sie mich vergleichsweise wenig. Es sind all die anderen, die mich zu Tränen rühren *und* trösten. Die, von denen nichts überliefert ist als ein verwitterter, kaum mehr entzifferbarer Grabstein. Oder nicht mal das.

Auf den kleinen Dorffriedhöfen, verstreut im usbekischen Karaqchitau-Gebirge, bestehen die Gräber nur aus Erdhaufen mit ein paar Kauri-Muscheln und anderen schamanistischen Beigaben. Vom Haupthügel der riesigen Nekropole Mizdakhan an der usbekisch-turkmenischen Grenze schaut man weit in die Kargheit Turkmenistans hinein, allein der Blick weckt neue Reisesehnsucht. Die muslimischen Friedhöfe in der arabischen Welt sind oft kaum mehr als ein paar eingezäunte Zementsockel mitten im Ödland, so vollständig vergessene Orte, daß man darüber erschrickt. Der krasse Gegensatz dazu die weitläufigen Totenstädte in Buenos Aires, regelrechte Straßenzüge mit residenzhaft sich reihenden Familiengruften, darin ein gutes Dutzend

Särge auf verschiedenen Stockwerken. Der wunderschön verwucherte Friedhof in Highgate, London, mit seinen teilweise skurrilen Grabstellen. Venedigs verzauberte Friedhofsinsel San Michele mit ihren Pinien wie auf Böcklins Bild von der Toteninsel, alle Grabstätten mit Foto des Verstorbenen, eine regelrechte Galerie der Toten. Die prachtvolle Gräberstraße Schah-i-zinda in Samarkand und der sich anschließende Friedhof für die Normalsterblichen, schwarze Marmorsteine mit lebensgroß eingelaserten Ansichten der Verstorbenen. Am anderen Ende der Stadt der russisch-orthodoxe Friedhof mit seinen kleinen Tischen und Bänken (damit man mit den Toten essen und trinken kann), eine fast vergessene Lehmhügellandschaft am Rand eines Slums, geschmückt mit jahrzehntealten Plastikblumensträußen.

Auf dem Friedhof Santa Ifigenia in Santiago de Cuba war ich so oft, daß mich die Totengräber mit Handschlag begrüßten. Schon nach wenigen Jahren der Verwesung werden die Toten hier in ihrer Totenruhe gestört – die Grabplatten weggehoben, die Särge aufgehackt, die Knochen gereinigt und in kleine Knochenkästen umgebettet. Die Angehörigen hocken um die Überreste ihres Vorfahren, putzen sie gemeinsam mit den Totengräbern, reichen mitunter einen der Knochen herum, stecken diskret einen Goldzahn ein, erzählen sich. Einmal fragte mich eine mir unbekannte Frau nebenbei ganz nonchalant, ob ich eine *chica* bräuchte. Nein? Kein Problem, schon putzte sie weiter.

Und schließlich der Friefhof auf Rarotonga, niemals war ich einsamer und unglücklicher als dort. Drei Monate war ich bereits an Bord der *Europa*, es würden noch drei weitere werden, bis ich zurück nach Hause käme. Tag für Tag schrieb ich einen Logbucheintrag für den Roman »In 180 Tagen um die Welt« – ich hatte zu tun, zu sehen und zu staunen allemal, und dennoch: Nach den traumhaften Inseln von Französisch-Polynesien kam Rarotonga, die Hauptinsel der Cook Islands, und mit ihr die trostlose Rückseite der Südsee. So wie es hier aussah, fühlte ich mich auch: Ein paar zerrupfte Palmen, ein paar verstreute Häuser, der Strand voller Korallenbruch, verfaulter Kokosnüsse, zerknitterter Coladosen, und laufend schickte das Meer neue Zweimeterbrecher. Der Friedhof lag direkt am Meer, die Gräber aus schlichtem Zement, hellblau gestrichen oder gekachelt. Die Menschen, die darin ruhten, waren erschreckend jung gestorben. Wie hart und unbarmherzig die Südsee in Wirklichkeit war, erst hier wurde es mir bewußt.

Eines der Gräber werde ich nie vergessen, im Zentrum der dunkelblau gefliesten Deckplatte stand nichts als ein »G«. Daneben eine halbvolle Bierflasche *Ice Lager*. Das Bild des Verstorbenen war in einer separaten Marmorplatte eingelassen: ein dicker Junge, freundlich lächelnd – George Frederick Baar William, »Known to his many friends as ›Big G‹ or DJ GODZILLA«. Kaum zwanzigjährig verstorben, am Kopfende seines Grabes lehnte eine Sperrholzplatte, mit letzten Grüßen versehen: »Dinking of you my big boy luv«, »To our beloved ›G‹ miss u heaps body & soul I'm still looking afta ur fone«, »Buddy Bo, missing u always all da way from Hawai«. Was ist dieser Mensch geliebt worden! In die Mitte der Holzplatte hatten seine Freunde »G we'll meet again« geschrieben. Und sechs abgesägte Baumstämme am Kopfende seines Grabes so in den Boden gerammt, daß »G« in ihrer Mitte war, wenn sie sich hier versammelten. Ich stellte mir vor, wie sie sich zum Musikhören trafen und *Ice*-Bier dazu tranken.[4]

4 Vgl.: In 180 Tagen um die Welt. A. a. O., S. 202 f.

Schrecklich schöner Tag

»für dich!«

Ein paar Inseln gibt's vor der Küste
von North Carolina, eine Serie an Sandbänken, nicht
viel breiter als die Straße, jedoch
fast zweihundert Meilen lang! nichts
als Leuchttürme, Dünen und graugelbes Gras
und Möwen, natürlich, mit weißen
und mit schwarzen Köpfen

Nun stell dir mal vor, wie ich
in meinem glitzergrünen Chevrolet sitze
und ziemlich oberlässig so durchs Meer fahre:
Der Mann im Radio spielt die passende Musik,
die Aircondition schnurrt ganz sanft dazu, sogar die
Geschwindigkeit hab ich am Lenkrad eingestellt,
im Grunde brauch ich bloß noch
die Augen aufzureißen und die Ohren

Verstehst du,
die Welt hat sich an diesem Tag,
ich will mich wirklich nicht beschwer'n,
hat sich verteufelt angestrengt für mich:
so viele Wellen, so viel leerer Raum darüber,
so viel an weichem Wind und … trotzdem!

Wenn ich daheim bald wieder bin
(in ein, zwei Wochen, vielleicht drei),
dann wird es keinen geben, der
meine Erinn'rung teilt an diesen fastperfekten Tag.
»Ah, interessant«, wird man mir bestenfalls
ein Nicken gönnen, »so 'ne Art Sylt
auf Am'rikanisch« …
                              Aber weißt du,
dieser Tag auf der Straße, im Meer,
der *war* nicht interessant –
der war vielmehr so schön,
daß ich fast lauthals losgeheult hätte
mit meinen vierundvierzig Jahren,
weil ich ja wußte,
weil ich in jeder Sekunde wußte,
daß ich den Rest des Lebens
verdammt alleine bleiben würde mit
all diesen Leuchttürmen, den Möwen, den Wellen,
mit all den Brownies, die ich dabei gegessen,
dem Rootbeer, das ich dabei getrunken,

in meinem fetten Glitzerchevrolet
an diesem schrecklich schönen Tag

Bleib erschütterbar und widersteh[1]

Kalkutta ist mir nicht nur seiner Müllberge und Slums wegen unvergeßlich geblieben. Südlich des Stadtzentrums liegt einer der bedeutendsten Wallfahrtsorte Indiens, der Kalighat-Tempel, umlagert von Bettlern, umsäumt von Hospizen. Kali ist die Göttin des Todes und entsprechend blutrünstig, früher wurden ihr Menschen geopfert.

Jeden Tag gegen elf wird das Gedränge um die Opferstelle dichter und ruppiger. Schon werden die ersten Ziegen und Zicklein der Reihe nach herbeigeführt, mit rotem Puder am Rist und auf der Stirn geschmückt, manche mit Blütenkranz um den Hals. Der Schlächter tritt auf, ein dicker Kerl, der erst mal seine Gehilfen zusammenstaucht, ein geschwungenes Messer in der Rechten, das fast die Größe eines Säbels hat. Und dann? Kommt erst noch der Auftritt einer alten Vettel, sie kündigt jede Opferung durch Trommelwirbel wie eine Hinrichtung an. Und dann? Geht alles ganz schnell. Die erste Ziege wird von den Gehilfen gepackt, der eine reißt ihr den Blumenkranz herunter, der nächste kippt ihr einen Kübel Wasser übern Kopf, der dritte schleudert sie so in die Höhe, daß er ihr dabei die Vorderläufe fest an den Rumpf pressen kann, die Ziege

1 Titel eines Gedichts von Peter Rühmkorf. In: Ders.: Haltbar bis 1999. Reinbek 1987, S. 24.

schreit dazu jämmerlich. So wird sie im Ablegen parterre auch gleich mit dem Kopf zwischen zwei Betonsäulen hindurchgeschoben, der Schlächter reißt einen Metallriegel herunter und schraubt ihn am Halsansatz hinterm Kopf fest. Dann nimmt er nicht mal groß Schwung, fast aus der Hüfte durchschlägt er den Hals der Ziege, ihr Körper wird von einem Gehilfen sofort nach hinten gezogen, wo er sich auszucken darf. Der Schlächter greift sich den Schädel und drückt dem Spender der Ziege einen Blutfleck auf die Stirn.

Aber schon drängen die Umstehenden herbei, jeder will der erste sein, der seinen eignen Kopf zwischen die beiden Betonsäulen steckt. Auch ihnen drückt der Schlächter, einem nach dem andern, einen Blutfleck auf die Stirn. Dann rührt die Alte wieder ihre Trommel, ist das nächste Opfertier an der Reihe, schieben sich neue Pilger möglichst nah an die Opferstelle. Barfüßig steht der Schlächter im Blut und schwingt sein Messer, an die zehn, zwölf Mal, in völliger Gleichgültigkeit. Etwas lebhafter wird er nur, wenn er sich mit den Gehilfen um die Aufteilung des Geldes streitet, das zusätzlich zu den Opfertieren gespendet wird. Die geköpften Ziegen liegen ein paar Meter entfernt und schlagen mit den Hufen, krümmen sich, rutschten minutenlang auf dem Betonboden hin und her, werden von den Gehilfen irgendwann ergriffen und davongetragen.

Auch das Zerhacken der Ziegen konnte ich mir nicht entgehen lassen. Es findet außerhalb des Tempelbezirks auf dem Betonboden der Straße statt, sehr rüde und sachlich, und natürlich wird auch das von zahlreichen Menschen verfolgt, die sich einmischen, es besser wissen und zu schreien anfangen. Warum ging ich überhaupt hin, warum konnte ich mich nicht losreißen, ehe alles geschlachtet und zerhackt war, was an diesem Tag geschlachtet und zerhackt werden sollte?

Ob in der Fremde oder zu Hause, die Endlichkeit allen Lebens empfinde ich als *das* große Skandalon der Schöpfung. Dabei wurde mir der Tod so lang wie möglich vorenthalten, geschlachtet wurde in der behüteten Welt meiner Kindheit sowieso nicht, das Fleisch kam ganz von allein in die Auslage beim Metzger. Irgendwann wurde das Schlachten auf die sogenannte grüne Wiese verbannt, dorthin, wo es kaum noch einer mitbekam. In die ehemaligen Schlachthöfe zogen Kulturzentren ein, Szenerestaurants und Heileweltläden mit Wohlfühlkram. Außerhalb der westlichen Welt war und blieb das anders. Da wird allerorten geschlachtet, und zwar auf eine Weise, als wäre es die natürlichste Sache der Welt. Und ist sie das nicht auch?

Der Schlächter waltet keines grausamen Amtes, wohl aber eines unbarmherzigen. Als Zuschauer wird man zwangsläufig erschüttert; sich seiner Bestürzung nicht einfach hinzugeben ist jedes Mal aufs neue eine mentale Herausforderung. Um den Tod nicht nur als Schicksalsschlag, sondern als notwendige Bedingung allen Lebens kennenzulernen und ein angemesseneres Verhältnis zu ihm zu bekommen, blicke ich genau hin. Meistens mache ich Notizen, schreibe gewissermaßen mit. Das Mysterium des Sterbens ist keines, von dem ich später mit pauschalem Pathos erzählen möchte; je mehr ich mich auf Details konzentriere, desto weniger höre ich mein Herz schlagen.

Die Tabuisierung des Todes im Alltag der (nord-)westlichen Welt führt zu völlig unberechtigten Wertungen von Schlachtung und Schlächter, das *weiß* ich wohl. Als *fühlender* Mensch kann ich es trotzdem nicht verhindern: Was mir im großen Ganzen gerechtfertigt scheint, wird mir bei praktischer Anschauung zur Qual. Natürlich spielt auch die Furcht vor meinem eigenen Tod hinein, die sich aufdrängende Erkenntnis, daß auch mein Schicksal sich in einer allerletzten jähen Sekunde erfüllen wird.

Im Grunde beginnt die Lektion für mich bereits beim bloßen Anblick toter Tiere, sofern sie nur groß genug sind. Mein erstes totes Schwein sah ich 1974 am Strand des italienischen Badeorts Terracina, kleine Kinder hopsten munter darauf herum. Wir hingegen, drei Abiturienten aus München, standen fassungslos davor. Am nächsten Morgen war das Schwein verschwunden, wir suchten so lange, bis wir es an einer anderen Stelle des Strandes fanden. Wieder standen wir andächtig davor, schließlich diskutierten wir immerhin, ob wir es anfassen sollten.

Im Sommer 1980 standen wir vor einer toten Kuh mitten im tunesischen Bergland. Sie war in der Hitze bereits aufgedunsen, durch ihr tellergroß geweitetes Arschloch flogen Hunderte von Fliegen ein und aus, ein gewaltiges Summen als Sound des Lebens, das sich vom Tode nährte. Ein Jahr später erschrak ich vor den abgezogenen Karnickeln, die mich in der Markthalle von Florenz anschielten; die Uffizien ließen mich vergleichsweise kalt. Und so ging es weiter, vom kleinen Komplettferkel, das mich im Schaufenster eines Toulouser Feinkostgeschäfts liegend erwartete, bis zu den gestapelten Ziegenköpfen auf einem Dorfmarkt in Burma und den ausgelösten Ochsenaugen in Salvador da Bahia, die traurige Blicke nach mir warfen. Tote Tiere sehen dich an … und sterbende erst recht. Ich erinnere mich an die riesigen Fische auf dem Tokioter Zentralmarkt, die sich in ihrer Qual aus dem Trockeneis emporkrümmten, an die Fische in Singapurs Chinatown, die bei lebendigem Leib abgeschuppt wurden, an die Fische auf dem seinerzeit berühmt-berüchtigten Markt in Kanton,[2] wo von Käfern und Tausendfüßlern bis hin zu Katzen, Hunden, Adlern und Eulen alles zum Verkauf und Verzehr stand, was in Käfige oder Kübel paßte. Aus den Fischen wurde nur das Teilstück herausgehackt, das der Kunde verlangte, der Rest mit Wasser besprengt, damit er so lang wie möglich weiterlebte.

Tatsächlich waren das Schlachtungen in Raten, die Qualen der Tiere wurden bewußt verlängert, damit sie als Ware frisch blieben. Aber warum spießte der Mann im chinesischen Guilin die gefangenen Aale mit einem Küchenmesser an einen Baumstamm und schnitt sie mit der Nagelschere der Länge nach auf, statt sie zuvor zu töten? Die kleinen Aale krümmten sich, der Mann weidete sie mit einer einzigen Zeigefingerbewegung von unten nach oben aus und schnitt ihnen erst dann den Kopf ab. Asien setzt im Umgang mit Nutz- und Schlachttieren traurige Maßstäbe.

Was das Schlachten von Tauben, Hühnern und Hähnen betrifft, bin ich in Kuba durch eine harte Schule gegangen. Bei jedem der afrokubanischen Rituale, an dem ich teilnahm, mußte Blut fließen, in den abgedrehten Taubenköpfen zuckten die Zungen, manche der Hähne krähten noch ohne Kopf. Manchmal mußte ich einen Hahn festhalten, wenn ihm der Kopf abgeschnitten wurde, das ging selten mit einem einzigen Schnitt. Ich fühlte sein Herz schlagen, sein letztes Zittern und Beben, fühlte seinen Tod mit beiden Händen, es war schlimm. Manchmal mußte das Opfertier über meinem Kopf ausbluten, das Blut rann mir warm über die Schultern, und erst wenn es getrocknet war, durfte ich es abwaschen. Schlachtungen im Rahmen eines religiösen Ritus haben es in sich. Das Opfertier danach gemeinsam

2 1985; bei einem Besuch im Jahr 2014 war der Markt vollkommen entschärft, angeblich aus hygienischen Gründen.

mit dem Priester und den Gläubigen zu verspeisen war dann noch mal eine Herausforderung.

Am heftigsten waren in Kuba freilich die Schweineschlachtungen. Auf den Dächern mästete man in kleinen Verschlägen schwarze Schweine; wenn es soweit war, wurden sie zur Morgendämmerung abgestochen. Allerdings erkannte das Dachschwein die Situation auf den ersten Blick und schrie aus Leibeskräften, wenn es aus seinem Verschlag gezerrt wurde. Trotz aller Gegenwehr lag es am Ende im Staub eines Hinterhofs oder der Straße, Läufe und Rüssel mit Elektrokabel zusammengebunden und von zwei Männern zu Boden gedrückt. Gern setzte ein dritter – der Abstecher in spe – seinen Fuß auf den Kopf des Schweins und ließ sich fotografieren. Manche der Passanten blieben stehen und bestellten schon mal ein besonders leckeres Stück, zeigten es im Zweifelsfall mit der Fingerspitze am lebenden Tier. Dann wählte der Abstecher, der sich freilich eher als Torero eines Schweinekampfs verstand, ein erstaunlich kleines Messer und taxierte sein Opfer. Hockte ein paar Sekunden Aug in Aug mit ihm, dann stieß er zu, knapp unterm Kopf und ins Herz, seine Hand verschwand vollständig im Fleisch. Während das Schwein noch schrie und zappelte, rühmte sich sein Schlächter bereits vieler weiterer Schweine, die er auf diese Weise getötet habe – ein Mann, ein Messer, ein Stoß.

Wie still dagegen in Asien Schafe sterben, sofern sie von ihrem eigenen Schäfer geschlachtet werden, verwundert mich bis heute. Desgleichen Ziegen, wenn man ihnen die Hand über die Augen legt, ehe man ihnen die Kehle aufschneidet. Andre wiederum setzen nur einen Schlitz in die Brust, durch den sie ins Innere des Tiers greifen und die Schlagader direkt am Herz abdrücken. Wie unterschiedlich das Handwerk des Tötens ausgeübt wird! Der eine pustet der Ziege durch einen kleinen Schnitt unters Fell, bevor er sie abzieht, der nächste schneidet erst mal mit besonderer Sorgfalt den Schließmuskel heraus. Ehefrauen, Kinder, Kleinkinder helfen auf ihre Weise mit, das Schlachten ist Teil ihres Alltags. In Tadschikistan beobachtete ich kleine Schäferjungen, die ein Murmeltier gefangen, geschlachtet und abgezogen hatten, sie waren vielleicht sieben oder acht Jahre alt.

Die eleganteste Form, ein Tier zu töten, ist der Stierkampf. An meinem Ankunftsabend in Salamaca 2002 lief in einer Kneipe an der Plaza Major im Fernsehen Stierkampf, die entscheidenden Szenen in Zeitlupe – ich konnte mich kaum losreißen. Die schlimmste Schlachtung, die ich erlebt habe, war die eines Stiers in Usbekistan, er wehrte sich, solang er konnte, am Ende lag er schnaufend auf dem Boden eines trüb ausgefunzelten Raumes. Als ihm die Kehle durchgeschnitten wurde, schoß das Blut in dickem Strahl gegen die Wand, so heftig, daß ich zusammenzuckte. Alle lachten. Für sie war ich ein Weichei aus dem Westen, dem sie mal gezeigt hatten, wie richtige Kerle kurzen Prozeß mit einem Stier machten. Genau das war der Unterschied zwischen ihnen und mir, ich schämte mich dafür und war gleichzeitig froh, daß ich anders empfand als sie.

Die Scheiterhaufen von Varanasi

Nein, es hängt kein Leichengeruch über der Stadt, wie's in allen Reiseführern zu lesen ist. Es riecht nach Kot, nach Müll, nach Vergärendem und Vergammelndem, es riecht nach Indien. Dennoch lebt Varanasi von den Toten, die aus nah und fern herbeitransportiert werden, die Scheiterhaufen brennen Tag und Nacht. Wer in der heiligen Stadt verbrannt und als Asche in den heiligen Fluß gestreut wird, so der hinduistische Glaube, durchbricht den Kreislauf der Wiedergeburt. Der Lassi-Händler, an dessen Stand die Toten auf ihrem Weg zum Manikarnika Ghat vorbeigetragen werden, versichert mir, an guten Tagen zähle er an die 500 Tote, an schlechten 150 bis 200. Das Manikarnika Ghat ist das Hauptverbrennungsghat der Stadt; das zweite Verbrennungsghat, Harishchandra Ghat, ist zwar traditionell bedeutender, aber wesentlich kleiner. Während der Lassi-Händler redet, hört man das mechanisch skandierte »Dirame-rame, sateheeed …«, mit dem sich eine Trauergesellschaft ankündigt, Vorsänger und Chorus in monotoner Wiederholung, damit man ihr in den engen Gassen Platz macht. Der Händler übersetzt es mir als: »Jetzt geht's zum Ganges und auf den Scheiterhaufen …« Noch bevor ich meinen Lassi getrunken habe, kommt die nächste Trauergesellschaft. Keine Frage, Varanasi lebt zum erheblichen Teil vom Leichentourismus.

Auch ich suche hier den Tod. Nicht nur das Schlachten der Tiere wurde mir von Kindheit an vorenthalten, sondern Sterben und Tod ganz generell. An der Beerdigung meiner Großmutter durfte ich nicht teilnehmen, weil ich »dafür noch zu jung« war. Jahrzehnte später legte man mir im Leichenschauhaus dringend nahe, nur von fern einen Blick auf meinen Vater zu werfen, weil er angeblich »nicht mehr schön« aussah. Ich war zu schwach, um mich darüber hinwegzusetzen, stand dann lange vor einer Glasscheibe und versuchte vergeblich, mehr von meinem Vater zu sehen als die blauen Blumen in seinen gefalteten Händen. Ein genauer Termin für seine Kremation wurde mir gar nicht erst genannt. Doch wie können wir den Tod begreifen, wenn uns der Tote so schnell entzogen wird? Und wenn die wenigen verbliebenen Rituale der Bestattung für uns, die wir vom Glauben abgefallen, so abstrakt geworden sind, daß sie keinen Trost mehr spenden? Ich war so verzweifelt, nicht richtig Abschied von meinem Vater nehmen zu können, daß ich ihm wenigstens das Grab ausheben wollte: bezahlte bei der Friedhofsverwaltung dafür, daß die Totengräber ihre Arbeit *nicht* taten, bekam einen Spaten ausgehändigt, mit dem ich den Boden aufhacken konnte, und wühlte mich am Ende mit bloßen Händen in die Erde.

Was auch immer ich damals zu begreifen suchte, ich habe es bis heute nicht begriffen. Nach Varanasi war ich gekommen, um eine Woche am Manikarnika Ghat zu verbringen und so genau wie möglich hinzusehen. Schnell hatte ich meinen Stammplatz gefunden, das Flachdach eines der angrenzenden Gebäude, die Verbrennungsstellen lagen wenige Meter unter mir. Nach einer Woche hatte ich das Unfaßbare zwar nicht erfaßt, aber seine Rahmenbedingungen kannte ich.

Die Bahren für die Toten sind aus einfachen Bambusrohren gefügt. Bedeckt sind sie mit Schmucktüchern, weiß für Männer, orange für Frauen, dazu Blumenkränzen in Gelb und Orange. Bis die Träger damit durch das einzige Tor des Areals und über eine Treppe zwischen den Verbrennungsplätzen hindurch ans Ufer des Ganges kommen, haben sie zahlreiche Kühe aus dem Weg gescheucht. Sie tauchen die Bahre mehrfach unter, meist legen sie irgendwann das Kopfende frei, um zusätzlich Wasser aufs Gesicht des Verstorbenen zu schöpfen. Das kann bis zu einer Viertelstunde dauern. Dann wird die Bahre zum Abtropfen auf der Treppe abgestellt und eine Zeitlang sich selbst überlassen.

Denn nun muß sich der nächststehende Verwandte des Verstorbenen, in der Regel der älteste Sohn, den Schädel scheren lassen. Nicht selten nützt eine der Kühe die Gelegenheit und grast den Blumenschmuck der alleingelassenen Bahre ab. Da die Blüten auf einer Schnur aufgezogen sind, geht das nur ganz oder gar nicht und dauert entsprechend. Alle paar Minuten kommt eine neue Trauergesellschaft die Treppe herab, ausschließlich Männer. Frauen und Kinder warten draußen vor dem Eingangstor. Dort sitzen auch die Barbiere, nur selten sieht man einen von ihnen auf der Treppe zwischen den abgestellten Bahren sein Messer schwingen. Währenddessen bereiten die Unberührbaren eine der Feuerstellen vor. Einer fegt den Erdboden, der Unrat wandert ein, zwei Meter weiter Richtung Ganges, nur die Asche transportiert er schüsselweise ab. Ein andrer schleppt schwere Holzscheite herbei und schichtet den Scheiterhaufen.

Einige der Unberührbaren stehen hüfttief im braunen Uferwasser, genau dort, wo man die Leichen in den Ganges taucht. Sie suchen nach Ringen, Ketten und was sich sonst an Schmuck gelöst haben könnte: der eine mit einem Korb, den er nach Art der Goldwäscher schüttelt, zwei weitere mit einem der Schmucktücher, das sie wie ein Netz im Wasser versenken. Direkt daneben angelt einer mit der bloßen Schnur, alle zehn Minuten zieht er einen Fisch heraus, stopft ihn lebend in eine Plastiktüte. Ein weiterer ist damit beschäftigt, Schmucktücher einzusammeln, die bei den Einäscherungen vergessen wurden (eigentlich gehören sie mit verbrannt). Irgendwann schnürt er daraus ein Bündel und zieht ab, der Wiederverwertung entgegen.

Immer wieder geraten Hunde kläffend aneinander, man will sich nicht ausmalen, worüber sie sich streiten. Die Schwelbrände im Abfall kümmern keinen. Still gleitet ein Boot herbei, hoch mit Holzscheiten beladen oder ausnahmsweise mit einer Trauergesellschaft, der Verstorbene aufgebahrt im Bug. Plötzlich lodern an die zehn Feuer, auf der Treppe warten weitere Tote, pausenlos bimmeln die Glocken aus den umliegenden Tempeln – wo es eben noch beschaulich zuging, herrscht jetzt überall Hochbetrieb. Direkt unter meinem Platz taucht der kahlgeschorene Sohn auf, am Hinterkopf hat ihm der Barbier eine dünne Strähne gelassen, eine Art Trauerflor. Mittlerweile hat der Sohn auch im Ganges gebadet und ein gelbstichiges Tuch als Trauergewand angelegt. Er ist es, der den Scheiterhaufen anzünden muß, zuvor übt er unter Anleitung eines Unberührbaren: Er rennt um die aufgeschichteten Scheite, das Reisigbündel in der Hand, rennt ein zweites, ein drittes Mal. Gleich wird er sich zum ewigen Feuer begeben, das seitlich des Torgebäudes unterhalten wird.

Doch zuvor werden noch schnell Fotos mit dem Verstorbenen gemacht. Wieder wird sein Kopf freigelegt und ein Stück weit angehoben, darum herum formiert sich die

Trauergesellschaft nach den Anweisungen des Fotografen. Einige seiner Arbeiten hängen als Reklame draußen am Tor, man kann sich schwer davon losreißen.

Dann werden die Schmucktücher weggezogen, -gezerrt, -gerissen, der Tote in seinem weißen Laken auf den Scheiterhaufen gehoben, nebenbei ein Wasserbüffel vertrieben. Er geht erst, nachdem man ihm ein paar Tritte verpaßt hat. Der Unberührbare legt acht Äste quer über den Toten. Schon eilt der Sohn die Treppe herab, das brennende Reisigbündel in der Hand. Mehrfach umrundet er damit den Scheiterhaufen, wobei er jedes Mal das Kopfende mit der Flamme berührt, erleichtert schiebt er sie schließlich zwischen die dicken Holzstücke am Fuß des Scheiterhaufens. Einer schüttet ein Päckchen Sandelholzpulver auf die Leiche, des besseren Geruchs wegen, ein anderer gibt einige Batzen Butter dazu, der besseren Verbrennung wegen. Der Unberührbare zerlegt die Bahre, mit einem der langen Seitenrohre stochert er sogleich im Feuer und auf dem Leichnam herum.

Der brennt lichterloh. Noch schnell ein paar Fotos mit dem Handy, dann zieht sich die Trauergesellschaft zurück, taucht nicht selten neben mir auf dem Dach auf, um die Leichenverbrennung zu überwachen. Sie dauert, je nach Leibesumfang des Verstorbenen, zwei bis drei Stunden – auf diese eine Stunde Differenz ist alles zusammengeschnurrt, was die Menschen ein Leben lang voneinander unterschieden hat. Im Nu ist das Leichentuch vom Feuer verzehrt, die nackten Füße des Toten kommen zum Vorschein, schon verkohlt. Nach zwanzig Minuten lösen sich die Kniegelenke, die Unterschenkel fallen ab und werden vom Unberührbaren mit dem Bambusrohr zurück ins Feuer geschoben. Oft sacken sie aber auch nur ab, dann drückt der Unberührbare von vorn so gegen die Füße, daß die Unterschenkel nach oben abknicken, entgegen der Kniebeugung, und in die Flammen fallen. Das tut beim Betrachten jedes Mal besonders weh. Einmal ragte ein gestrecktes Bein so störrisch schräg aus dem Feuer, daß sich zwei Unberührbare eine ganze Weile mit ihren Bambusrohren mühten, es auf die Mittelachse des Stapels zurückzuschieben, vergeblich. Schließlich zerschlugen sie das Knie, um den Unterschenkel ins Feuer zu drehen. Ein andermal habe ich gesehen, wie einer aus der Trauergesellschaft herbeieilte, weil der verantwortliche Unberührbare verschwunden war. Er griff sich eines der herumliegenden Bambusrohre und schob den Körper seines Onkels, Opas, Freundes so lange hin und her, bis er wieder überall von den Flammen verzehrt werden konnte.

Die Knochen werden in der Hitze weiß, das Fleisch schwarz. Spätestens nach einer Stunde fängt der Unberührbare an, überall im Feuer rüde herumzustochern und -zuschlagen. Schließlich zertrümmert er den Brustkorb der Leiche, man hört es nicht etwa knacken und brechen, sondern rascheln. Der Rest des Toten zerkokelt zu einem schwarzen Klumpen, nur der Schädel liegt separat, im aufgerissenen Kiefer glitzern die Zähne. Angeblich wird der Schädel irgendwann mit fünf Schlägen zerhauen, doch das habe ich nie mit eigenen Augen gesehen. Wohl aber, wie die Feuer immer kleiner werden, der Rest der Leiche immer unscheinbarer. Am Ende bleibt zwischen aschgrauen Scheiten ein zusammengeschmorter Batzen Mensch. Der Sohn klaubt ihn mit zwei kürzeren Bambusrohren – ehemaligen Streben der Bahre – aus der Lohe heraus und wirft ihn in den Ganges. Danach kratzt er etwas in den Erdboden neben der Feuerstelle, vielleicht eine Gebetsformel. Am

Schluß füllt er einen Krug mehrmals mit Gangeswasser, um es auf die Glut zu schütten. Beim letzten Mal dreht er sich mit dem Krug um die eigene Achse und wirft ihn so über die Schulter, daß er auf den verkohlten Scheiten zerschellt. Erst wenn die Trauergesellschaft gegangen ist, schüttet der Unberührbare eimerweise Wasser auf die Feuerstelle, um sie tatsächlich zu löschen.

Was es war, das als letztes Überbleibsel des Verstorbenen in den Ganges geworfen wurde, konnte mir keiner überzeugend erklären. Man behauptete, bei Männern blieben Herz und Lunge übrig, bei Frauen die Gebärmutter. Tatsächlich sah es eher nach Magen oder Herz aus, ohnehin fielen die Reste recht unterschiedlich aus.

Einmal habe ich gesehen, wie einer Verstorbenen noch schnell ein Buch auf den Bauch gelegt wurde, bevor das Feuer entfacht war. Ein andermal sah ich, wie einer, der gerade den Scheiterhaufen entzündet hatte, mit den Tränen rang. Und schließlich sah ich ausnahmsweise auch eine Trauergesellschaft, die zur Hälfte aus Frauen bestand. Fest aneinandergeklammert stiegen sie die Treppe herab, scharten sich nach dem Untertauchen der Bahre um den Toten. Als sein Kopf freigelegt war, nahm ihn eine der Frauen in beide Hände, dann klopfte sie mit der flachen Hand auf seinen Brustkorb und weinte. Nachdem sie sich aufgerappelt hatte, umarmte sie den Nächststehenden und dann erneut den Nächsten, so kam sie, in einer Reihe von Umarmungen, Stufe um Stufe wieder nach oben, weg von ihrem Mann – oder war es ihr Sohn? –, weg von seinem Scheiterhaufen, den der Unberührbare schon angerichtet hatte.

Das waren die seltenen Momente, in denen der mechanische Ablauf des Rituals durchbrochen wurde. Meist geschah alles ganz gelassen, von seiten der Unberührbaren geradezu ruppig. Wohin ich den Blick auch richtete, konnte ich nur die Unwürdigkeit des Ortes sehen, die schreckliche Effizienz, in der alles geschah. Ob Tier, ob Mensch, man ging seinen Geschäften nach, fraß, pißte, schiß, schrie, schimpfte, bellte, als ob hier nicht höchstwichtige Fahrten ins Jenseits gestartet würden.

Oder war gerade das der adäquate Umgang mit dem Tod, ihm nicht zuviel Raum zuzugestehen, weil das Leben immer weitergeht? Selbst in der Stadt des Todes hatte ich meine letzten Fragen nicht beantworten können, ich mußte weiterreisen.

Fieberphantasie

Zurückgelassen in einer Jurte
am Rand der kasachischen Steppe,
liegst du krank auf deinem Lager
und lauschst dem Choral der Schafe,
ein immerwährendes Jammern und Klagen,
am Abend dann einer Trommel
und kehligem Gesang,
dem Klatschen der Zuhörer,
dem Jauchzen der Tänzer,
am Ende des Festes spielt noch eine Weile
Musik aus dem Autoradio. Stunden später
vernimmst du das Schnauben eines Pferdes,
das Gequietsche eines Kamels.
Danach hebt sie dann aber wirklich an,
die große Steppenstille.
Bis zum Morgengrauen lauschst du
nurmehr dem Wind, wie er durch Gräser fährt.
Und manch kleinem Schrei,
mal ein Quieken, mal ein Röcheln,
dann wird da draußen gestorben.

Falls du die Nacht überlebst,
beginnt beim ersten Hahnenschrei
alles von vorn.

Meine vergleichsweise kurze Reise
ins Jenseits

Wir waren in Nairobi auf einem umgerüsteten Lkw aufgebrochen, den Victoriasee zu umrunden – an die fünfzehn Wildentschlossene aus England, Australien, den USA und zwei aus Deutschland, meine Freundin und ich. Bald stellte sich heraus, daß unser Lkw die vorgesehenen Etappen nicht schaffte, weil er zuwenig PS hatte. Um halbwegs im Plan zu bleiben, fuhren wir bis tief in die Nacht, bauten unsre Zelte im Dunkeln auf und im Dunkeln wieder ab. Kaum hatten wir die Grenze nach Uganda passiert, waren die Straßen voller Flüchtlinge. In Ruanda und Burundi herrschte Bürgerkrieg zwischen Tutsi und Hutu, wo wir auch rasteten, waren wir im Nu von Kindern umringt, die uns beim Essen zusahen. Obwohl wir unseren Lkw nachts bewachten, verschwanden Lebensmittel, Ausrüstungsgegenstände, Bordwerkzeuge, sogar der Tankdeckel.

Für den 8. Dezember 1993 war eine Wanderung ins Ruwenzori-Gebirge geplant; weil die Träger nicht rechtzeitig kamen, brachen wir erst um 11 Uhr auf, viel zu spät. Dafür stiegen sie uns dann in ihren Gummistiefeln so weit voran, daß sie schnell außer Blickweite waren – und mit ihnen unser Vorrat an *Micropur*-Tabletten. Der Durst war am größten, wenn wir einen Bergbach querten und unsre Flaschen nicht nachfüllen konnten, weil wir das Wasser ohne Entkeimung mit *Micropur* ja nicht trinken konnten. Fünf Stunden quälten wir uns durch den Dschungel bergauf, fielen vor Erschöpfung immer wieder um. Viele übergaben sich, nachdem sie das Gipfelcamp erreicht hatten.

Am nächsten Morgen ging es wieder bergab und weiter über die Grenze nach Ruanda. Der Krieg hatte eine Pause gemacht, wer die Grenzer angemessen bestach, konnte einreisen. Es regnete, die frischgeteerte Straße führte von einer Bergkuppe zur nächsten. Einer von uns hatte einen epileptischen Anfall, nach kurzem Zucken sackte er ganz langsam auf die Ladefläche und blieb den Rest des Tages liegen. Ein andrer lag der Länge nach auf einer Sitzbank, die Bergtour hatte ihn so ausgelaugt, daß wir ihn vom Zelt in den Lkw hatten tragen müssen. Ab und zu passierten wir UN-Friedenstruppen, vor allem jedoch Trauben von herumlungernden Kerlen, die nur darauf warteten, daß es wieder losging. Am 13. Dezember fuhren wir in Kigali ein, der Haupstadt Ruandas, in den Straßen lag etwas Lauerndes, das uns Angst machte.

Tags drauf schlug man die Trommeln zum Gottesdienst, der Gesang war so schön, daß man gern wieder Christ geworden wäre. Am 15. Dezember stiegen wir im Grenzgebirge zum Kongo bergauf, ein Wildhüter schlug uns den Weg zu den Gorillas mit der Machete frei. Für die Rückfahrt zum Zeltlager mußte er unseren Fahrer erst aus einer Kneipe ziehen; der fuhr dann nur los, weil wir ihm ein paar weitere Biere in Aussicht gestellt hatten. Mitten in der Nacht wachte ich mit Knieschmerzen auf, im Lauf des nächsten Tages schwoll mein rechtes Knie prall an, unter der Haut schwabbelte es. Ich blieb im Zelt liegen und kühlte es mit einem nassem Tuch. Am Abend fuhren wir zurück nach Kigali, und weil wir mittlerweile zu sechst waren, die jeder auf seine Weise krank geworden, fuhren wir dort zum Krankenhaus. Es sollte einen belgischen Stationsarzt geben, immerhin.

Der Haupteingang des Krankenhauses war verbarrikadiert. Wir suchten das Gebäude so lange ab, bis wir eine unverschlossene Tür fanden – sie öffnete sich zu einem Saal, dessen Fußboden dicht an dicht mit Schwerverletzten und Sterbenden belegt war. Vorsichtig stiegen wir über sie hinweg, stießen in der Ambulanz auf eine Ärztin, die uns fröhlich anlachte, aber nichts mit uns anzufangen wußte. Der belgische Arzt sei zu Hause. Wenige Minuten später tauchte er so selbstverständlich auf, als wäre er die ganze Zeit nur im Nebenzimmer gewesen, und punktierte mein Knie. Das heißt, erst einmal musterte mich eine Krankenschwester voller Verachtung. Ich hatte keine Schußwunde, in ihren Augen war ich Simulant oder Weichei. Provozierend nachlässig desinfizierte sie einen Teil des roten Tennisballs, den ich mittlerweile anstelle einer Kniescheibe hatte. Der belgische Arzt stach mit einer sterilen Spritze hinein, die wir vorsorglich mitgebracht hatten, und zog eine klare Flüssigkeit mit ein bißchen Blut heraus. Das war der Beginn meiner vergleichsweise kurzen Reise ins Jenseits.

Wahrscheinlich hätte ich mich überanstrengt, meinte der Arzt, während er mein Knie bandagierte, ich solle es ein paar Tage ruhighalten. Am nächsten Morgen, 17. Dezember, fuhren wir über die Grenze nach Burundi und zum Sonnenuntergang, aus gewaltiger Bergkulisse kommend, hinab ins Rift Valley und weiter in die Hauptstadt Bujumbura. Wie vereinbart, rief ich den belgischen Arzt an und erfuhr, daß die Laboruntersuchung des Knieserums keinen bakteriellen Infekt ergeben hätte, ich könne beruhigt sein. Das war ich indes nicht, das war keiner von uns, die ganze flirrende Stadt war voll von schweigend herumlungernden Männern, es lag etwas in der Luft, beim erstbesten Anlaß würde sich die angestaute Gewalt entladen. Wir errichteten unser Zeltlager am Ufer des Tanganjikasees, auf dem streng bewachten Areal eines Luxushotels.

Eine Nacht voller Schmerzen, am Morgen war ich über und über mit roten Pusteln bedeckt. 18. Dezember, nach einem kurzen Gespräch mit meiner Freundin fuhr der Lkw ohne uns weiter. Mir war es sowieso am liebsten, wenn man mich in Ruhe liegen ließ. Es war mir bereits alles gleichgültig geworden.

Was fortan geschah, geschah nur, weil meine Freundin hartnäckig dafür kämpfte, weil sie mein Schicksal in ihre Hände nahm. Wir fuhren ins Krankenhaus, man hatte uns einen französischen Arzt empfohlen, den wir dann freilich erst in einem Vorort von Bujumbura aufstöbern konnten, wo er den Bau seiner gigantischen Villa überwachte. Zwar hatte er offiziell Dienst, kam aber nur ungern mit ins Krankenhaus. Dort punktierte er mein Knie erneut, während er ständig meiner Freundin zuzwinkerte, schließlich gipste er das ganze rechte Bein ein. Den Rest des Tages lag ich im Zelt und lauschte dem Regen. Ich fühlte mich geborgen, das Fieber heizte meinen Schlafsack so auf, daß ich aus dieser Wohligkeit nie mehr herauswollte. Mir fehle nichts, behauptete ich, es ginge mir gut.

Am nächsten Tag, 19. Dezember, zog meine Freundin mit mir um ins Hotel, ich wollte nichts als schlafen. Wenn nur der Ausschlag nicht so gejuckt hätte! Am 20. Dezember lag ich plötzlich im Krankenhaus, ich hatte es nicht mitbekommen, wie ich dorthin gekommen war. Weder Matratze noch Laken gab es – schließlich konnte sie meine Freundin einem anderen Kranken abkaufen. Moskitos hingegen gab es reichlich, ein permanent brennendes Neonlicht, eine vielköpfige Familie, die das Nachbarbett rund um die Uhr bewachte. Für jede Spritze mußte man vorab in Dollar bezahlen, selbst dann wurde nur die Hälfte der Spritze injiziert, die andre Hälfte kam auf den Schwarzmarkt. Auch Infusionsflaschen gab es bloß gegen Bargeld. Jedes Mal nannten die Schwestern nur den Preis, mehr sprachen sie nicht mit uns. Sie trugen Grace-Jones-Frisuren und rosa Miniröcke, wippten ungeduldig mit den Beinen, wenn sie nicht schnell genug Geld bekamen, hielten dann erst mal jeden Schein gegen das Licht, um nach Wasserzeichen zu suchen.

Irgendwann wollte der Mann vom Nachbarbett mit mir reden, da merkte ich, daß ich nur noch ein Krächzen über die Lippen brachte. Der französische Arzt kam an mein Bett und versuchte zusammen mit zwei Assistenten, meinen Gips mit bloßen Händen aufzubrechen, dann mit einer Rohrzange. Ich schrie auf und wurde ermahnt, mich nicht so anzustellen. Schnell war der Schmerz so groß, daß ich ihn nicht mehr spürte. Mein gesamtes Bein war kräftig angeschwollen und dunkelrot, der Franzose ließ kurz wissen, daß sich meine Lage verschlechtert habe, ich müsse nach Hause. Zunächst einmal mußte meine Freundin auf dem Fußboden neben dem Bett übernachten, weil es keine Nachtschwester gab. In dieser Nacht wurde mein Wecker gestohlen. Und die Mükken hörten auf, mich zu stechen. Das war das Zeichen.

Ich nahm es freilich gar nicht wahr. Meine Freundin schon. Die meiste Zeit schlief ich. Es wurde nicht unbedingt dunkler um mich, aber die Zeiten, da es hell und klar war, wurden seltener. Von all den Telefonaten, die meine Freundin mit der Auslandsversicherung führte, von all den Versuchen, bei *Air France* acht Plätze für einen Flug nach Europa zu buchen (sechs für meine Pritsche), davon, wie sie sich auf der deutschen Botschaft Beistand holte und schließlich den Büroleiter von *Air France* bestach, wie sie am Ende auch noch eine Ärztin fand, die mich auf dem Flug begleiten würde, von alldem bekam ich nichts mit. In den wenigen Momenten, da ich wach war, sah ich sie nur an. Oder lauschte dem Singsang der Menschen, die mein Nachbarbett umlagerten. Es war angenehm warm, ich war glücklich.

Am 21. Dezember erwachte ich, weil sich Soldaten um mein Bett drängten. Viel später erfuhr ich, daß es in Bujumbura keine zivilen Krankenwagen mehr gab, die Botschaft hatte einen Militärtransporter organisiert, um mich zum Flughafen zu fahren. Der Flug ging über Kigali und Nairobi nach Paris, meine Pritsche war hinter den letzten Sitzreihen knapp unter der Decke montiert, von einem Vorhang verdeckt. Vergeblich rief ich nach Hilfe, weil ich mich plötzlich so allein gelassen fühlte, meine Stimme kam gegen den Fluglärm nicht an. Dann reagierte ich sogar auf eine Aspirinspritze allergisch, mein Immunsystem war zusammengebrochen. Hellwache Momente lösten sich ab mit langen dunklen Stunden, in denen ich nichts mitbekam. In Paris wurde meine Pritsche von der Ladeluke auf ein Gefährt geschoben, das mich übers Rollfeld zur nächsten Maschine fuhr, auch dafür mußte man vorab bezahlen. Am 22. Dezember landeten wir um zehn Uhr morgens in München. Als mich zwei Sanitäter vorsichtig von meiner Pritsche auf ihre Tragbahre hoben, fragten sie mich: »Tun wir ihnen weh?« Da kamen mir die Tränen. Wenige Augenblicke später wurde es endgültig dunkel.

Und gleichzeitig wurde es heller, als ob von fern ein Licht erstrahlte. Das war keineswegs aufregend, verlockend oder ängstigend, ich nahm es in großer Selbstverständlichkeit hin. Sogleich lagerten sich Farben rund um das Licht, zerflossen zu immer neuen Anordnungen, sanfte ausgewaschene Farben, ich schwebte langsam auf sie zu. Dazu hörte ich Gesang, lang gehaltene Töne, wie von einem Chor am Ende des Tunnels gesungen, aber ohne eigentliche Melodie. Die Töne changierten wie die Farben, und unaufhörlich glitt ich hinein und hindurch und dem Licht am Ende des Tunnels entgegen.

Nein, das hatte nichts Mystisches an sich. Ich war Teil eines Geschehens, das sich unaufhaltsam vollzog – was ich sah und hörte, war schön, doch es berührte mich nicht. Kants Formel vom »interesselosen Wohlgefallen«[1] trifft nach meiner Erfahrung auch auf den Nahtod zu. Monate später las ich verschiedene naturwissenschaftliche Erklärungen für das, was ich erlebt hatte. Erfuhr, daß körpereigene Stimmungsaufheller dafür verantwortlich seien, drogenähnliche Botenstoffe, vielleicht auch Sauerstoffmangel im Gehirn. Auf keinen Fall eine himmlische Heerschar, die der Seele auf dem Weg ins Jenseits ein Willkommenslied singt, eigentlich schade.

Meine Reise wurde durch eine Notoperation beendet. Als ich aufwachte, stand ein Ärzteteam rund um mein Bett. Einer begrüßte mich mit dem Satz: »Eine Maschine später hätten Sie nicht kommen dürfen.« Ich verstand ihn nicht. Wenn ich in den Tagen zuvor gleichgültig gewesen war, so war ich jetzt völlig teilnahmslos. Ich empfand keine Freude, ich empfand nichts.[2]

1 S. »Kritik der Urteilskraft«; ähnlich Schiller in der »Ästhetischen Erziehung des Menschen«.
2 Auch Krakauer berichtet von seinem »beinahe roboterhaften Zustand der Teilnahmslosigkeit«, nachdem er die Tragödie am Everest (bei der acht Menschen den Tod fanden) knapp überlebt hatte: Es »fehlte mir ganz einfach die Kraft, überhaupt etwas zu empfinden« (A. a. O., S. 309, 29).

Am nächsten Morgen empfand ich wenigstens Schmerz. Mein Verband wurde abgewickelt, Mull wurde hervorgezupft, immer tiefer griff die Zange. Dann sah ich zum ersten Mal die Schnitte am Knie, sah die Kanülen, die man gelegt hatte, die Sicherheitsnadeln, die das Fleisch fixierten. Die Hauptwunde war so lang wie eine Hand und reichte bis zum Knochen hinab, minutenlang wurde Eiter aus ihr herausgelöffelt. Links und rechts hielten mich Krankenschwestern fest.

Wenn ich nicht schlief, dämmerte ich dahin. In einem meiner wachen Momente erfuhr ich, daß ich eine Blutvergiftung hatte, offensichtlich seien bei der Punktion meines Knies Bakterien von der Haut ins Blut geraten und hätten sich dort rasend schnell vermehrt. Wahrscheinlich sei die Stelle nicht richtig desinfiziert gewesen. Im Verlauf der gestrigen Operation habe man eine ganze Schale randvoll mit Eiter aus dem Knie herausgeholt. Der Infekt sei allerdings weiterhin im Bein und wandere aufwärts, leider.

An Heiligabend fuhr meine Freundin zu ihrer Mutter – oder eigentlich dort zum Arzt, sie hatte mein Leben gerettet und bedurfte nun selber dringend der Behandlung. Ich hatte nicht mitbekommen, daß auch sie krank geworden war. Kaum war sie gefahren, teilte mir der Stationsarzt mit, daß man mein Bein amputieren müsse, wenn sich die Blutvergiftung nicht stoppen lasse. Mehr als »Bitte nicht« zu flüstern, gelang mir nicht. Als ich wieder erwachte, war mein rechtes Bein noch da, es wurde permanent mit Äthanolverbänden gekühlt. Irgendwo draußen knallte es so, als würde ein Korken aus einer Flasche gezogen, später noch einer.

So lag ich zwei Wochen auf dem Rücken, von Infusionen und Antibiotika am Leben gehalten, und wartete auf die nächste Morgenvisite. Herkömmliche Schmerzmittel wirkten in meinem Fall angeblich nicht, ich bekam ein Stück Holz zwischen die Zähne geschoben, auf das ich beißen konnte. Der Oberarzt wühlte zehn bis zwanzig Minuten in den Taschen der Wunde, löffelte Eiter heraus, drückte zusätzlichen Eiter mit beiden Händen aus dem Fleisch heraus wie aus einer Tube. Fünf weitere Operationen waren nötig, immer höher wurden die Schnitte in den Oberschenkel gesetzt und alle Wunden offengehalten, um sie reinigen zu können. Auch an Silvester hatte ich noch beide Beine. Schon in den beiläufigsten Momenten kamen mir jetzt die Tränen.

Irgendwann Anfang Januar war es sicher, daß ich nicht nur mein Leben, sondern auch mein Bein behalten durfte. Jetzt erst begriff ich langsam, was passiert war, es fiel mir schwer. Am 10. Januar wurde ich auf Krücken entlassen. Noch Monate später erschraken die Leute, weil ich so bleich war. Es sollte ein ganzes Jahr dauern, bis ich wieder richtig zu Hause ankam – ein anderer als der, der zu seiner Reise aufgebrochen war.

Auf der Suche nach dem verlorenen Glauben

Es war nach Mitternacht, als wir die Trommeln hörten. Wenn man eine Weile in Santiago de Cuba gelebt hatte, konnte man an Klang und Rhythmus erkennen, ob es um Musik ging – oder um mehr. Cuqui und ich lauschten in die Nacht: Es ging um mehr. Ausnahmsweise kam der Klang der Trommeln nicht von den Hügeln, wo man um diese Uhrzeit als ungebetener Gast nicht unbedingt auftauchen wollte, sie kamen ganz aus der Nähe. Wir mußten hin.

Cuqui war in den afrokubanischen Religionen zu Hause; wo immer er auftauchte, öffneten sich Türen. So war es auch diesmal, der Türhüter versetzte ihm einen herzlichen Hieb auf die Schulter. Waren die Straßen leergefegt gewesen, so drängten sich drinnen an die hundert Personen, Männer zumeist, in einem Haus ohne Dach. Sie feierten eine *bembé*, die Zusammenkunft von Göttern und Toten mit den Lebenden. Man hatte eine Ziege geschlachtet und vor den verschiedenen Altären Rituale vollzogen, wir sahen Schüsseln mit Blut, den bekränzten Kopf der Ziege, die üblichen Devotionalien der Santería, darunter eine mit frischem Blut überströmte Marienfigur. Santería ist die am weitesten verbreitete der afrokubanischen Religionen. Manche der Gläubigen hatten weiße Striche im Gesicht, viele trugen bunte Bänder am Armgelenk und fast alle Halsketten – lauter Zeichen, die man blitzschnell lesen konnte.

Drei Santeros trommelten. Einige Männer waren bereits in Trance gefallen, sie dehnten sich, taumelten stolperten krochen sprangen stürzten eher, als daß sie tanzten, ihre Bewegungen ruckartig verschleppt, die Augen verdreht, die Mienen schmerzverzerrt, als ob sie sich gegen einen Widerstand verrenkten. Der eine bekrabbelte sich überall, heftig atmend, dann schleckte er gierig Honig und aß eine brennende Kerze. Ein anderer robbte am Boden herum und griff nach den Umstehenden, die jedes Mal mit einem Aufschrei von ihm wichen, um sofort wieder herbeizudrängen. Der dritte kniete reglos vor einer Schlachtschüssel und hielt seinen Kopf ins Blut getaucht. Jeder von ihnen war von einem Toten bestiegen, der Tote ritt auf ihm, so die gängige Wendung unter den Gläubigen, ritt auf ihm wie auf einem Pferd und machte mit ihm, was er wollte. Dürstete ihn, so trank sein Pferd Blut oder eine ganze Flasche Rum; wollte er tanzen, so stakste und sprang das Pferd spektakulär und tolpatschig zugleich. Das Pferd spürte von alldem nichts, der Tote hatte sich dessen Körper geliehen, um sich darin nach Lust und Laune auszutoben, er rülpste, beschimpfte den einen, verlachte den nächsten, legte einem dritten den Arm um den Nacken, küßte ihn, schlug ihn. Wenn der Tote genug hatte und den geliehenen Körper wieder verließ, warf sich das Pferd ungebärdig herum, taumelte, als ob es aus einem schweren Traum erwachte, und wurde von einem der Zuschauer aufgefangen, festgehalten, zu einem Stuhl geführt.

Verstört blickte das Pferd, das nun wieder ein normaler Mensch wurde, schlug die Augen zu Boden, schämte sich, konnte sich an nichts erinnern – genau das war der

Beweis, daß es, nein: er nicht nur so getan hatte als ob, um sich wichtig zu machen. Im übrigen war er auch nicht betrunken, selbst wenn er als Pferd gerade beträchtliche Mengen Rum hinuntergestürzt hatte, weil es ja sein Toter gewesen, der Durst gehabt und getrunken hatte – ein weiterer Beweis. Ohne Beweis glaubte hier niemand. Mit glasigem Blick verfolgten die Männer, was die Toten mithilfe ihrer Pferde veranstalteten. Auf dem Klo herrschte ein irrwitzig intensiver Uringestank, als ob die Toten hier auch ihr Wasser abgeschlagen hätten.

Gegen Morgen erst gingen wir heim. Es war unglaublich, was ich gesehen und jeder außer mir geglaubt hatte. Den Glauben hatte man gespürt, hatte ihn in den Gesichtern der Männer gesehen und im Klang der Trommeln gehört. Ein derart archaischer Glaube zog die Menschen auch noch im 21. Jahrhundert in seinen Bann, gab ihnen etwas, das auch ich gern gehabt hätte, weit über die Erlebnisse dieser Nacht hinaus. Oder war alles doch nur Mumpitz und Aberglaube, viel schlimmer als der Nihilimus, der an mir nagte?

Schon bei den Wahrsagungen der Santeros mithilfe von Kauri-Muscheln hatte ich mich stets gefragt, ob es dabei mit rechten Dingen zuging – oder wie sie es schafften, dermaßen präzis ins Schwarze zu treffen, daß die Ratsuchenden in Tränen ausbrachen. Auch mich hatten sie sprachlos gemacht. Einmal hatte mir ein völlig fremder Santero schon beim ersten Wurf mit den Muscheln auf den Kopf zu gesagt, ich hätte »irgendwas« mit meinem rechten Knie, da sei mal »irgendwas« gewesen. Mit meinem rationalistischen Weltbild erklären konnte ich diesen Volltreffer nicht.

Bevor ich bei den Ritualen zugelassen wurde, mußte ich die Gottheiten kennenlernen, die mit dem Blut der Opfertiere gespeist werden. Jedes Mal, wenn ich eine der

Legenden für zu blutrünstig hielt, konterte Cuqui mit dem Hinweis auf die griechischen Götter, die hätten sich keinen Deut zivilisierter benommen. Cuqui war studierter Lehrer, ein Intellektueller, und keineswegs prädestiniert für eine Religion, die aus dem dunkelsten Herzen Zentralafrikas in die Karibik gekommen war. Nichtsdestoweniger war er überzeugt von der Wirkmacht seiner Götter, als hätte es Aufklärung und Moderne für ihn nie gegeben. Heimlich beneidete ich ihn. Ich konnte zwar alles von dieser Religion lernen, begreifen, konnte irgendwann bei den Ritualen sogar mitmachen, aber daran glauben, das konnte ich nicht. »Du mußt nicht dran glauben«, lachte mich Cuqui aus, »Hauptsache, es wirkt.«

War das tatsächlich eine Möglichkeit, zu einem neuen Glauben zu finden? Hatte ein gewisses Ritual die gewünschte Wirkung gezeigt, galt das in allen afrokubanischen Kulten als Beweis für die Macht des Gottes, den man um Beistand angerufen hatte. Ohne Wirkung kein Beweis, ohne Beweis kein Glaube, so einfach war das. Überdies wechselte Cuqui je nach Bedarf die Religion, offiziell war er Katholik, inoffiziell hielt er's mit der Santería, heimlich mit Palo Monte. Eigentlich ideal. Durfte ich als ehemaliger Protestant, als erklärter Nietzscheaner und Agnostiker wider Willen, durfte ich genauso schamlos verfahren?

Als Kind hatte ich einen Glauben gehabt. Und war ganz fraglos in seiner Welt geborgen gewesen. Auch wenn meine Kirche nur eine evangelische war und den Gläubigen kaum mehr bieten wollte als nackte Wände. Eine Glaubenswelt ganz ohne Weihrauch, Heilige, Blattgold und lateinische Zauberformeln, womit das Mysterium in einer katholischen Kirche so prächtig in Szene gesetzt wird, das war auf Dauer zu abstrakt, um mich auch emotional zu binden.

Ich wandte mich nicht mal entschieden davon ab, vergaß es einfach irgendwann.

Seitdem ich meinen Glauben verloren habe, suche ich Ersatz in der Fremde. Suche Trommeln in der Nacht, Trommeln, an die ich glauben kann, die Gemeinschaft der Gläubigen. Zu Hause finde ich nur eine Gesellschaft, die sich längst nicht mehr als Gemeinschaft versteht, weil ihr mit dem Glauben auch der verbindliche Wertekanon verlorenging. Finde anstelle der Gesellschaft eine Ansammlung von Individuen, die sich in alle möglichen Formen einer eklektizistischen Privatreligion flüchten, weil – genau, weil ich längst nicht der einzige bin, der den Verlust des Glaubens als schmerzende Lücke in unserer Welt empfindet.

»Gott ist ein schlechtes Stilprinzip«, behauptet der späte Gottfried Benn, »Nihilismus ist ein Glücksgefühl«.[1] Ich halte mich ausnahmsweise lieber an den späten Johnny Cash: »God is never far away«, versichert der, »I'm not afraid to die«.[2] Und so reise ich den Mysterien hinterher, von denen ich schon als Kind nur vom Hörensagen wußte. Jede meiner Reisen ist *auch* eine Pilgerreise, ohne bestimmte Ziele und Erwartungen, aber zu jeder Offenbarung bereit. Ich bereise nicht nur Länder und Kulturen, sondern auch Religionen.

In den Kirchen Georgiens habe ich die schönsten liturgischen Gesänge gehört und auf Hallig Hooge einen von der Kanzel wetternden Pfarrer, der Gott wieder zu etwas anderem machte als den laschen »Kumpel«, den schon Steinbeck als »frustrierend« empfand.[3] Auf Samoa sah ich dicke

1 Doppelleben. A. a. O., Bd. 4, S. 160, 54.
2 The Mercy Seat. Auf der CD: American III: The Solitary Man.
3 A. a. O., S. 86.

Damen ganz in Weiß, die sich während des Gottesdienstes auf den Boden warfen, weinten, liegenblieben, auch für sie war der christliche Glaube noch lebendig. Im portugiesischen Fatima rutschten die Pilger auf Knien bis zur Erscheinungskapelle und dort um den Altar herum, jeder von ihnen wußte, warum er es tat. Auf dem Mosesberg brachen sie bei Sonnenaufgang alle in Tränen und Lobpreisungen aus, filmten sich dabei mit dem Handy, damit sie ihre Botschaften anschließend in die Welt schicken konnten. Das hat mich eher verstimmt.

Nicht wenige meiner Reisegefährten berichten von Momenten der Spiritualität, die sie in ähnlich spektakulärer Naturkulisse wie dem Sinaigebirge erlebten – Susan unter dem Nachthimmel im Himalaja, Achill in der Kargheit der Sahara,[4] Dr. Black auf langen Autofahrten durch die USA. Kann das auf Dauer ein Ersatz sein?

Dadurch, daß wir – die schweigende Mehrheit der westlichen Gesellschaften – irgendwann keinen Glauben mehr hatten, avancierten die früheren Heiden überall auf der Welt zu Gläubigen (welchen Glaubens auch immer) und wir selbst, aus deren Perspektive, überall zu Ungläubigen – ein Abstieg. Nirgendwo ist er so deutlich zu spüren wie in der arabisch-islamischen Welt, nirgendwo ist die Verachtung größer, die uns entgegenschlägt, nirgendwo tun wir uns schwerer, in weltanschaulichen Auseinandersetzungen eine markante Gegenposition zu vertreten. Schon lange vor Anbruch der, sagen wir: *Konfrontation* der Kulturen empfand ich Diskussionen mit gläubigen Moslems als mühsam. Von meiner Sehnsucht nach Religiosität war ich danach stets

4 Achill Moser: A. a. O., S. 216; Spiritualität erfährt er als »Demut vor der Natur« (S. 225). Vgl. Chatwin: »In der Wüste verloren zu sein bedeutete, den Weg zu Gott zu finden.« (Traumpfade. A. a. O., S. 93)

für eine Weile geheilt. Auch V. S. Naipaul resümiert seine Gespräche mit ihnen in großer Ernüchterung: Der Sieg der iranischen Revolution sei gleichbedeutend mit dem eines islamischen Fundamentalismus. Dessen »emotionale Aufladung« werde sich auf zahlreiche Gläubige übertragen, sie ständen fortan für »die Vision einer gesäuberten und geläuterten Gesellschaft, einer Gesellschaft der Gläubigen«.[5]

Dagegen das prächtige Chaos an Göttern, Halbgöttern, Heiligen und Dämonen in den Tempeln Chinas, die erhabene Leere in den Schreinen Japans – Glaubensstimulanz durch Überfülle oder Reduktion. Wobei letztere, anders als in den evangelischen Kirchen meiner Jugend, auch noch ein ästhetisches Surplus erzeugt. Selbst wenn man den Glauben nicht teilt, man nimmt gerne Anteil.

Unter Intellektuellen am populärsten ist derzeit der Buddhismus. Erleuchtet hat mich freilich weder mein Aufenthalt im Zen-Tempel von Eiheiji, wo ich mich bei jedem Gang zur Toilette vor dem Gott des Klos zu verneigen hatte und mir ständig Stockschläge einhandelte (das war die gängige Art, die Meditationshaltung zu korrigieren), noch der Versuch, im ceylonesischen Kandy einen Blick auf den Zahn Buddhas zu werfen. In einer seiner Reiseanekdoten bezeichnet Ernst Hoferichter die Reliquie rundheraus als einen »fingerlange(n) gefälschte(n) Backenzahn«, der ihn ganz und gar nicht »packte«.[6] Im Tashiding-Kloster von Sikkim stand ich zweifelnd vor der riesigen Stupa, in der man den Schweiß Buddhas aufbewahrt. Am heiligen Bodhibaum im nordindischen Bodhgaya, unter dem der historische Buddha seine Erleuchtung hatte, war ich in-

5 Eine islamische Reise. München 1993, S. 609 f.
6 Das Wunder auf Ceylon. In: Ders.: Mein bayerisches Leben. München-Wien 1972, S. 219.

mitten all der weißgewandeten Pilger, die heilige Texte murmelten und ihre ritualisierten Leibesübungen auf Bet-Pritschen ausführten, nur einer der ratlos herumschleichenden Touristen, die sich mit andächtiger Miene einen weihevollen Anschein gaben.

Wie Dschisaiki fühle ich mich von all diesen Religionen angezogen, ohne jedoch bei einer von ihnen ankommen zu können: »Das ist alles immer erhellend. Wenn auch leider nie erleuchtend.« Am wenigsten erhellend wirkt auf mich der Hinduismus. Während Christen und Moslems ihre Gotteshäuser möglichst weitläufig anlegen, um die Erhabenheit des einzigen Gottes zu inszenieren, sind selbst die wichtigsten Hindu-Tempel vergleichsweise winzig, nämlich angesichts der Massen, die ins Innerste drängen, wo das Mysterium von geschäftstüchtigen Brahmanen bewirtschaftet wird. Sie kassieren die Schlangestehenden schon draußen vor jedem Altar ab und scheuchen sie sofort weiter, eine schnelle Verbeugung, ein schnelles Gebet, ein schnelles Opfer (Blumenkette, Geldschein, Kokosnuß), ein schneller Schlag mit dem Klöppel an einer der Glocken, nicht mal im Tempel kommt man zur Ruhe.

In einem Vorort von Guwahati stand ich stundenlang an, um im Kamakhya-Tempel das Allerheiligste zu sehen. Hier fiel der Legende nach einer von Satis 51 Körperteilen herab, in die ihr toter Körper durch Vishnus Wurf mit dem Sonnendiskus zerteilt wurde: nämlich ihr *yoni*, das weibliche Pendant zum *lingam* ihres Ehemannes Shiva, also die Vagina. Aufgrund der hinduistischen Mythenvielfalt und der damit verbundenen Reinkarnationen werden im Kamakhya-Tempel in der Gestalt Satis auch Kali, Shakti, Kamakhya und Parvati verehrt, von all den anderen (vornehmlich tantrischen) Gottheiten ganz zu schweigen. Es ist vielleicht die bedeutendste Pilgerstätte in Ostindien. Natürlich wollen, müssen und dürfen die Gläubigen Satis Vagina gegen Geld anfassen – die Menschenschlange windet sich in einem überdachten Gang weitläufig um den Tempel herum, dann Stufe um Stufe tiefer hinab ins Dunkle, Enge, Stickige. Ganz unten, wo es am dunkelsten, engsten und stickigsten ist, wird auch das Gedränge am heftigsten. Nach zwei Stunden stehe ich vor der göttlichen Vagina, es ist eine Quelle im schwarzen Fels. Nachdem ich bezahlt und der Göttin eine Blütenschnur zugeworfen habe, knie ich auf Geheiß des Priesters ab: Wer es bis hierherab geschafft hat, der will muß darf die *yoni* berühren. Gespürt habe ich, im Gegensatz zu meiner Erfahrung der afrokubanischen Kulte, kein unerklärliches Erschauern. Sondern nur nassen Fels.

»Me no black, me negro!«

Hinterlist und Bosheit sind die vorstechenden Charaktereigenschaften aller dieser afrikanischen Zwergvölker, und auch da, wo man ihnen mit Freundschaft entgegentritt, ist man vor ihren Unarten und Teufeleien niemals sicher.« In seinem 1913 veröffentlichten Bestseller »Von Pol zu Pol« schildert Sven Hedin die verschiedenen Völker Äquatorialafrikas dermaßen drastisch, daß man beim Lesen geradezu erschrickt. Über mehrere Seiten beschreibt er sie als »lästige Schmarotzer«, als gefräßig, rachsüchtig und faul: »Die Männer (…) sind keine Freunde der Arbeit.«[1]

Sven Hedin veröffentlichte seine Reisetrilogie zur Blütezeit des Kolonialismus, lange vor Einkehr politischer Korrektheit im Diskurs der westlichen Gesellschaften. Seine Charakterisierung fremder Völker wirkt verächtlich, pauschalisierend und holzschnittartig – mit einem Wort: rassistisch. Ebendarin ähnelt sie freilich den Schilderungen anderer Forschungsreisender aus früheren Jahrhunderten, sei's Georg Forster, der sich über Faulheit, Aufdringlichkeit,

---

[1] Von Pol zu Pol. Letzte Folge. Leipzig 1913, S. 8–10. Hedin war nicht nur ein großer Forschungsreisender, sondern auch Sympathisant der Nationalsozialisten. Er stützt sich bei seiner Darstellung auf Berichte der Afrikaforscher Henry Morton Stanley und Georg Schweinfurth aus dem ausgehenden 19. Jahrhundert.

Dieberei und Bettelei der Südseeinsulaner beschwert,[2] sei's Maximilian zu Wied-Neuwied, der dieselben Beschwerden über die nordamerikanischen Indianer vorbringt.[3] Und zwar obwohl er, ähnlich wie Forster, ansonsten ein äußerst positives Bild der »Wilden« zeichnet. Wer würde es heutzutage noch wagen, negative Urteile derart offen vorzutragen, die aus ihrem (positiven) Zusammenhang gerissen und gegen ihren Urheber verwendet werden könnten?

Auch Rudyard Kipling neigt in den Reportagen seiner Indienreisen 1888 zu rigorosen Urteilen, insbesondere über die provozierende Uneifrigkeit indischer Beamter. Prompt rügt sein deutscher Übersetzer des Jahres 2015 im Nachwort: »Er gab sich weltoffen und tolerant, fiel aber gelegentlich zurück in die rassistischen Denkmuster, Klischees und Vorurteile seiner Zeit«.[4] Wer Indien selber bereist hat, ist zu einer eigenen Ansicht gekommen. Was der Zuhausegebliebene beflissen als Vorurteil brandmarkt, ist für ihn nichts weiter als eine auf den Begriff gebrachte Erfahrung – die im Kontext weiterer Erfahrungen steht, denen sie durchaus widersprechen kann, ohne daß sich der Widerspruch auflösen ließe. Je weiter er in der Welt herumgekommen ist, desto schwerer wird es dem Reisenden fallen, zu übergreifenden Meinungen und Etikettierungen zu gelangen. Kolonialistische wie politisch korrekte Urteile erscheinen ihm gleichermaßen einseitig.

Politische Korrektheit ist den Deutschen auf den Leib geschneidert, hier kommt das Schulmeisterliche, das ihnen

<hr>

2 A. a. O., S. 181, 185, 190, 209 f. u. a. Georg Forster war 1772–75 auf Weltreise mit Kapitän Cook, vor allem im Südpazifik.
3 Wolfgang Büscher: Hartland. Berlin 2011, S. 54. Maximilian Prinz zu Wied-Neuwied bereiste 1804 den nördlichen Missouri.
4 A. a. O., S. 280.

innewohnt, aufs Selbstherrlichste zur Geltung. Mit den einzig richtigen Begriffen wird die einzig richtige Weltanschauung dekretiert; die sprachliche Umerziehung nach US-Vorgaben läuft auf eine ideologische hinaus. Weil auf diese Weise immer weniger Sachverhalte präzise angesprochen werden, hat sich ein halbtransparenter Schleier der Uneigentlichkeit auf alles gelegt, was unser gesellschaftliches Leben ausmacht, ein Schleier der Maya, der keinesfalls mehr nach Schopenhauers Vorbild mutig zerrissen werden kann, sondern allenfalls vorsichtig beiseitegeschoben wird, sofern man unter sich ist. Auch Reisende reden nur Klartext, wenn sie unter ihresgleichen sind. Fragt man sie dann, ob sie in der Fremde Erkenntnisse gewannen, die sie zu Hause besser für sich behielten, fallen ihre Antworten so drastisch aus, als hätten sie Sven Hedin, Georg Forster, Maximilian zu Wied-Neuwied oder Rudyard Kipling gegeben:

»Für mich behalten habe ich: 1. ███████████ ███████████ 2. In Bhutan will keiner die Demokratie, sie wollen dort lieber den ›guten König‹. Wir im Westen sind verdammt dazu, die Demokratie gut zu finden. Dabei ist sie nur eine sublimere Form der Verarschung.« (Konsul Walder)

»Über ████████████████████████ ███████ habe ich lieber nicht zuviel erzählt.« (Der K)

»Reisende reden nicht um heikle Themen herum. Also sage ich zum Beispiel, daß ████████████████████ ████████████████████████████████████ ████████████████████████████████████ ████████████████████████████████████ ███████████ Das hat nichts mit ███████████ zu tun und ist kein Vorurteil, erst recht kein Rassismus, sondern eine schlichte Tatsache.« (Wolle)

»Im arabischen Raum gibt es keinen Respekt vor der Privatsphäre, nicht mal eine geschlossene Tür wird dort akzeptiert. Selbst wenn sich zwei Karawanen mitten in der Wüste getroffen und den Abend freundschaftlich miteinander verbracht haben, wird man nicht selten beklaut.« (Achill)

Die politisch korrekte Neujustierung des Menschen ist ein pädagogisches Projekt des angloamerikanisch geprägten Westens. Überall sonst auf der Welt wird noch auf eine Weise Klartext geredet, daß man als Reisender fast ein bißchen politische Korrektheit anmahnen möchte. Manchmal kommt man vor lauter guter Absicht in richtig heikle Situationen:

Der Taxifahrer in Sofia hatte eine Musikkassette eingelegt, stolz erklärte er mir: An der Klarinette, das sei er selbst, der Rest seine Band. Ich fragte ihn, ob es ... Musik der Sinti sei? Schon war die gute Laune des Taxifahrers dahin, er bedachte mich mit Flüchen, die ich nicht verstand. Also dann wohl Musik der Roma? ließ ich nicht locker. Da trat er auf die Bremse, fuhr rechts ran, ich fürchtete schon, er wolle handgreiflich werden: »Me gypsy!« beteuerte er und schlug sich auf die Brust. Ich schwieg beschämt. Schnell einigte ich mich mit ihm darauf, daß seine Band *gypsy music* spielte.

In Kampala kam ich mit einem Intellektuellen ins Gespräch über die Probleme des Landes, ja des ganzen Kontinents, und weil ich alles richtig machen wollte, fragte ich ihn, wie er bezeichnet werden wolle – als Schwarzer? Auch er wurde sogleich pathetisch: »Me no black, me negro!« Erst im Lauf der weiteren Reise begriff ich den afrikanischen Rassismus. Hier wollte *keiner* schwarz sein. Die tatsächlich Schwarzen, Tiefschwarzen, standen ganz unten in der gesellschaftlichen Hierarchie. Beim Barbier wurde man abschließend mit einer Weißungscreme eingerieben oder mit weißem Puder, ich übrigens auch, so daß man eine Zeitlang etwas heller aussah, also etwas schöner, reicher, besser.

Forster hält fest, daß auch auf Tahiti die (hellere) Hautfarbe die (höhere) gesellschaftliche Stellung des betreffenden Menschen anzeige.[5] Chatwin protokolliert ein Aborigines-Lied, in dem einem Mann die Frau von einem anderen Mann weggenommen wird, »den es nach ihrer helleren Haut gelüstete«. Nachdem er sie verführt hat, »machte (er) seine eigene Frau heller, indem er sie von Kopf bis Fuß mit gelbem Ocker einschmierte«, und schickt sie zu dem betrogenen Mann. Der entdeckt seinen Verlust erst, nachdem die Ockerfarbe abgegangen ist, und muß die »häßlichere Ersatzfrau« zähneknirschend akzeptieren.[6]

Dieselbe Hierarchie qua Hautfarbe herrscht in der Karibik. Mein Vermieter, ein Abteilungsleiter des staatlichen Fernsehens, war stolz darauf, eine *jabao* zur Frau zu haben, also fast schon eine Weiße: »¡Mejorar la raza!« verkündete er mit geschwellter Brust: Wer es zu etwas gebracht habe, könne dafür sorgen, daß seine Kinder eine hellere Haut hätten und es damit *noch* weiter brächten.

Kubaner unterscheiden keineswegs nur zwischen Schwarz und Weiß, je nach Haut und Haar (gekräuselt/glatt) gibt es zahlreiche Kategorien. *Jabaos* haben weiße Haut und gekräuseltes Haar. Kurz nach meiner Ankunft in Santiago de Cuba hatte ich auch meinen Vermieter gefragt, wie ich ihn ansprechen solle – als Farbigen? Das war der Begriff, der in Deutschland mittlerweile als korrekt galt. »Ich ein Farbiger?« empörte er sich: »Schau mich mal an,

5 A.a.O., S. 225.
6 Traumpfade. A.a.O., S. 147f.

ich bin so dermaßen schwarz, schwärzer geht's ja gar nicht. Ich bin natürlich ein *negro*.«

Übrigens schimpfte er bei jedem Anlaß auf die *negros*, man könne nicht mit ihnen zusammenarbeiten, nicht mal als Taxifahrer seien sie verläßlich. »Luisito«, wagte ich zu widersprechen, »du selbst bist ...« »So schwarz wie Hölle, *coño*«, entgegnete er, seiner Sache sicher: »Ich weiß, wovon ich rede.«

Und nun? Was macht man als Deutscher mit dieser barschen Belehrung, die vielleicht eine Lebensweisheit, vielleicht nur ein weiteres rassistisches Vorurteil ist? Will man einem Einheimischen etwa eine Rüge erteilen? In Ceylon wurde es mir immer wieder ausgetrieben, von Sri Lanka zu sprechen, das sei nichts als der Propagandabegriff einer bestimmten Partei. Wenn überhaupt, dann heiße das Land seit eh und je Lanka, aber Ceylon sei genausogut. Tatsächlich stieß ich im Alltag häufig auf den alten Namen des Landes, auf *Ceylon Tourist Board*, *Ceylon Hotels Corporation*, *Ceylon Electricity Board*, *Ceylon Bank* ... Auch in Burma sprach kein Einheimischer von Myanmar, das taten und tun nur deutsche Touristen, die alles richtig machen wollen.

Nicht selten wird man in der Fremde verlacht für seine politisch korrekten Ansichten. Und irgendwann gibt man im Verlauf der Reise auf, läßt mit der (angeblich) richtigen Terminologie auch alle (angeblich) richtigen Ansichten über das bereiste Land sausen – und dann passiert etwas Merkwürdiges: Man entdeckt, daß die Welt keineswegs aus den Angeln gerät, wenn man sie versuchsweise wie einer der Einheimischen sieht. Im Gegenteil, manches, was an der Fremde zuvor unverständlich war, entpuppt sich plötzlich in seiner inneren Logik.

Es fängt ganz harmlos an, beispielsweise mit dem Verkehr in einem Land wie Indien. Er ist keinesfalls »völlig chaotisch«, wie gern behauptet wird, er folgt nur einer anderen Logik als der unseren. Und ist dabei, berücksichtigt man die tatsächlich chaotischen Straßenverhältnisse, extrem effizient. Inder sind phantastische Auto- bzw. Motorradfahrer, stets auf maximalen Vorteil bedacht, aber klaglos hinter jedem zurücksteckend, der eine Sekunde schneller reagiert hat. Nicht selten geht es auf diese Weise Zentimeter um Zentimeter voran, permanent wird gehupt, doch nicht als Ausdruck von Aggressivität, sondern als Lebenszeichen, als Ortungssignal. Für Deutsche ist es zunächst verwirrend. Wir können nur nach Vorschrift fahren, das Bestehen darauf, »im Recht zu sein«, ist Teil unseres Selbstverständnisses. In Indien ist niemand im Recht, eher: sind alle im Unrecht, die am Straßenleben teilnehmen, gerade deshalb geht es voran.

Das ist zunächst nur die Umwertung eines Alltagsphänomens. Interessanterweise bleibt es selten dabei, im Gegenteil, folgt ein Perspektivenwechsel auf den anderen, wird irgendwann eine *grundsätzlich* veränderte Form der Wahrnehmung freigesetzt – der Wahrnehmung des Reiselandes, seiner Bewohner und ihrer Ansichten. Hat man einmal angefangen, mit anderen, mit *ihren* Augen auf die Welt zu blicken, kommt man auch zu einem anderen Urteil darüber.

Plötzlich fällt einem auf, daß man in den Ländern außerhalb Westeuropas kaum je ein Kind hat schreien hören, weil ihm langweilig war. Ist Erziehung vielleicht doch etwas anderes als zwanghafte Überbehütung? Plötzlich erkennt man, daß bereits in Polen oder Frankreich Frauen ihre Weiblichkeit auf eine Weise *leben*, die einen Mann aus Deutschland schnell an die Wand spielt. Gibt es vielleicht eine Emanzipation, die nach der Emanzipation kommt? Plötzlich erkennt man, wie leicht man die Massen auch in einem demokratischen System verführen, verhetzen und ihre Stimmen kaufen kann. Man nimmt zähneknirschend zur Kenntnis, daß einen gerade die Intellektuellen wissen lassen, ihr Land sei »noch nicht so weit«, die Bevölkerung wolle keine Demokratie. Wie ist das möglich? Erst die haarsträubenden Manipulationen der britischen Wähler vor der Volksabstimmung zum Brexit (2016) haben uns das häßliche Gesicht einer Demokratie auch in Europa gezeigt. Kann es sein, daß unsre Missionierung der Fremde gegen deren Willen geschieht und mindestens undemokratisch ist? Die wechselnden Umerziehungsversuche kolonialistischer Eroberer in Afghanistan resümiert Ulrich Ladurner: »Die Briten, die Sowjets, die Amerikaner, die Europäer schlugen ihren Wanderzirkus auf. Einmal führten sie ein Stück namens Sozialismus auf, ein andermal ein Stück namens Demokratie.«[7]

Sobald man seine Heimat nicht nur geographisch, sondern auch weltanschaulich verläßt, muß man sich als Reisender unbequemen Fragen stellen. Reisen kann über die Reise hinaus desillusionierend wirken, wenn man die neugewonnenen Erkenntnisse versuchsweise auf die eigene Welt anwendet. Wenn man beispielsweise begriffen hat, daß unser medial vermittelter Nachrichtenstrom nur einer unter vielen ist. Daß die Nachrichten in anderen Ländern nicht wahrhaftiger sind, sondern eben andere, von anderen Interessen gesteuert:

»Im Ausland merkt man, daß jede Nachricht wie ein Würfel ist – er kann beliebig gedreht werden, dabei bleibt

---

7 Eine Nacht in Kabul. Sankt Pölten – Salzburg 2010, S. 184.

der Kern der gleiche, aber die Darstellung ist völlig anders. Darin besteht das Spiel der Propaganda, und man weiß nie, was richtig ist, die Eins oder die Sechs. Immerhin merkt man, daß bei uns zu Hause jede Nachricht in allen Medien gleich verhandelt wird.[8] Schon das allein spricht fürs Reisen.« (Konsul Walder)

»Immer wieder war ich schockiert, wie wenig unsre Nachrichten das wiedergeben, was tatsächlich vor Ort passiert. Vor allem, was Israel, den Gazastreifen und den Libanon betrifft, werden wir völlig einseitig informiert, am liebsten über das ›Bombardement unschuldiger Palästiner‹ durch Israelis.« (Susan)

Derjenige, der die Fremde als die große Bühne des Relativismus begriffen hat, verliert zunächst seine politische Korrektheit, dann seine politische Naivität, schließlich auch seinen politischen Glauben. Irgendwann glaubt er nur noch, was er mit eigenen Augen gesehen hat. An die Stelle einer kohärenten Weltanschauung, die der Bewohner von Ohrensesseln so überzeugend verfechten kann, tritt eine Fülle changierender Meinungen. Wer lang genug so gereist ist, ist für jede Ideologie verloren, er ist Selbstdenker und also auch zu Hause ein Fremder.

8 Bereits Steinbeck merkt an, daß in den amerikanischen Rundfunkanstalten »die geistige Kost genauso standardisiert, abgepackt und immergleich wie die leibliche« ist, nämlich die Standardkost der Restaurants (A. a. O., S. 152).

Wir sind im Krieg

1993, mitten in Kenia, schlug ich dem Fahrer nach einem Studium der Straßenkarte vor, eine kürzere Route zu nehmen. Unmöglich, winkte der Fahrer ab, in diesem Gebiet sei Krieg. Ausgerechnet in Kenia, einem der beliebtesten Urlaubsländer Afrikas? Davon war in Deutschland nirgendwo die Rede gewesen. Der Fahrer sah mir an, daß ich ihm nicht glaubte: Nicht nur in Kenia, in *jedem* Land Afrikas herrsche immer irgendwo Krieg. Meist beginne er mit Viehdiebstahl, ziehe Racheaktionen nach sich, eskaliere. Auch wenn die Kämpfe in der Regel schnell wieder beendet würden, so flackerten sie schon mit dem nächsten Viehdiebstahl an anderer Stelle, unter anderen Stämmen wieder auf.

Die Sätze des Fahrers vergaß ich nicht. Wenn ich Nachrichten hörte, dachte ich mir all die Mikrokriege dazu, von denen nie berichtet wurde. Einmal in dieser Richtung sensibilisiert, erfuhr ich auch bei weiteren Reisen, daß in diesem oder jenem Landesteil gekämpft wurde. In Tadschikistan mußten wir 2009 einen weiten Umweg in Kauf nehmen, weil die Gegend um Tavildara, die man auf der *direkten* Verbindung zum Ostteil des Landes durchfährt, gerade von islamischen Aufständischen beherrscht wurde. Sogar in Thailand, einem »absolut sicheren« Touristenparadies, gab es Gebiete, in denen die Minderheiten der Shan und der Karen für ihre Unabhängigkeit kämpften. Von Indien ganz zu schweigen, nämlich nicht nur von Kaschmir, sondern von all den anderen Regionen, in denen sich Aufständische, seitens der Regierung als Maoisten bezeichnet, bis heute Schießereien mit der Obrigkeit liefern.[1] Man hätte den Begriff Krieg nur neu fassen müssen, jenseits aufmarschierender Truppenverbände und offener Feldschlachten, dann wäre schon vor Jahrzehnten jedem Reisenden klar gewesen, daß er meist *nicht* durch eine schöne heile Welt fuhr.

Mit Anbruch der neuen Weltunordnung nach dem Fall des Eisernen Vorhangs wurde es offensichtlich. Mehr und mehr Reisedestinationen verwandelten sich in Kriegsschauplätze; Touristenhotels, Kreuzfahrtschiffe, Badestrände und selbst Reisegruppen, die gerade eine Sehenswürdigkeit besichtigen wollten, wurden Ziel des Terrors, Stätten des Weltkulturerbes bewußt vernichtet. Obwohl in den Bekennerschreiben stets von »Kriegseinsätzen« gesprochen wurde und von »Soldaten«, die sie ausgeführt hätten, dauerte es bis zum Jahr 2016, ehe sich die Bundesrepublik dazu durchringen konnte, die Kriegserklärung der Islamisten *auch expressis verbis* anzunehmen: »Wir sind im Krieg«, verkündete Bundeskanzlerin Merkel bei ihrer Pressekonferenz am 28.7.2016.[2] Papst Franziskus verwendete dieselbe Formulierung wenige Wochen später und präzisierte: »Es ist ein dritter Weltkrieg.«[3]

Von der großen, weiten Welt und ihrem verheißungs-

---

1   Mittlerweile findet man dazu einen Eintrag bei *Wikipedia* (https://de.wikipedia.org/wiki/Naxaliten) und fast täglich Meldungen von neuen Unruhen in der *Times of India*.
2   Also kurz nach den Anschlägen von Würzburg und Ansbach.
3   Pressekonferenz während des Rückflugs von seiner Südkoreareise, 19.8.2016.

vollen Duft ist seit 1989 immer weniger übriggeblieben. Im Rückblick auf frühere Reisen wird mir schmerzlich bewußt, daß ich eine Welt besichtigt habe, die längst Vergangenheit ist. Daß das meiste, was ich vermeinte erkannt und begriffen zu haben, mittlerweile Makulatur ist – und nurmehr von historischem Interesse. Das trifft natürlich auf *alle* Länder zu, die ich bereist habe. Dort jedoch, wo der Krieg den Wandel der Geschichte gewaltsam beschleunigt hat, wird es überdeutlich sichtbar.

Reisen als Ausdruck der interkulturellen Neugier ist eine Sache des Friedens, genau genommen auch ein Beitrag zum Frieden, indem es eine Verständigung zumindest im begrenzten Rahmen touristischer Interaktion in Gang setzt. Wider Willen spannend wird es jedoch, wenn man in der Fremde plötzlich etwas fühlt, das ganz und gar nicht zum Geschäft rund um die Reiseattraktionen paßt, etwas, das sich hinter den Kulissen zuspitzt oder bereits so zugespitzt hat, daß man lieber, wie seinerzeit mein kenianischer Fahrer, in weitem Bogen darum herumfahren würde. Aber dazu ist es zu spät, man spürt es ja erst, wenn man sich auf dem Pulverfaß befindet. Und nun?

Als ich 1987 das erste Mal in Samarkand war, hatte ich dies mulmige Gefühl, sobald ich einige Schritte von den Sehenswürdigkeiten weg- und in die Altstadt hineinging. Was man im Westen als Glasnost und Perestroika begrüßte, führte im noch existierenden Ostblock zu wachsender Unruhe; mit Gewalt drängte etwas hervor, das jahrzehntelang unterdrückt gewesen und für das man noch keine Worte hatte. In den Straßen von Samarkand brodelte es so heftig, daß ich glaubte, es könne im nächsten Moment in Gewalt umkippen. In verschiedenen Sprachen redeten die Menschen aufeinander ein, ich verstand kein Wort und verstand doch allzu gut, worum es ging: um alles. Indem ich mit dem Schlimmsten rechnete, malte ich mir das Schlimmste auch gleich aus: Hier, genau hier und auf diese, genau diese Weise könnte er beginnen, der dritte Weltkrieg.

Er tat es bekanntlich nicht. Wenngleich es rund um Samarkand in der Tat bald zu schweren kriegerischen Auseinandersetzungen kam: in Afghanistan, Tadschikistan und Kirgisien. Als ich in den Jahren ab 2009 nach Samarkand zurückkehrte, weil mich meine damalige Horrorvision als Romanstoff nach wie vor umtrieb,[4] brodelte es nirgendwo mehr, die Stadt zog mittlerweile Touristen aus aller Welt an. Doch auch in Usbekistan war auf dieselbe Weise der Weltunfriede eingekehrt wie fast überall in Asien und Afrika – als Mißtrauen zwischen den Ethnien. Der Krieg beginnt lange bevor der erste Schuß fällt, das lernte ich in den Monaten, die ich in Samarkand verbrachte. Er beginnt als Entmischung dessen, was der Frieden vermischt hat.

Samarkand, als Kreuzungspunkt mehrerer Seidenstraßen, ist seit Jahrtausenden ein, wie es immer heißt, Schmelztiegel der Völker. Bei Wanderungen in den Bergen fiel mir auf, daß diese Völker in ethnisch bereinigten Dörfern und Territorien weniger mit- als nebeneinander lebten. Ging man mit einem tadschikischen Bergführer, so rastete man nur in tadschikischen Dörfern, ging man mit einem Usbeken, rastete man bei Usbeken. An türkischen Dörfern gingen sie beide ebenso vorbei wie an den Jurten der Kirgisen. Das war der Konfliktstoff, mit dem die Region seit Urzeiten lebte, in Usbekistans Nachbarstaaten hatte er sich bereits in Bürgerkrieg, Ausschreitungen und

4 Der Roman erschien 2013 unter dem Titel »Samarkand Samarkand«.

Pogromen entladen. Parallel dazu fand ein weiterer Macht-
kampf statt, der durchaus weltpolitische Konsequenzen
barg, auch wenn er nirgendwo in den Medien vorkam. Insbesondere bei Wanderungen in den Grenzgebirgen mußte
man sich zuvor genau bei den Einheimischen erkundigen,
wer welches Tal und welchen Paß gerade beherrschte, entweder die Al-Qaida oder Regierungstruppen. Beiden wollte man nicht unbedingt in die Hände fallen.

Der Krieg war zumindest als Stellungskrieg in Usbekistan angekommen, als schleichende Verschiebung von
Einflußsphären und damit als eine Art Schattenrealität, die
nachts bis in die Täler hinabreichte. Jetzt erst begriff ich
die Notwendigkeit all der Straßensperren im Land. Begriff,
daß moderne Kriege oft schon entschieden sind, bevor sie
offen ausbrechen, entschieden durch jahrelange Zermür-
bungstaktik und schrittweises Vorrücken. Eigentlich war
ich wegen der Recherche für den Roman angereist, den ich
seit 1987 schreiben wollte; nun befand ich mich mitten in
der Recherche über ein Kriegsszenario.

Auch wenn von den wechselnden Frontlinien im Gebirge nie in den Medien berichtet wurde, Bergführer, Bauern
und Schäfer wußten es besser. Ihre Warnungen waren eindeutig: Wenn es den Islamisten gelänge, die verschiedenen
Organisationen unter *einer* Führung zu vereinigen, dann ...
wäre das mit Sicherheit der Beginn eines neuen Kalifats.
Noch war Usbekistan eine gut funktionierende Diktatur,
die sich auf die Seite des Westens geschlagen – und damit
geostrategisch isoliert hatte. Erst spät verstand ich, daß
das Brodeln des Jahres 1987 durchaus mit der trügerischen
Friedlichkeit der Jahre nach 2009 zu tun hatte: Das Machtvakuum, das seinerzeit entstanden war, hatte der usbeki-
sche Diktator nur scheinbar sicher besetzt.

Die Region rund um Samarkand wurde für mich ausgerechnet auf meinen Bergtouren zum Lehrstück, wie Großmächte um Einfluß ringen und, gewissermaßen unter dem Aufmerksamkeitsniveau der Großmächte, verschiedene Kriegsherren um den ihren. In Usbekistan behauptete sich noch die NATO, in den ehemaligen Sowjetrepubliken rundum vergrößerte Rußland seinen Einfluß, China drang unter dem Vorwand der Entwicklungshilfe ganz gezielt durch Tadschikistan Richtung Westen vor, legte Tunnel und Aufmarschstraßen für künftige Truppenbewegungen an, übernahm die Bergwerke und sorgte dafür, daß dort ausschließlich Chinesen arbeiteten, errichtete rein chinesische Dörfer mit Schulen und Krankenhäusern als Brükkenköpfe einer zukünftigen Landnahme. Und aus Afghanistan und Iran sickerten die Islamisten ein, beherrschten das Land zumindest ab einer gewissen Höhe. Genau hier, dachte ich erneut, könnte er ausbrechen, der dritte Weltkrieg.

Zurückgekehrt nach Deutschland, machte ich den Fehler, davon zu erzählen. Die Intellektuellen, aus den heimischen Medien bestens informiert, taten als Phantasterei ab, was in Usbekistan jeder Bergbauernbub hinter vorgehaltener Hand erzählte. Manchmal möchte man verzweifeln, wenn man sieht, daß all das Reisen nichts nützt, weil zu Hause keiner die unbequemen Wahrheiten erfahren möchte, die man dabei sammelt. Nun gut, ich bin weder Zeithistoriker noch politischer Experte, ich war lediglich vor Ort. Und in gewisser Weise hatten die Intellektuellen natürlich recht, es passierte – zum zweiten Mal – nicht so, wie von mir befürchtet. Es passierte jedoch auf andere Weise an anderen Orten, in der Ostukraine, in Syrien, im Irak, sogar ein Kalifat wurde 2014 ausgerufen. Und in Zentralasien? Ist das Machtvakuum seit dem Tod des usbekischen Diktators[5] noch größer und verlockender geworden.

Mit dem Terror als der neuen dezentralen Form des Krieges herrscht nirgendwo mehr »richtig« Frieden. Was damals auf Kenia und Afrika zutraf, seit 9/11 trifft es auf die ganze Welt zu: Immer findet irgendwo der nächste Terroranschlag statt, geht der Krieg in seine nächste Etappe. Befinden wir uns in einem Kampf der Kulturen?

»Nein. Blödsinn, Propaganda. Aber es gibt einen Kampf der Interessen, einen um politische, religiöse Vereinnahmung.« (Dschisaiki)

»Definitiv. Allein die Tatsache, daß es in sämtlichen Medien geleugnet wird, deutet darauf hin. Wenn Zensur so offensichtlich wird, dann rumort irgendwo was.« (Konsul Walder)

»Bereits der Kolonialismus war ein Kampf der Kulturen. Mittlerweile schlägt die Gegenseite sichtbarer zurück, das ist der einzige Unterschied. Trotzdem ist es vor allem ein Kampf gegen den Kapitalismus.« (Indra)

»Es ist viel mehr als ein Kampf der Kulturen, es geht um nichts weniger als darum, wie wir leben wollen.« (Susan)

»Bereits Kulturarbeit ist Kampf ums Bewußtsein anderer Völker: Wie Koranschulen islamisches Bewußtsein vermitteln, vermittelt das Goethe-Institut westliches Bewußtsein. Beide kämpfen für ihr System.« (Dr. Black)

»Wir haben nicht den einen Kulturkampf, wir haben verschiedene Kämpfe verschiedener Kulturen.« (Eric)

Irgendeine Art Kampf scheint jeder wahrzunehmen, auch wenn er jeweils andere Aspekte sieht und andere Begriffe dafür wählt. Als *Konfrontation* der Kulturen gehört

5 Islom Karimow, der ab 1991 Staatspräsident Usbekistans war, starb am 2.9.2016.

er mittlerweile auch zum Alltag der Reisenden. Sicherheitskontrollen vor U-Bahn-Eingängen gibt es in Taschkent wie in Istanbul; und ob man die Militärposten rund um den Goldenen Tempel von Varanasi nur passieren kann, wenn man den Paß abgibt und eine Leibesvisitation über sich ergehen läßt, ob man im zerbombten Foyer des *Queen's Hotel* in Kandy eincheckt, ob man beim Wandern im Serafschangebirge von Soldaten gefangengesetzt wird, weil man ja ein Terrorist sein könnte, oder ob man beim Trekken im Himalaja hört, daß ein paar Täler weiter Bergsteiger von Talibankämpfern ermordet wurden,[6] es läuft überall aufs gleiche hinaus: Die Frage, warum wir reisen, mag zwar noch ähnliche Antworten ergeben wie eh und je; aber was wir dabei denken, hat sich grundlegend verändert. Reisen hat seine Unschuld verloren. Erkenntnisse über die Fremde, über *jede* Fremde, sind zwangsläufig andere als früher.

Wer in die Ferne reist und dabei die Sinne offenhält für die versteckte Gegenwart hinter der Gegenwart, der reist nicht selten auch in die Zukunft der eigenen Heimat. Den Versicherungen von Politikern, der Terror werde unserem freiheitlichen Lebensstil nichts anhaben, folgt bereits eine ernüchternde Realität. Der Anblick der komplett eingezäunten Festwiese zur Zeit des Münchner Oktoberfests 2016 markierte für mich den allerersten Beginn südafrikanischer Verhältnisse in meiner eigenen Heimatstadt. Es war meine bislang kürzeste Reise, sie führte lediglich von Schwabing zur Theresienhöhe, gut vier Kilometer, und war doch eine Reise in eine neue Welt, die ihr Prosit auf die Gemütlichkeit nur noch innerhalb einer Gated Community

---

6 Am 23.6.2013 wurden zehn Bergsteiger und ihr Bergführer im Basislager des Nanga Parbat von Talibankämpfern aus Rache für einen US-Drohnenangriff ermordet.

zu entbieten wagte. Hier brodelte nichts, und trotzdem dachte ich: Genauso, hinter Gittern in einer trügerisch sicheren Enklave mitten im eigenen Land, werden wir … hoffenlich *niemals* leben müssen.

Ein anderer werden

Offenbarungen hat man auch in der Fremde nicht alle Tage. Achill berichtet von einer Art Erweckungserlebnis, das er mit siebzehn beim Anblick der Sahara hatte: »Es war ein Gefühl, für das man alles wegwirft, alles stehen und liegen läßt, ein anderer Mensch wird – und noch mal von vorn beginnt.«[1] Als Geschenk des Zufalls kommt die Erleuchtung freilich selten, meist muß man sie hart erarbeiten. Muß sich so vollkommen verausgabt haben, daß man anstelle von Schmerz und Erschöpfung nurmehr große Leere spürt.

Selbst in solch zentralen Momenten verwandelt man sich in der Regel nicht. Dennoch wird man auf jeder Reise ein anderer, auch ohne Schlüsselerlebnis. Schon wenn wir mit unserem Rucksack zum Flughafen fahren, blicken wir anders auf die Mitmenschen als an normalen Tagen. Wir sind noch nicht mal richtig von zu Hause weg und gehören bereits nicht mehr dazu. In Gedanken treten wir aus dem Bezugsrahmen unsres Alltags hinaus, machen uns frei von der Routine des Allzuvertrauten. Frei für das, was uns in der Ferne erwartet und hoffentlich zu einem anderen werden läßt – einem, der irgendwo tief in uns steckt, einem, der schon viel zu lang eingesperrt war.

1 Achill Moser: Das Glück der Weite. Hamburg 2009, S. 13.

Mitte der siebziger Jahre trampte ich gern mit Wolle kreuz und quer durch Deutschland. Wir wechselten uns auf dem Beifahrersitz ab, damit einer Pause machen konnte, während der andere die immergleichen Fragen des Fahrers nach dem Woher-Wohin-Warum beantwortete. Plötzlich hörte ich, wie sich Wolle dem Fahrer als Psychologiestudent vorstellte, der Fahrer erfreut eine Fachsimpelei begann und Wolle beherzt mithielt. Tatsächlich war er Bankkaufmann. Als die Nachfragen des Fahrers zu präzis für ihn wurden, kamen wir glücklicherweise an die vereinbarte Ausfahrt und konnten aussteigen. Gefragt, warum er so wild drauflosgeflunkert habe, erklärte Wolle: Weil er es satt habe, ständig derselbe zu sein. Auf Reisen dürfe man alles erzählen, das sei keine Lüge, es würde die Reise nur interessanter für alle machen.

Mit demselben Wolle saß ich 1988 in einem Ryokan in Nara, nach dem Abendessen forderte uns eine japanische Familie auf, beim Karaoke mitzumachen, wir gaben unser Bestes. Dann aber legte Wolle los, schwadronierte über seinen früheren Beruf als Jongleur im *Circus Roncalli*, und weil die Japaner sogleich in ein entzücktes Staunen verfielen, ging er ins Detail, erklärte ihnen die »Philosophie der sieben Bälle«, auf der seine Kunst beruhte. Als wir uns unter Applaus zurückgezogen hatten, meinte er nur: Sein ganzer Auftritt sei nichts anderes gewesen als Karaoke ohne Musik.

Ich selbst ließ es damit bewenden, mir auf manchen Reisen einen Vollbart wachsen zu lassen. Ich war neugierig, wie ich damit aussähe – noch wie »ich selbst« oder wie ein anderer. Ich sah wie ich selbst aus, nur mit Bart. Während meiner Rabaukenjahre verwandelte ich mich, kaum in der Fremde, in einen noch größeren Rabauken, tat Dinge, die ich zu Hause nicht mal geträumt hätte. Tagsüber fuhren wir über jede rote Ampel, die wir ausmachen konnten, nachts stiegen wir in Rohbauten ein und erkundeten Kiesgruben. In den Ostblockländern spielten wir aufgrund des günstigen Wechselkurses, den die Schwarzgeldhändler boten, die Kotzbrocken, in Wüsten und Gebirgen die großen Entdecker. Manchmal markierten wir auch böse Buben, jedenfalls so lang, bis wir an richtig böse Buben gerieten. Wir mühten uns nach Kräften, so unphilosophisch wie möglich zu reisen, von der Sehnsucht getrieben, ganze Kerle zu sein, die wir zu Hause längst noch nicht waren. Die wurden wir zwar auch im Ausland nicht; *spielen* konnten wir sie immerhin so lang, wie unser Geld reichte, dann ging's im Eiltempo zurück in unser bundesdeutsch behütetes Normalleben.

Je exotischer die Fremde, in die wir einzutauchen gedenken, desto größer der Wunsch, sich darin neu und anders zu erleben. »Junger Enthusiast«, ergreift ein »gelber Mann« das Wort, als der Ich-Erzähler in Heines »Englischen Fragmenten« von der Freiheit schwärmt, die er sich in London erhofft: »Sie werden nicht finden, was Sie suchen.«[2] So mag es manchem gehen, der die Schwelle zum Fremden überschreitet, weil er sich selbst wieder fremd werden will. Doch schon die Teilhabe an einem anderen Alltag wird ihn en passant verändern. Einüben in andre Lebensweisen ist Einüben in andre Denkweisen. Irgendwann ist auch das Neue etwas vertrauter geworden, hat man eine Art Routine entwickelt, um voranzukommen. Bleibt man lang genug unterwegs, staunt man mitunter halb entsetzt, halb belustigt: War man das wirklich selber, der da eben

2 In: Ders.: Sämtliche Schriften. Frankfurt-Berlin-Wien 1981, Bd. 3, S. 533.

einen Händler auf offener Straße beschimpft und bewußt einen kleinen Menschenauflauf erzeugt hat, nur weil er die üblich überhöhten Touristenpreise verlangte? Maghrebinische Männer können derart arrogant sein, daß man in solch harmlosen Situationen stets um weit mehr kämpft als um den halbwegs angemessenen Preis für ein kleines Stück Käse. Man kämpft um seine Ehre, und manchmal verliert man sie dabei, weil man sie dem anderen allzulaut abspricht. Eigentlich müßte man ihn ähnlich überheblich abblitzen lassen, dazu fehlen allerdings oft Wortschatz und Kaltschnäuzigkeit. *Will* man einen Araber denn überhaupt dermaßen von oben herab behandeln, wie man es in solchen Situationen müßte, will man ihm nicht auf Augenhöhe begegnen? Was tun, wenn die Begegnung auf Augenhöhe verweigert wird? Zumindest hat man sich gewehrt. Hat sich für ein paar Minuten in sein anderes Selbst verwandelt.

Meist beginnt es mit der Wiederbelebung des Orientierungssinns. Nach der Ankunft im Reiseland sieht man schon auf dem Flughafen wieder hin, wo man beim Abflug noch achtlos vorbeiging. In vielen Städten sucht man vergebens nach Straßenschildern, in anderen kann man sie nicht lesen. In Fernost muß man sich Zeichen aus verschiedenen Schriftarten merken, um am richtigen U-Bahnhof auszusteigen – oder das Vogelgezwitscher, das jede Station mit ihrer speziellen Melodie ankündigt. Nicht nur der Blick, all unsre Sinne gewinnen wieder an Schärfe.

Frisch aus Deutschland angekommen, war ich im Zentrum von Osaka mit meiner eindimensionalen Art der Wahrnehmung überfordert. Über Kreuzungen und ganze Straßenzüge führten Fußgängerbrücken mit zahlreichen Auf- und Abgängen; unter denselben Kreuzungen und Straßenzügen war das Reich der Passagen, kilometerlang und verwirrend verzweigt. Kurz bevor ich aufgab, entdeckte ich einen Informationsschalter, an dem man Karten für die Stadt unter der Stadt erhielt. Doch der Verlauf der Passagen war leider völlig anders als derjenige der Straßen darüber – es half nichts, ich mußte anfangen, auf mehreren Ebenen zu denken. Auf *drei* Ebenen, denn auch die Fußgängerbrücken verfolgten ihre eigene Logik. Einen Kulturschock erlebt man üblicherweise als Konfrontation mit einer scheinbar »primitiveren« Zivilisationsstufe. In Japan verläuft er genau entgegengesetzt, man erkennt bei vielerlei Gelegenheit, daß das öffentliche Leben weit perfekter durchdacht ist als in Deutschland.

Erst nach Wochen begriff ich, daß die Orientierung in Osaka parterre zwar am einfachsten, das Vorankommen aber am schwierigsten war – nicht die Straßen, wie ich es gewohnt war, sondern die beiden anderen Ebenen waren für Fußgänger am effizientesten zu nutzen. Eine spezielle Adresse fand ich trotzdem nicht, denn in Japan gibt es für die meisten Straßen keine Namen. Hausnummern sowieso nicht, numeriert sind stattdessen die Wohnblocks, freilich nicht fortlaufend, sondern nach Baujahr. Kurz bevor ich erneut aufgab, entdeckte ich, daß es in allen U-Bahn-Stationen *Area Maps* gab, in denen jeder Wohnblock mit Nummer eingezeichnet war. Noch später erfuhr ich, daß es auch für Japaner nicht leicht ist, eine spezielle Adresse zu finden, und daß deshalb jeder Einladung zu einem Empfang, einer Party oder Ähnlichem eine kleine Wegskizze angehängt wird.

Und das ist erst der Anfang der Veränderung. Alles muß man in der Fremde aus eigener Kraft herausfinden, entscheiden, auf den richtigen Weg bringen, gegen Widerstände durchsetzen – man ist wieder rundum gefordert.

Eine Zeitlang versucht man noch, seine Tage so effizient zu gestalten wie zu Hause, irgendwann entwickelt man eine Gelassenheit gegenüber Dingen und Menschen, die man ebensowenig verstehen wie ändern kann. Und ändert stattdessen das einzige, was man ändern kann, sich selbst.

Man konzentriert sich wieder aufs Wesentliche. Ohnehin braucht man seine gesamte Energie, um die gesteckten Ziele zu erreichen. Kritisches Hinterfragen, moralisches Relativieren, ästhetischer Zweifel hat keinen Raum auf dem Weg dorthin. Ebensowenig das Nachdenken über sich selbst und die Welt. Es gibt permanent Konkretes zu bedenken, wer könnte da noch in Grübelei verfallen? Eine herrliche Gedankenlosigkeit stellt sich ein, nämlich abgesehen von all den absolut notwendigen Gedanken rund um Grundbedürfnisse und Logistik. Große Erkenntnisse kommen beiläufig – in den Momenten der Ruhe, wenn die Reise vorübergehend ins Stocken gerät oder sich in einen Urlaub verwandelt. Zu lachen hingegen gibt es weit mehr als im heimischen Alltag, schon allein darüber, was alles schiefgeht oder sich als Mißverständnis entpuppt. Jedenfalls wenn man sich von den Einheimischen anstecken läßt und sich die eigene Verdruckstheit nicht länger als vornehme Zurückhaltung schönredet.

Schon die bloße Frage nach dem Weg macht manchmal richtig kreativ. Und witzig. Freilich muß man auch die Antworten verstehen, also nicht nur den Charme der Pidgin-Logik, sondern auch die Kommunikationsstruktur der Muttersprache, die bei unseren Gesprächspartnern im Hintergrund mitläuft. Anfangs mag es verwirren, daß Türken eine bejahende Kopfbewegung machen (und dazu, leicht schnalzend, die Augenbrauen hochziehen), wenn sie verneinen; daß Inder den Kopf auf eine Weise hin und her wiegen, die dem deutschen Kopfschütteln ähnelt, aber eine Bejahung signalisiert. Um reibungsloser verstanden zu werden, wird man sich mimisch und gestisch bald an die Einheimischen anpassen.

Nicht nur in derlei Details. Man wird sich ganz grundsätzlich eine andere Körpersprache zulegen, um von ihnen adäquat wahrgenommen zu werden. In Kuba muß man wesentlich lauter und bestimmter auftreten als in Deutschland, wenn nicht als Macho, um ernst genommen zu werden, übrigens auch von Frauen. In den arabischen Ländern muß man das offensive Gemustertwerden kontern, indem man sich einen ähnlich blasierten Blick zulegt und bereits mimisch klare Ansagen macht, sehr klare Ansagen, um der Zudringlichkeit Herr zu werden. Wir bekommen es auf unseren Reisen ja kaum mit Intellektuellen zu tun, die ähnlich zurückhaltend agieren wie wir, sondern weit häufiger mit schlichteren, derberen Gestalten, die uns so manches abfordern, was hoffentlich trotz aller Kultiviertheit noch in uns steckt.

Manche, die ihre Interessen im heimischen Umfeld sehr gut zu vertreten wissen, geben in der Fremde die peinlichste Figur ab. Gegenüber dreist auftretenden Proleten knicken sie ein, kehren unverrichteter Dinge um, verzichten lieber, als daß sie ihr Ziel mit Entschlossenheit zu erreichen suchen. Im nachhinein bemänteln sie ihr Versagen damit, daß sie »so etwas« (eine holzschnittartige Argumentation, eine hemdsärmelige Art des Umgangs) nicht nötig hätten, daß sie sich nicht »auf ein solches Niveau hinablassen« würden. Das hat auch niemand von ihnen verlangt. Im Gegenteil, gerade in »solchen Situationen« sollte man seine Prinzipien und seinen Stil nicht verraten. Man muß nur etwas dicker auftragen als zu Hause und seine Ansichten robuster vertreten. Wo das Gesetz des Stärkeren gilt, muß der Klügere noch lange nicht nachgeben. *Angemessen* auf Zudringlichkeiten und Eigenmächtigkeiten von Einheimischen zu reagieren ist eine hohe Kunst, man braucht ein Reiseleben lang, um sie wenigstens in Ansätzen zu beherrschen.

Nicht nur die Techniken des Reisens muß man erlernen, um in der Fremde seine Würde zu wahren, sondern auch die Geisteshaltung, die dazu nötig ist. Früher ging man bewaffnet in die Fremde. Auch heute muß man sich rüsten, wenngleich mental, auf daß man überhaupt Paroli bieten *kann*. In den Ländern der Dritten Welt wird es in der Regel darauf hinauslaufen, einfacher zu werden, klarer zu werden, härter zu werden. Schon die Signale des Alltagslebens sind dort von erschreckender Deutlichkeit: Ein Pferdekopf in einem Blutfleck mitten auf dem Markt einer chinesischen Provinzstadt, ein Hinweis auf den Stand des Pferdemetzgers. Mit einem Mal wußte ich nicht nur, sondern fühlte auch wieder, was Fleisch essen eigentlich bedeutet. Im türkischen Silifke saß ein Junge vor dem Restaurant, in das wir eigentlich gehen wollten, und biß einer toten Ziege die Halsschlagader auf. Der Fahrer des Überlandbusses in Algerien trat die meisten Reisenden, die zusteigen wollten, mit dem nackten Fuß die Treppe hinab und hinaus aus dem Bus. In Kuba prügelten sich alle, die stundenlang vor einer Bäckerei angestanden hatten, als das Brot endlich zum Verkauf stand. In Tansania prügelten sich die Kneipengäste vor der vergitterten Luke, hinter der der Wirt Bier bereithielt. Im südindischen Cochin prügelten sie sich, als der Einlaß des Zoos endlich öffnete, jeder wollte der erste sein. Auf den Busbahnhöfen herrschte ein solcher Kampf um die Plätze, daß wir es schließlich wie die reichen Inder machten: Wir beauftragten einen der kleinen Jungs, im nächsten Bus

Plätze für uns zu erobern. Der Bus kam, fuhr eine Schleife im Busbahnhof, wurde bereits während der Fahrt geentert, einige kletterten durch die Fenster, der Rest drängte durch die Tür, noch ehe einer aussteigen konnte, und boxte sich zu den freigewordenen Plätzen.

»Pure Toleranz wird niemals siegen«, sagt Dschisaiki in Anlehnung an Tocotronic.[3] Um sich in der Fremde zu behaupten, darf man sich nicht kleinmachen, auch nicht durch Abducken hinter seiner vermeintlich höherstehenden Zivilisiertheit, da wird man von den dunkelsten Gestalten sogleich als Opfer erkannt. Wenn man nicht so archaisch werden will wie die Einheimischen, muß man es spielen. Eine dritte Möglichkeit gibt es nicht, will man nicht einen ganzen Urlaub auf der Flucht sein. Wir sind nicht aufgebrochen, um ein *besserer* Mensch zu werden. Sondern ein anderer.

3   Das Lied von Tocotronic heißt »Pure Vernunft darf niemals siegen«.

Und dann kam die Nacht

Wir waren den ganzen Tag im Einbaum durchs Papy-rusdickicht des Okavangodeltas gefahren und froh, als wir auf einer Insel einen schönen Platz fanden, um unsre Zelte aufzuschlagen. In der Ferne sah man gerade noch ein paar Reiher und Flußpferde, schon verschwammen Farben und Konturen, und dann kam auch schon die Nacht. Bald krochen wir in unsre Schlafsäcke und lauschten dem an-haltenden Gekecker, Gekeife, Geschnalze rundum.

Schlagartig geweckt wurden wir von einem empörten Brüllen aus allernächster Nähe, das in ein heiseres Knarzen und Schnauben überging. Schlagartig wurde uns klar, daß wir einen Fehler gemacht hatten: Wir hatten unser Lager auf den nächtlichen Weidegründen der Flußpferde errichtet. Einige rannten aufgeregt zwischen den Zelten hin und her, andere erzeugten ein solch zorniges Gebrüll, daß die Erde erzitterte oder jedenfalls jeder von uns. Wir wußten, wozu Flußpferde in der Lage sind, hatten wir doch den Kampf zweier Bullen beobachtet und mit welcher Wut sie sich die Hauer wechselweise ins Fleisch schlugen. Jetzt waren *wir* der Grund ihrer Empörung, nur durch Zeltplanen vor ihrem Groll geschützt. Und? Nach ein paar Minuten ebbte das Getobe ab, es wurde so still, daß man die Tiere kaum schnaufen hörte. Die Stille vor dem … Und dann? Hörte man sie rupfen und schlabbern und grunzen und prusten. Sie grasten zwischen unseren Zelten. Am andern Morgen waren sie weg, und wir waren froh, als wir ebenfalls weg waren.

Die meisten Abenteuer resultieren aus einer Verkettung kleiner Unachtsamkeiten und Fehlentscheidungen. Je knapper sie ausgehen, desto gelungener erscheinen sie uns im nachhinein. Als ob gerade die mit letzter Kraft oder durch Verkettung günstiger Zufälle bestandenen Abenteuer den Wert einer Reise ausmachen: »Wenn ich großes Glück hätte, würde mir etwas Schreckliches widerfahren«, hofft Paul Theroux, als er zu seiner Patagonienreise aufbricht,[1] hofft es stellvertretend für uns alle. Als ob uns die Bewährung in einer rauhen Natur, in grober Gesellschaft, in physischen oder mentalen Grenzsituationen genau das verleiht, was wir als Bewohner eines perfekt geregelten Alltags nie erwerben werden: eine Ernsthaftigkeit, die auch uns selbst wichtig und bedeutend macht. Je größer die Gefahr, desto größer auch der, der sie gemeistert hat.

Doch nicht jedes überstandene Abenteuer macht uns schon zum Abenteurer. Danach als »coole Socke« zu gelten ist immerhin ein Anfang. Und wenn eine Sache mal *nicht* gut ausging, umso besser, der Unterhaltungswert unsrer Anekdote wird entsprechend höher ausfallen. Wahrscheinlich wird unter Reisenden nirgendwo so schamlos übertrieben, beschönigt, erfunden und gelogen wie bei der Schilderung von Großtaten, die man in weiter Ferne unter unüberprüfbaren Bedingungen vollbracht hat. Hört man Backpackern einen Abend lang zu (»Guys, it was scaring«), schüttelt man wahrscheinlich ausgerechnet an den Stellen

---

1 Der alte Patagonien-Express. Hamburg 2008, S. 10.

ihrer Erzählungen den Kopf, die den Tatsachen entsprechen. Warum wir reisen? Um mit unseren Abenteuern anzugeben. Am allermeisten geben wir an, indem wir so tun, als ob das Erlebte ganz normal gewesen – und also wir selbst aus noch härterem Holz geschnitzt seien, als die Zuhörer bislang vermuten durften. Dabei ist eigentlich jede Reise per se ein Abenteuer. Um sie gegen alle Bedenken anzutreten, braucht man mehr Mut als in der Dunkelheit einer afrikanischen Nacht, wo man im entscheidenden Moment oft nur mucksmäuschenstill im Schlafsack liegenbleiben muß.

Mit sechzehn durfte ich zum ersten Mal ohne Eltern in die Sommerferien fahren – und war froh, als ich die Sache hinter mich gebracht hatte. Ich wohnte bei einer englischen Familie, die eigentlich ganz nett war, doch eine Sprache sprach, die ich in der Schule offensichtlich *nicht* gelernt hatte. Als ich mir mein Lieblingsessen hatte wünschen dürfen, kam das Hühnchen nicht gegrillt, sondern gekocht und unter einer kalten Pfefferminzsoße. Da wurde ich krank. Es hatte den Vorteil, daß ich das Haus nicht mehr verlassen mußte, um etwas Urlaubsmäßiges zu erleben und dabei Gefahr zu laufen, Fragen stellen und Antworten verstehen zu müssen. Meine schönste Erinnerung an diese Reise ist die Katze, die zum Fenster hereinkam, als ich krank im Bett lag, und sich auf meinen Füßen zusammenrollte.

»Der Durchschnittsmensch ist ein Feigling«, schreibt Mark Twain: »Der Durchschnittsmensch will keine Scherereien und keine Gefahr.«[2] Wer ein Reisender werden will,

---

2 Huckleberry Finns Abenteuer. Zit. nach: Ders.: Tom Sawyer & Huckleberry Finn. München 2010, S. 435 f. Noch drastischer Jack London, indem er aus einem Brief zitiert: »Ein Mann, dem das rote Blut des Abenteurers fehle, sei ein zum Leben erweckter Wischlappen.« (A. a. O., S. 47)

muß erst diesen Feigling in sich überwinden, und wer die ersten veritablen Abenteuer bestehen will, der ... was muß der eigentlich tun? Wo beginnt das Abenteuer, wodurch wird es definiert?

Die Beantwortung der Frage hängt vom Reisenden selbst ab. Auch als Abenteurer fängt man klein an. Irgendwann ist man zum ersten Mal bäuchlings eine Sanddüne oder, mit einem Müllsack unterm Hintern, einen verschneiten Berg hinabgerutscht – und fortan für Stubenhockerei verloren. Um jedem zu signalisieren, daß man seine ersten Meriten erworben hat, kleidet man sich auch in der Heimat wie ein Abenteurer. Früher reichten dazu ein kariertes Baumwollhemd aus Indien und eine Halskordel mit Skarabäus. Heute, wo jeder in Outdoorkleidung wie ein Abenteurer auf Heimaturlaub herumläuft, ist selbst eine zerrissene Trekkinghose von *Fjäll Räven* kein hundertprozentiger Beweis.

Ein Urlaub im Survivalcamp wäre zwar nicht ganz nach meinem Geschmack, einzelne Abenteuer habe ich auf meinen Reisen aber gelegentlich gern dazugebucht, vom *White Water Rafting* auf dem Sambesi bis zum *Bridge Climb* über die Sydney Harbour Bridge. Doch ist das Passieren von Stromschnellen schon ein Abenteuer, nur weil es von Angstschreien begleitet wird und das Boot ab und zu umschlägt? Ist der Aufstieg auf 134 Meter Höhe ein Abenteuer, nur weil einige den Blick durch die Stahlkonstruktion der Brücke nicht ertragen und umdrehen, in Tränen ausbrechen oder sich übergeben? Es kann ja nichts wirklich Schlimmes passieren. Andererseits erlebt man künstlich arrangierte Gefahren vielleicht intensiver als echte – die sich eher unbemerkt anbahnen und dann oft wie in Trance gemeistert werden.

An den Victoriafällen war es schon aufregend, hinter den

herabstürzenden Wassermassen entlangzuspazieren. Um den Tag perfekt abzurunden, genehmigte ich mir einen Bungee-Sprung von der Victoria Falls Brigde, 111 Meter Fallhöhe. Ich erhoffte mir den ultimativen Adrenalinkick und eine ganz neue Dimension von Euphorie danach. Dann dauerte der freie Fall so lange, daß ich dabei wieder zu denken begann, statt einfach nur zu überleben. Ein Abenteuer? Ein 100-Dollar-Flop!

Auch ein geplantes Abenteuer ist ein Abenteuer. Berge, Wüsten, Meere, alles kann die Unternehmungslust bis zum Größenwahn reizen, einfach deshalb, weil es in der Fremde auf solch ungezähmt direkte Weise da ist. Wir lösen uns aus der Vorherrschaft des gesunden Menschenverstands und sind wieder neugierig, lebenshungrig, draufgängerisch. Die bewußte Entscheidung für ein Abenteuer ist ein »irrationaler Akt: ein Triumph der Begierde über die Vernunft«.[3] Mitunter kommt das Ungeplante auf eine Weise dazu, daß von einer Sekunde zur nächsten ein »echtes« Abenteuer daraus wird.

Die *wirklich* großen Abenteuer erleben trotzdem immer die anderen. Abenteuer ist ihr Beruf oder ihre Berufung. Als Reisende sind wir lediglich Gelegenheitsabenteurer. Schon in eine Seitengasse hineinzugehen, in der eine Horde Straßenjungs herumlungert, kann in Südamerika oder Afrika riskant sein. Gerade deshalb will man sich überwinden und es tun. Ich habe mir angewöhnt, die Jungs anzusprechen, bevor ich von ihnen angesprochen werde, zumindest bei der Absolvierung gewisser Standardabenteuer bekommt man im Lauf eines Reiselebens eine gewisse Routine. Bewundernswert abgebrüht reagiert Hans

3 Krakauer: A.a.O., S. 14.

Christoph Buch, selbst wenn er in seinen fiktionalisierten Reisereportagen das tatsächliche Erlebnis etwas pointierter erzählt haben sollte: Als er in den Straßen Dakars von zwei Kerlen überfallen wird, fragt er sie: »Ich möchte wissen, wer die Nummer eins von euch Gangstern ist, denn ich rede nur von Chef zu Chef.« Über der Beantwortung der Frage geraten die beiden in Streit. Buch unterbreitet ihnen den Vorschlag, ihm bei seinen Recherchen zu helfen und dabei weit mehr Geld zu verdienen als das bißchen, das sie ihm jetzt als Bargeld abnehmen könnten. Die beiden gehen auf seinen Vorschlag ein.[4]

Beim Durchschwimmen von Buchten hatte ich stets Glück. Vor einer griechischen Insel geriet ich einmal in einen riesigen Schwarm Quallen, umkehren war keine Option. Und einmal hatte ich *sehr* großes Glück, als ich von der malaysischen Insel Langkawi aus versuchte, zu einem kleinen vorgelagerten Buckel zu schwimmen, den man vom Strand aus sehen konnte. Nach fünfzig Minuten hatte ich ihn erreicht, allerdings entpuppte er sich als Felsenklippe, und die Wellen warfen mich mehrfach so übel dagegen, daß die sportliche Herausforderung zu einer todernsten Angelegenheit wurde. In höchster Not konnte ich mich an einem Vorsprung festklammern und hochziehen. Arg zugerichtet, aber ohne gebrochene Glieder, sammelte ich eine halbe Stunde lang neue Kräfte, ehe ich mich auf den Rückweg machte. Auch da warfen mich die Wellen erst mal wieder mit Wucht auf den Felsen zurück. Als ich endlich, am ganzen Körper blutend, am Strand ankam, stand da die Frau, die ich damals liebte, und wenn ich geglaubt haben sollte, daß sie das Ganze für einen starken Auftritt

4 A. a. O., S. 158.

halten und mich noch ein bißchen mehr lieben würde, so hatte ich mich getäuscht. Sie fand die ganze Aktion »völlig hirnrissig« und war richtig sauer auf mich.

Das echte Abenteuer passiert ungeplant. Es lauert dort, wo alles ganz ruhig und friedlich aussieht, führt von einem Moment zum nächsten in eine Grenzsituation, in der man sich bewähren muß. Bei unserer Jamaikareise 1995 kamen wir regelmäßig in brisante Situationen. Wo auch immer wir waren, wurden wir beschissen *und* verachtet. Insbesondere die Rastafari hielten die westliche Welt ganz offen für »Babylon«, das kurz vor seiner Zerstörung stand. Ihre Religion, die den äthiopischen Kaiser Haile Selassie als Reinkarnation des Messias verehrt, erschien mir so absurd, daß ich mich dafür zu interessieren begann. Das sollte uns am Ende der Reise vor einem schlimmen Abenteuer bewahren.

Als wir nämlich in Negril ins Taxi gestiegen waren, stieg ein Riese mit Dreadlocks ohne weitere Erklärung zu; als wir dem Taxifahrer die Adresse des Hotels nannten, winkten beide ab, da wüßten sie etwas Besseres für uns. Auf unsre Proteste von der Rückbank reagierten sie nicht. Sie fuhren keineswegs Richtung Strand, an dem sich die Hotels aneinanderreihten, sondern in entgegengesetzter Richtung und aus der Stadt hinaus. Nun war es offensichtlich, wir saßen nicht im Taxi, sondern in der Falle. Fieberhaft suchte ich nach Möglichkeiten, den Lauf der Ereignisse aufzuhalten, und zettelte mit den beiden eine Religionsdebatte an. Natürlich waren auch sie überzeugt, daß der Westen dem Untergang geweiht sei. Schließlich wurde ich richtig dogmatisch. Denn da standen wir bereits auf einem Stück Brachland im Urwald, auf dem Tatort in spe, von der Strasse aus konnte uns keiner mehr sehen. Und wieder einmal passierte das, was ich in vergleichbaren Diskussionen so oft erlebt habe: Ihre Achtung stieg in dem Maße, wie ich sie beschimpfte. Irgendwann hatten sie Respekt vor mir. Ganz selbstverständlich baute der Beifahrer einen Joint und ließ ihn kreisen. Danach fuhren sie uns ohne weitere Umstände zu dem Hotel, zu dem wir schon vor einer Stunde gewollt hatten. Sie verabschiedeten sich per Handschlag.

Je mehr man an Abenteuern erlebt hat, desto verschwiegener wird man. Und erzählt umso ausführlicher von Buspannen in der Wüste, Kakerlakenjagden im Hotelzimmer und all den anderen harmlosen Zwischenfällen und Mißgeschicken. Ich bin im Pamir in Geröllfelder und Gletscherbäche geraten, die mir das Letzte abverlangten, im Sinaigebirge an einen völlig bekifften Bergführer, mit dem ich am Ende in einer ausweglosen Wand festsaß. Auf dem Waterberg-Plateau in Namibia wurde ich von einer Horde Paviane angegriffen; beim Tauchen auf den Bahamas stand ich am Ende eines Unterwassercanyons Aug in Aug mit einem Grauen Riffhai; auf Jamaika fiel beim Höhlentauchen mein Lungenautomat aus, ausgerechnet beim Höhlentauchen, und einen Ersatz, nach dem man in solchen Situationen ganz automatisch greift, gab es in Jamaika nicht. All das habe ich mit Glück überlebt,[5] doch erzählt habe ich davon lieber nur in Romanen, Erzählungen und Gedichten. Als Leser muß niemand den Kopf über mich schütteln, denn was im Leben als verrückt abgetan wird, ist in der Literatur nichts als ... ein hoffentlich spannend zu lesendes Abenteuer.

---

5 Reinhold Messner betont, daß seine eigentliche Leistung nicht darin bestand, sämtliche Achttausender bestiegen zu haben: »Die wahre Kunst des Bergsteigens ist das Überleben« (A. a. O., S. 24).

Verzagt

Warum nur hab ich
so viele Schrammen,
Schürf- und Kratzwunden,
Risse in Nägeln und Haut,
Blasen und Stiche?

Freundchen, die Frage ist falsch gestellt.
Warum hast du noch immer
so viele Stellen,
die unversehrt geblieben,
verschont?

Das kleine Zen

Das Leben ist so kurz und die Welt so weit – selbst wenn wir permanent auf Reisen wären, würden wir nur einen Bruchteil davon kennenlernen. Auch in dem Land, das wir gerade bereisen, müssen wir überall Abstriche machen. Aber zumindest einen repräsentativen Überblick gewinnen, das wollen wir schon, also weiter! Es ist erstaunlich, welche Energien wir mobilisieren können, wir sind schier nicht zu halten.

Doch kaum geraten wir ins Stocken und halten doch einmal inne, verpufft die ganze Energie. Wir brauchen Urlaub von der Reise. Schlimmstenfalls liegen wir in einem schäbigen Hotelzimmer und starren einen Tag lang auf den Deckenventilator. Bestenfalls sitzen wir an der Algarveküste und starren auf den Atlantik, sitzen am Grand Canyon und verfolgen die wandernden Schatten auf der gegenüberliegenden Felswand, sitzen im mongolischen Grasland und beobachten die Raubvögel, wie sie über uns kreisen. Mit meiner ersten Freundin saß ich in Notre-Dame, schweigend betrachteten wir die Herrlichkeit der Rosettenfenster, und obwohl wir danach wieder Kraft hatten für all das andere, was Paris zu bieten hat, sind mir die Rosettenfenster am intensivsten in Erinnerung geblieben.

Natürlich will man so viele Sehenswürdigkeiten einer

Stadt, eines Landes sehen wie irgend möglich. Doch glücklich wird man dabei nicht. Dazu ist man viel zu aufgeregt, zu sehr damit beschäftigt, nichts zu versäumen. Glück stellt sich erst ein, wenn überhaupt, nachdem die Rastlosigkeit ihr Recht bekommen hat. Der Pflichtteil eines Reisetags ist absolviert, wir könnten guten Gewissens Ruhe geben. Oder sollten wir doch lieber die Zeit nützen und versuchen, Weiteres abzuhaken? Just in jenem Moment zwischen zwei Etappen einer Reise, da sich die Befriedigung über das Gesehene die Waage hält mit der Sehnsucht, mehr und noch mehr zu sehen, just in jenem Moment, da wir kurz durchatmen und der Tag in der Schwebe ist: droht uns die Energie auszugehen. Meist machen wir dann Pause im nächsten Straßencafé und beschließen, für heute zufrieden zu sein. Zufriedenheit ist freilich noch lang kein Glück. Das stellt sich ein, wenn man am wenigsten damit rechnet, oft bemerkt man's erst im nachhinein. Denn das ist das Schwerste beim Reisen: Erschöpfung auch als Erschöpfung zuzulassen und nicht gleich mit Zufriedenheit über das absolvierte Programm gegenzuhalten.

Sobald etwas Bewegung in die Ruhe kommt, fällt es mir leichter, den plötzlichen Stillstand auszuhalten und nicht als verlorene Zeit zu empfinden. Ein Tal voller Reisfelder, viele davon unter Wasser, irgendwo in Indochina – wäre ich an diesem Tag noch frisch und tatendurstig gewesen, ich hätte es zwar als schön empfunden, jedoch kaum länger als ein paar Augenblicke. Auch ein Bauer war zu sehen – nah genug, daß man ihm bequem bei der Arbeit zuschauen konnte, weit genug entfernt, daß er Teil der Szenerie war. Und blieb. Am Gegenhang ein schwelendes Feuer, darüber ein paar Raben in der Luft, Vogelgezwitscher aus den Baumkronen rumdum. Mit einem Mal saß ich da und sah zu. Bald blickte ich nicht mal mehr hin, ich war einfach nur noch da. Vielleicht nicht einmal das, in Wirklichkeit war ich jetzt der Bauer, einer der Raben, die Rauchschwade, der Klang der Hacke.

Ob man es nun Tagträumerei, Trance oder Meditation nennen will, ist nicht so wichtig. Ich nenne es das kleine Zen. Wichtig ist vielmehr, daß sich solche Momente ab und zu auf einer Reise einstellen, wenn es eine gute Reise werden soll. Eine, die jenseits der Sehenswürdigkeiten und Abenteuer kleine leuchtende Stimmungsbilder schafft, die lebenslang nachglühen – und mit anderen solcher Bilder den geheimen Erinnerungs- und Erfahrungsschatz eines Reisenden ausmachen. Das genaue Aussehen der meisten Tempelanlagen in Indochina, ihre Namen und Besonderheiten habe ich vergessen, den Bauern im Reisfeld nicht. Warum wir reisen und was wir dabei denken? Wir reisen, um immer mal wieder diesen Zustand der Leere zu erreichen, nein eigentlich: geschenkt zu bekommen, einen Zustand der Gnade, in dem wir nichts mehr denken.

Dr. Black: »Quatsch.«

Dschisaiki: »Trance, Rausch, Ruhe … fließende Übergänge. Erlebe ich manchmal in Kirchen, Moscheen, Tempeln. Und auch an einem Seeufer. Nein, nicht am Meer! Am Seeufer.«

Indra: »Man dissoziiert sich ein bißchen, aber das ist noch keine Trance.«

Gut, man muß einen Sinn dafür haben. Hat man ihn, erlebt man solch zeitlos leere Momente als Offenbarung. Ein prädestinierter Ort dafür ist der Fensterplatz im Zug, vorausgesetzt die Fahrt dauert lang genug. Nichts muß mehr getan werden, alles geschieht. Man reist nicht mehr, man wird gereist.[1] Dazu singen die Schwellen ihr wunderbar monotones Lied, wie man es bei Bahnfahrten in Deutschland schon lang nicht mehr hört. Alles, was draußen an Teefeldern, Wiesen, Palmen und Wellblechdörfern vorbeigleitet, wiederholt sich nach dem nächsten Fluß in leicht veränderter Zusammenstellung. Wird man später gefragt, was man auf der Zugfahrt gesehen hat, wird man sagen: nichts. Man hat alles wie eine exotisch bedruckte Tapete vorbeiziehen lassen, *geschaut* hat man auf Dinge hinter der Tapete.

Nicht nur Ruhe in der Bewegung, auch Bewegung in der Ruhe macht den erschöpften Reisenden leer. Man findet sie nicht erst am Rand eines Reisfelds, in dem gerade ein Bauer arbeitet, für mich reicht bereits der Gang zum nächstbesten Barbier. In allen Ländern, die ich bereiste, habe ich in ihren kleinen Salons, mitunter auch auf offener Straße genau das von ihnen erhalten, was ich erhofft hatte: frische Energie, indem ich sie zehn, zwanzig, Minuten lang habe gewähren lassen.

Ob kleine Jungs, die in schweigender Intensität zu Werke gingen, ob fröhliche Plappergreise, die mir vor Freude über die eignen Scherze auf die Schulter klopften, kaum schlugen sie den Schaum, atmete ich durch. Wenn sie das Rasiermesser ansetzten, spürte ich bereits, wie mir neue Kräfte zuflossen. Das klassische Barbiermesser läßt sich nicht nur präziser führen als die gängigen Drei- und Vierfachklingen, es erzeugt vor allem ein anderes Gefühl auf der Haut, bis zum leichten Schauder, wenn der Nacken ausrasiert wird.

1 So die Formulierung von Stefan Zweig. In seinem Aufsatz »Reisen oder Gereist-Werden« (A. a. O., S. 259 ff.) zielt er allerdings auf den organisierten Massentourismus, die Formulierung ist bei ihm entsprechend negativ konnotiert.

Außer in Chiwa geriet ich nie an einen schlechten Barbier, und wenn ich Einheimische gefragt hatte, zu wem sie in der Regel gingen, war das Erlebnis oft dem vergleichbar, was man ansonsten in Wellness-Oasen geboten bekommt. Nicht zuletzt deshalb, weil ein Besuch beim Barbier in vielen außereuropäischen Ländern eine Massage zumindest als Option einschließt. Nicht selten muß man sogar den Kopf auf dem Frisiertisch ablegen, nach der Nacken- kommt dann auch noch die Rückenmassage. Abschließend zieht der Meister ruckartig an den Fingern, reißt den Kopf seines Kunden nach links und nach rechts, daß es knackt. Abschließend? Nein, jetzt versetzt er einem Faustschläge auf die Schädeldecke, als würde er auf den Tisch schlagen. Sodann dasselbe Programm mit beiden Handkanten, die Finger locker ineinander verschränkt. Seine Schläge sind schnell und klappern eigenartig hölzern, danach … ist man *wirklich* wieder frisch.

Paul Theroux, dem großen Zugfahrer unter den Reise- schriftstellern, ist im Lauf der Jahre »aufgefallen, wie genau sich die Kultur eines Landes in seinen Eisenbahnen wider- spiegelt«.[2] Mir ist aufgefallen, wie sich die Kultur eines Landes in seinen Barbierstuben respektive Friseursalons widerspiegelt. Der Barbier in Santiago de Cuba schlug den Schaum in einer alten Konservendose und hatte nie gute Laune. Der in Bangkok rasierte auch Ohren, Stirn und Augenbrauen, putzte mir den Gehörgang mit diversen Wattebäuschen. Der auf Mauritius desinfizierte mich, be- vor er anfing, puderte mich abschließend mit Babypuder ein, damit ich schöner, reicher, besser aussah, und zockte mich richtig ab. Der in Eriwan schor mir auch gleich den

2 Der alte Patagonien-Express. A. a. O., S. 36.

Rest des Schädels, ich verließ ihn als Glatzkopf. Der in Gangtok entfernte nach der Rasur noch die allerfeinsten Härchen, indem er einen straff gespannten Faden über Stirn und Wangen führte, danach wurde ich mit Wasser aus einem Zerstäuber abgesprayt wie eine Zimmerpflanze. Als ich mich beim Programmleiter des Goethe-Instituts von Seoul nach einem guten Friseur erkundigte, sah er mich mit großen Augen an: Ob ich da *wirklich* hinwolle? Ein Friseursalon ist in Korea – aber das erfuhr ich erst von ihm – nicht selten ein Bordell.

Nur Friseure können, was Friseure können. Die größten Meister ihres Fachs erlebte ich in Asien, immer roch man nach der finalen Betüpfelung so herrlich altmodisch, wie es früher auch bei einem deutschen Friseur roch. An den Meister aller Meister geriet ich in Tokio, in einem ziemlich öden Stadtviertel übrigens, weit entfernt von allen Zentren und Subzentren. Viele Kilometer war ich gegangen, ohne dabei die kleinste Entdeckung gemacht zu haben. Da sah ich die blaurotweiße Drehspirale, wie sie in Japan – und vielen anderen asiatischen Ländern – einen Friseursalon markiert. Allgemeines Hallo-guten-Tag-vielen-Dank, als ich ihn betrete, schnell wird das Sitzkissen eines Stuhls frisch für mich aufgeklopft. Um mir die Wartezeit zu verkürzen, wird mir eine Schale Tee gebracht, im Regal liegen Manga-Pornos bereit. Zur vollen Stunde spielt die digitale Wanduhr »Alle meine Entchen«. Ich beobachte die drei Friseure, wie sie dampfend heiße Tücher aus dem »Sterilizer« nehmen, um ihren Kunden damit den Kopf zu rubbeln. Einem wird ein weißes Pulver auf den Haarspitzen verteilt, bevor ein allerletzter Feinschnitt beginnt. Dann bin ich an der Reihe. Der Meister setzt sein Messer, wie weltweit alle anderen auch, unter der rechten Kotelette an und …

… nach dem Schneiden der Augenbrauen und dem Glatt-
schaben der Ohrmuscheln endet er mit dem klassischen
»Neck Shave«, wobei er den Nacken allerdings zuvor ein-
schäumt wie bei der Gesichtsrasur. Massage? Ich nicke. Da
wäscht er mir erst einmal die Haare. Sprüht mir nach dem
Trockenreiben ein wohlig brennendes Eukalyptusextrakt
auf den Kopf, massiert es minutenlang in die Kopfhaut ein
und in solch gleichförmigen Bewegungen, daß ich fast ein-
schlafe. Längst sehe ich durch mein Spiegelbild hindurch
auf phantastische Landschaften mit und ohne Reisfelder,
sanft schwebe ich darüber hin. Ich bin an einen Zen-Mei-
ster geraten. Fließend geht er über zur Schultermassage,
als Finale setzt es Handkantenschläge auf den Nacken, so
schnell, daß mir der Kopf vibriert. Er beschließt seine Arbeit in meinen Ohrmuscheln, reduziert dabei das Tempo
seiner Griffe derart raffiniert, daß er mit der letzten syn-
chron ausgeführten Bewegung einen natürlichen Stillstand
erreicht, auch in meinem Gemüt.

Als ich wieder vor ihm stehe, erlaubt er sich einen Scherz
und schreibt die Zahlen 1000, 2000 und 3000 auf einen Zettel, ich solle raten, wieviel Yen das Ganze koste. Anstatt
meine Antwort abzuwarten, strahlt er übers ganze Gesicht.
Er ist stolz, daß er mir nur 1000 Yen berechnen muß, etwa
sieben Euro für eine halbe Stunde in einer anderen Welt.

Drei Tote aus Sikkim

Meine erste Reise ging Ende der fünfziger Jahre nach Italien, Land der Nachkriegssehnsucht auch für meine Eltern. Der *VW Käfer* hatte hinter der Rückbank eine Ablage, das war mein Reich. Wenn ich dort plötzlich hin und her geschleudert wurde, hatte mein Vater besonderen Spaß am Autofahren – auf Landstraßen holte er das Letzte aus dem Wagen heraus, Kurven schnitt er konsequent an, Geschwindigkeitsbegrenzungen nahm er wohl gar nicht erst wahr.

Die Beschwerden meiner Mutter gehörten dazu, vielleicht waren sie Teil seines Vergnügens. Einmal jedoch ging ihr Gezeter in Geschrei über, wir fuhren auf einer Strasse mit *sehr* vielen Kurven, die mein Vater annähernd wie eine Gerade nahm. Durchs ovale Heckfenster sah ich die Baumkronen vorbeiwischen, mir wurde übel. Dann sah ich einen Motorradfahrer hinter uns auftauchen, kurz danach einen zweiten. Meinem Vater entfuhr ein halblautes »Die weißen Mäuse«, so nannte man damals Motorradpolizisten, er war keineswegs gewillt aufzugeben. Mochte er den Tiger im Tank haben, mit seinem *Käfer* hatte er trotzdem keine Chance. Als ihn die beiden weißen Mäuse gestellt hatten, brach ich in Tränen aus, ich dachte, mein Vater müsse ins Gefängnis. Einer der Polizisten entdeckte mich, ich wurde herausgereicht, fand mich auf seinen Armen wieder, heulte weiter, wurde an den Kollegen überreicht. Nein, mein Vater müsse nicht ins Gefängnis, erklärte man mir, als die Fahrt in dezenter Fröhlichkeit weiterging. Die Polizisten hatten aus Mitleid mit mir auf eine Bestrafung verzichtet.

Das gab mir zu denken. Mein Vater hatte etwas Verbotenes getan, seinen Spaß dabei und am Ende auch noch Glück gehabt. Ob diese Erfahrung für mich prägend war? Die ersten Jahre nach Erwerb des Führerscheins nützte ich nach Kräften, um meinerseits im Ausland Verkehrsregeln zu mißachten. Mit Wolle »killte« ich Einbahnstraßen um die Wette, nach einem Frankreichurlaub stand unser Rekord in der geschlossenen Ortschaft bei 125 km/h, und das mit einem (anderen) *Käfer*. Dafür hatten wir bergab tüchtig Anlauf genommen.

Natürlich war das spätpubertär. Aber auch bezeichnend für unsre unbändige Lust am Leben, die sich einmal im Jahr des bürgerlichen Korsetts entledigen wollte, um voll auf ihre Kosten zu kommen. Ein paar Wochen lang erholten wir uns von all der Tugend, zu der man uns erzogen hatte, und wurden wieder wild und gefährlich – jedenfalls glaubten wir das. Zurück zu Hause, waren wir so brav wie eh und je.

»Das Wildeste ist auch das Lebendigste«, lehrt Thoreau: »Alles Gute ist wild und frei.«[1] Indem wir als Reisende das Wilde in uns suchen, finden wir zumindest vorübergehend Freiheit. So wie wir unsre eigenen Grenzen überwinden wollen und uns dafür angemessene Abenteuer suchen, so wollen wir auch die Grenzen überschreiten, die uns seitens der Gesellschaft gesetzt werden. Daß wir es in der Fremde

1   A. a. O., S. 46 f., 60.

tun, hat den Vorteil, daß dort andere Grenzen gelten als zu Hause. Reisen ist auch in dieser Hinsicht praktische Relativitätslehre. Vielleicht stärken wir durch ein paar Wochen Aufmüpfigkeit in Wirklichkeit die Bereitschaft, uns den Rest des Jahres regelkonform zu verhalten?

»Das Gefühl, etwas Verbotenes zu tun, steigerte die Erregung, die ich empfand«, schreibt Hans Christoph Buch, als er bzw. sein literarisches Alter Ego in Bombay drauf und dran ist, den sexuellen Avancen eines minderjährigen Blumenmädchens zu erliegen.[2] »Verbotsschilder sind Anreiz per se«, ergänzt Konsul Walder: »Dort, wo die Chinesische Mauer abgesperrt ist, wird sie ja erst richtig interessant.« Wolle ließ sich mit Prostituierten auch in Ländern ein, in denen Prostitution untersagt war; der K konsumierte in Südamerika die verschiedensten Rauschmittel; Dr. Black läßt in Hotels notorisch Shampoos, Duschgels und Handtücher mitgehen: »Im Wellness-Bereich eines jordanischen *Kempinski* gab's so flauschige Handtücher, daß ich zwölf Stück geklaut habe. Ich mußte mir eine extra Tasche dafür kaufen, übrigens im selben *Kempinski*, so hatten sie am Ende sogar noch was dran verdient.«

Das war allerdings ein Sonderfall, Dr. Black versteht sich ansonsten beim Klauen als eine Art kleiner Robin Hood. Fast alles, was er den Hotels entwendet, schenkt er den Armen, denen er auf seinen Reisen begegnet. Was von aussen wie Diebstahl aussehe, so Dr. Black, sei in Wirklichkeit soziale Umverteilung.

Nein, man reist nicht nur der schönen Erinnerungen wegen. Sondern auch, um Seiten seiner Persönlichkeit auszuleben, die durch Internalisierung sozialer Normen

2 A. a. O., S. 17.

scheinbar domestiziert sind. Meine eigene Karriere als Gesetzesbrecher in der Fremde ist die des Dilettanten. Einmal kletterte ich mit einem Freund in der Mittagshitze die Cheopspyramide an ihrer Südecke hoch. Der eigentliche Aufstieg an der Nordecke war von der Regierung gesperrt worden und wurde von Dragomanen bewacht, die bestochen werden wollten. Das herrschende Gesetz hätten wir also sowieso brechen müssen. Dafür bezahlen wollten wir jedoch nicht. Wir warteten ab, bis wieder mal einer von ihnen auf dem Kamel um die Pyramide herumgeritten war, dann kletterten wir drauflos. Es war viel schwieriger als gedacht, wir waren erst auf halber Höhe und schweißgebadet, als uns der Dragomane bei seiner nächsten Runde entdeckte. Sofort begann er zu schreien und mit dem Gewehr herumzufuchteln. Aber auch er war kein Wächter der Tugend, das wußte er, und seinen Befehlen ermangelte es an Durchschlagskraft.

Zwei Jahre später, 1980, trampten wir von Tunis aus zur römischen Ruinenstadt Dougga. Wir waren die einzigen, die sich in dem weitläufigen Gelände herumtrieben, es gab keine Absperrungen, keine Wächter. Also kletterten wir in alle Höhlen, Keller und Thermen, die wir fanden, der eine entdeckte hier ein Bodenmosaik, der andre dort ein Grabmal, bald verloren wir uns aus den Augen. Gemeinsam mit meiner Freundin geriet ich an den westlichen Rand der Stadt; am Ende einer riesigen Zisterne stießen wir auf eine Metallgittertür von der Größe eines Gartentors. Sie stand einen Spalt offen, davor lag ein Haufen Federn, als ob jemand ein Huhn gerupft hätte. Das wirklich Aufregende war jedoch der Kerzenhalter daneben, denn … wir trauten unseren Augen nicht, die Kerze darin brannte.

»Was den Wert des Reisens ausmacht, ist die Angst.«

(Camus)[3] Wir steckten am dunklen Ende einer Zisterne am Rand einer Ruinenstadt – was hier passierte, würde man in Tunis nicht in hundert Jahren erfahren. Und irgendetwas passierte hier ganz offensichtlich. Unsre Vermutungen reichten von »geheime Kultstätte« bis hin zu »Versteck eines Verbrechers«. Die brennende Kerze ließ keinen Zweifel daran, daß gleich jemand aus der Gittertür treten würde und … ja, was denn? Blitzschnell beschloß ich, ihn lieber meinerseits zu überraschen, packte den Kerzenhalter und zwängte mich durch die Türöffnung in den Gang dahinter. Ich übertönte meine Angst, indem ich ab und zu in die Dunkelheit hineinbellte: Oja, da käme kein andrer als ich, und nun sei's aus mit dem, der da in seinem eignen Versteck festsaß. Endlich weitete sich der Gang zu einer kleinen Höhle, in der man kaum aufrecht stehen konnte. Ich sah einen Schlafplatz, ein paar Konservendosen, einen tönernen Kerzenhalter, Kleinkram. Plötzlich hatte ich es sehr eilig, zurück zu meiner Freundin zu kommen. Hörte ich sie etwa rufen? Schnell griff ich mir den Kerzenhalter vom Boden und stopfte ihn in meinen Rucksack.

Bis hierhin war es nur eine grenzenlose Naivität gewesen, ab jetzt war es ein Diebstahl. Kaum tauchte ich wieder in der Türöffnung auf, zeigte meine Freundin hektisch nach draußen, auf drei Männer, die sich, ins Gespräch vertieft, langsam der Zisterne näherten. Noch heute sehe ich sie in ihren Galabejas als Schattenrisse auf uns zukommen. Wir schlenderten ihnen so touristisch wie möglich entgegen, bestaunten lautstark die Schönheit des Gewölbes. Am Eingang der Zisterne begegneten wir einander, ohne daß wir uns eines Blickes würdigten, so sehr waren auch wir mitt-

3   Zit. nach: Paul Theroux: Das Tao des Reisens. Hamburg 2015, S. 320.

lerweile ins Gespräch vertieft. Jedenfalls taten wir so. Dann rannten wir.

Der gestohlene Kerzenhalter bekam einen Vorzugsplatz in meinem Bücherregal. Erst als ich in anderen Ländern anderes erlebt hatte, wurde er auch für mich wieder das, was er von Anfang an gewesen war: ein überaus häßliches Exemplar, das endlich weggeworfen werden konnte.

Noch Jahrzehnte später bin ich in dieser Disziplin ein Amateur. Im Kloster Tashiding, dem wichtigsten buddhistischen Heiligtum in Sikkim, gibt es ein Areal mit vierzig oder fünfzig großen Stupas. An der umgebenden Mauer stehen reihenweise Manisteine mit Mantras und davor, dazwischen, überall – wie soll man sie nennen? Vielleicht Miniatur-Stupas? Und was bedeuten sie? Zwischen fünf und zehn Zentimeter hoch, sind ihre runden Sockel rostrot bemalt und die bordürenartig verzierten Kegel darüber meist golden, aber auch grün oder blau. Niemand wußte meine Fragen zu beantworten, nicht einmal die Mönche. Eine ganze Weile saß ich zwischen den Stupas und betrachtete die Miniatur-Stupas. Keineswegs kurz entschlossen ließ ich die drei kleinsten von ihnen verschwinden.

Am nächsten Tag stieg ich von der Ortschaft Pelling zur Bergkuppe mit dem Sanga-Choeling-Kloster. Hocherfreut begrüßte mich an der Pforte der Mönch Tenzing, ich war der erste Besucher seit Tagen, und steckte zwei blanke Kabelenden in die Wand, um Teewasser zu kochen. Dann zeigte er mir das Kloster, vor allem unglaubliche Butterkunstwerke im Haupttempel, die von den Mönchen für verschiedene Gottheiten gefertigt wurden. Daß ich auch den Friedhof sehen wollte, erstaunte ihn, im Grunde gebe es ja keinen, nur eben den Platz, auf dem die Verstorbenen aufgebahrt und verbrannt würden. Was es dann vor allem dort gab, waren wiederum Manisteine und ... eine ganze Wand mit Simsen, auf denen Miniatur-Stupas standen. Nach einigem Hin und Her hatte ich herausgefunden: daß die Mönche das Feuer, in dem der Verstorbene verbrannt wird, drei Tage lang unterhalten; daß sie dann aus der Asche die kleinen Knochenstücke heraussuchen und zerstampfen, mit Lehm vermischen und das Ganze zu einer »Guri Chata« formen, so in etwa nannte Tenzing die Miniatur-Stupas. Diese werden gebrannt, anschließend bemalt und fünf Jahre lang als letzte Überbleibsel des Verstorbenen aufbewahrt.

Vor Schreck kaufte ich Tenzing eines der Amulette ab, das er gebastelt hatte, außen schön bunt und innen voller guter Mantras. Zurückbringen konnte ich die drei Toten nicht mehr, meine Abreise stand kurz bevor. Wieder zu Hause, suchte ich nach einer würdigen Ruhestätte für sie, mindestens das war ich ihnen schuldig. Ich fand einen Platz neben meiner Palo-Schale, die der tote Herr Juan Maturell Paisan bewohnte, so waren sie insgesamt zu viert. *Vier* Tote? Nun ja, während meiner Zeit in Kuba hatte ich den Schienbeinknochen des Herrn Paisan aus dem Beinhaus gestohlen, weil ... Aber das ist eine andere Geschichte und soll ein andermal erzählt werden.

An Grenzen gehen

Das Passieren einer Grenze wurde noch vor wenigen Jahrzehnten überall in Europa ernst genommen. Selbst der Schlagbaum zwischen Österreich und Deutschland war eine Zäsur und der Zöllner Respektsperson, sein kritisches Studium des Reisepasses hatte stets eine tiefere Dimension. Man stand nicht nur als (Ein-)Reisender auf dem Prüfstand, sondern auch als Bürger seines Staates, in letzter Konsequenz vielleicht als moralisch handelndes Wesen.

Das diffuse Unwohlsein beim Vorzeigen der Papiere potenzierte sich, sofern man den Eisernen Vorhang passieren wollte. Die peniblen Grenzkontrollen zeigten jedem, daß man sich nicht in ein Urlaubs-, sondern in Feindesland begab. Schon 1926 schrieb Joseph Roth über seine Einreise in die UdSSR: »Es scheint doch, daß hier nicht eine gewöhnliche Grenze ist zwischen Land und Land, sie will eine Grenze sein zwischen Welt und Welt.«[1] Selbst wenn man nichts schmuggelte, die Sorge, »erwischt« zu werden, machte jeden schon im Vorfeld der Grenzabsperrungen nervös. Man wußte, daß man auch ohne Grund aufgehalten, abgewiesen, eingesperrt werden konnte. Wurde der Wagen gefilzt, konnten Mängel entdeckt werden, die der

---

[1] Die Grenze Niegoreloje. In: Ders.: A. a. O., S. 40.

TÜV übersehen hatte; wurde man zum Verhör gebeten, konnten Verfehlungen ans Tageslicht kommen, die man gar nicht begangen hatte – man mußte mit allem rechnen, nicht zuletzt mit dem Einbruch des Absurden. Der Ostblock galt als das Reich des Bösen, von seinen Türhütern ging eine Macht aus, die in unserer, der Reisenden Phantasie groteske Dimensionen annahm. Kaum hatten wir den allerletzten Stempel erhalten, war das Aufatmen entsprechend. Wir hatten es geschafft. Was? Alles! Hatten bestanden und eine reine Weste. Die Grenzüberschreitung am Eisernen Vorhang war die weltliche Form der Absolution.

Schon der bloße Anblick dieser Grenze versetzte in Furcht und Schrecken, untermischt mit Mitleid, wonach es meine Eltern noch in den sechziger Jahren regelmäßig verlangte. Waren wir in Oberfranken, um die Verwandtschaft meiner Mutter zu besuchen, ging es auch stets zu einem der Aussichtstürme, von dem man die thüringische Landschaft wie das Bühnenbild einer Tragödie betrachten konnte. Sah man einen Bauern sein Feld bestellen oder ein Auto zwischen zwei Dörfern fahren, versicherte man einander, daß das alles Mitarbeiter der Stasi seien oder Schauspieler, die dem Westen ein normales Alltagsleben vorgaukeln sollten. Man war überzeugt, daß es jenseits der Grenze weder Alltag noch Normalität geben könne, daß dort dunkle Mächte herrschten. Eine Fahrt dorthin war eine Prüfung, vergleichbar der *aventiure*, die Reisende früherer Jahrhunderte gegen den schwarzen Ritter zu bestehen hatten. Man genoß den leisen kathartischen Schauder, danach trank man gemeinsam Kaffee und war dankbar, es diesseits der Grenze tun zu dürfen.

Zumindest innerhalb der Europäischen Union haben Ländergrenzen inzwischen jeden Schrecken verloren, sie sind auf eine trügerische Weise unsichtbar geworden. Sosehr ich das als bekennender Europäer begrüße, als Reisender beklage ich einen herben Verlust: Um eine *echte* Grenze zu erleben, eine Grenze in ihrer harschen, einschüchternden, abschreckenden Intensität, muß man heutzutage lange anreisen. Etwa nach Afrika, wo Grenzen ihrem Namen noch auf unvermindert zwiespältige Weise Ehre machen. Selbst die Grenze der USA ist eine unangenehme geblieben, an der man sehr genau spürt, daß man als Besucher nicht willkommen ist.

Das Procedere der Einreise zieht sich nicht selten über Stunden, ist mit Gepäckdurchsuchung und Leibesvisitation verbunden. An der Grenze zwischen Algerien und Tunesien warteten wir 1980 sechs Stunden, nachdem wir unsre Pässe abgegeben hatten, Dutzende von Reisenden warteten schon viel länger. Als die ersten anfingen, ihre Zelte für die Nacht aufzuschlagen, protestierten wir beim diensthabenden Zöllner so anhaltend, daß er uns in den Nebenraum führte, um uns einen Haufen Pässe im Eck zu zeigen. Es waren weit mehr, als es dazu draußen Reisende hätte geben können. Wir sähen ja selbst, lächelte der Zöllner süffisant, daß noch viel zu tun sei, bevor wir an die Reihe kämen. Wenn es uns freilich gelänge, unsre Pässe zu finden, bekämen wir auf der Stelle die Ausreisestempel. Der Zöllner sah uns schon eine tüchtige Summe Schmiergeld zusammenlegen, um ihn höchstselbst zum entscheidenden Griff in den Haufen zu bewegen. Was er nicht wußte: Jeder von uns hatte seinen Paß vor der Reise markiert, auf dem meinen klebte das Adlerwappen der Deutschen Markenbutter, auf der Rückseite ein blauweiß gerauteter Schmetterling. Im Nu hatten wir unsre Pässe gefunden, wenige Minuten später mußte uns der Zöller ziehen lassen.

Manche Grenzen sind so sichtbar der Abwehr von Eindringlingen gewidmet, als befänden sich die betreffenden Länder im Krieg. Man läuft Spalier an Panzersperren, Maschendrahtzaun, Stacheldrahtrollen und Militärposten, die sich mit ihrem MG hinter Sandsäcken verschanzt haben. Will einer der Zöllner bestochen werden, lacht man möglichst laut auf und geht zum nächsten, bis man alle Formulare abgezeichnet und die dazugehörigen Stempel im Paß hat. Doch man kann auch Pech haben: Dschisaiki hatte an einem der Kontrollpunkte im Nordirak plötzlich ein Gewehr am Kopf, weil er seinen Mund nicht hatte halten können. Nicht jeder Milizionär schätzt Ironie. Dschisaiki betont, daß es im Grunde um gar nichts ging. Andrerseits ging es eben auch um alles.

Die Grenzen mancher Staaten mögen heikel sein, heikler sind diejenigen, die von Kriegsherren oder Kriminellen beherrscht werden. Je jünger die Kerle, die hier ihre Macht ausleben, desto gefährlicher. Aber auch schon der bloße Blick auf eine Grenze kann furchteinflößend sein: Die *Green Line* zwischen türkischem und griechischem Teil von Nikosia habe ich in einer Nacht des Jahres 1981 als gespenstisch erlebt; 2015 die Mauern zwischen protestantischen und katholischen Stadtvierteln in Belfast, deren Tore nach wie vor jeden Abend geschlossen wurden, als wäre der Krieg nur auf dem Papier beendet. Bei einer Reise durch Südkorea versuchte ich, so nah wie möglich an die Grenze zu Nordkorea zu kommen, doch welche Straße ich auch nahm, als Ausländer ohne Sondervisum wurde ich an jedem Kontrollpunkt weit vor der demilitarisierten Zone zurückgeschickt. Schließlich fuhr ich auf die Insel Kangwha, von dort konnte ich wenigstens übers Meer zum nordkoreanischen Festland sehen.

Doch auch friedliche, de facto nirgendwo sichtbare Grenzen ziehen mich an. Von den Gipfeln im türkischen Kurdistan sah ich lange ins Zweistromland hinab, mit demselben Verlangen von Eriwan auf den Ararat. Als ich 1987 westlich von Irkutsk einen Berg bestiegen hatte, um einen Blick auf die Mongolei zu werfen, wußte ich nach Sekunden, daß dort mein Sehnsuchtsland auf mich wartete. Im Whakantal gab es eine Brücke für den kleinen Grenzverkehr zwischen Afghanistan und Tadschikistan, auch hier sah ich hinüber, als wäre jenseits des Flusses eine andere, geheimnisvolle, verschlossene Welt. In Wirklichkeit sah es hüben wie drüben völlig gleich aus. Am Rand des Friedhofs von Mizdakhan stand ein alter Wasserturm, den man über ein wackeliges Konstrukt an Außenleitern besteigen konnte, von oben reichte der Blick weit nach Turkmenistan hinein. Man sah die gleiche Steppe wie in Usbekistan, ein desolates Niemandsland ohne jeden Reiz, dennoch konnte ich mich kaum davon losreißen.

Der Blick über die Grenze ist Ausdruck unsres Wunsches, die Reise vom Fremden, mit dem wir uns bereits ein bißchen vertraut gemacht haben, fortzusetzen zum *wirklich* Fremden. Wenn wir nur können dürften, wie wir wollen müssen! Nicht in jedem steckt ein Dr. Black, der mit seinem *Jeep* kurz entschlossen die Grenze von Guatemala nach Mexiko durchbrach, weil seine taiwanesische Frau kein Visum hatte. Ob er sich wirklich eine Chance ausrechnete, seinen Verfolgern zu entkommen? Er bekam vier Tage Zeit, um in einer Zelle darüber nachzudenken.

Hinter der Grenze des Fremden liegt die Fremde zweiten Grades. Indem wir spontan eine Sehnsucht entwickeln, auch sie noch kennenzulernen, zeigen wir die ganze Maßlosigkeit unsrer Obsession. Reisen ist ein unendliches

Unterfangen, stoßen wir an die Grenze eines Reiselandes, wird uns die Begrenztheit unsrer eigenen Bestrebungen schmerzlich bewußt.

Und dann gibt es plötzlich eine Grenze, die uns die Lücke zeigt, durch die wir heimlich weiterreisen könnten. In der ostindischen Provinz Meghalaya herrscht hinter der Fassade eines friedlichen Alltagslebens latente Feindseligkeit: Die (christlichen) Stämme der Khasi, Garo und Jaintia, die das Land seit Jahrhunderten bewohnen, werden von einwandernden Hindus aus anderen indischen Bundesstaaten immer stärker in ihrer Lebensweise bedrängt. Dazu kommt die Grenze zu Bangladesch. Ich hatte viel von ihr gehört, von illegaler Migration und florierender Kriminalität. Einer der Kandidaten für die anstehende Wahl des Regionalparlaments hatte versprochen, die Grenze so dicht zu machen, daß nicht mal mehr ein Vogel darüber hinwegfliegen könne.

Auch die beiden jungen Khasi, die mich in ihrem Wagen mitnahmen, schlugen in dieselbe Kerbe: Nichts, wirklich gar nichts gebe's in Bangladesch, alles müsse aus Indien importiert werden. Im Grenzstädtchen Dawki fuhren wir an Hunderten von Lkws vorbei, kilometerweit standen sie Schlange, alle mit Felsbrocken beladen. Knapp vor dem Schlagbaum die dazugehörigen Fahrer, eine Horde an Männern, deren Anführer erregt mit den Zöllnern diskutierten. Drüben in Bangladesch weitere Männer, die anscheinend auf die Lkws warteten. Deren Fahrer hatten allerdings einen Fehler gemacht, sie hatten diesen und jenen Zöllner bestochen, doch nicht den, der gerade Dienst machte. Das Problem war so schnell nicht zu lösen.

Wenn selbst Steine importiert werden müßten, fragte ich meine beiden Begleiter, womit bezahle Bangladesch denn?

Mit Drogen und Waffen, war die Antwort, im Dschungel gebe es zahlreiche Schmugglerpfade. Ob Indien nicht genug Waffen habe? Aber sie, die Khasi, bräuchten doch auch welche! Da sie der Willkür der indischen Verwaltung ausgesetzt seien, müßten sie ab und zu jemanden erschießen, der sich als besonders korrupt erwiesen habe. Anders gehe es hier nicht.

Am nächsten Tag stieg ich vom Dschungeldorf Mawlynnong bergab und erneut Richtung Grenze, »immer geradeaus« hatte es geheißen, am Fuß des Berges sei der Grenzposten. Im Regenwald geht es jedoch selten geradeaus, nach einigen Weggabelungen hatte ich mich verlaufen. Erstaunlich, daß es so viele Trampelpfade hier gab und keinen, der sie benutzte – dachte ich ganz gewiß nicht. Warum kehrte ich denn nicht um? Weil ... die Heuschrecken unablässig zirpten, die Mücken sirrten, die Vögel ihre Signalrufe ertönen ließen. Große gelbe und weiße Schmetterlinge begleiteten mich, Schlangen und Eidechsen huschten vor mir davon, manchmal raschelte es und die Riesenfarne wippten, da mußte ich etwas Größeres aufgeschreckt haben.

Nach zwei Stunden stand ich plötzlich vor einem Schlagbaum. Hatte ich es nicht die ganze Zeit gehofft? Der Schlagbaum bestand nur aus einem dicken Ast, den man in die Erde gerammt und in dessen Astgabel einen langen, dünnen Stamm gelegt hatte, quer über den Pfad. Nein, das war alles andere als die offizielle Grenzstation, zu der man mir den Weg gewiesen hatte. Aber ein Schlagbaum war ein Schlagbaum. Natürlich stieg ich darüber, um wenigstens einmal meinen Fuß auf den Boden von Bangladesch gesetzt zu haben. Dann erst kehrte ich um, es machte mir nichts, die ganze Strecke zurückzugehen und dann auf einem anderen Weg wieder hinab, zur offiziellen Grenzstation im Dorf Bangkhone. Ein schlichter Bambuszaun trennte die beiden Staaten, hüben wie drüben hockten Frauen und wuschen Wäsche im Fluß. Sogleich wurde ich von einem Zöllner und seinem Kollegen, der eine in Uniform, der andere in Feinrippunterhemd und *Adidas*-Pluderhosen, herbeizitiert und ins Kreuzverhör genommen.

Immer wird man verhaftet, wenn man in Grenznähe spazieren geht, darauf hatte ich mich auch diesmal gefreut. Das da drüben sei Bangladesch, erklärte man mir mit Händen und Füßen. Ich bestätigte es. Und hier sei Indien. Ich bestätigte. Man müsse *sehr* genau aufpassen, wer die Grenze passieren wolle. *Sehr* genau, bestätigte ich. Was einer wie ich denn hier wolle, warum ich den langen Weg herunter überhaupt gekommen sei, hier sei doch nichts? Doch, sagte ich, hier sei die Grenze. Das verstanden sie nicht. Sie waren unumschränkte Herren über eine Bruchbude mit zwei Ausgängen, die angeblich nur für Ortsansässige geöffnet wurden, wenn eine Familienfeier anstand. Zwei Männer auf verlorenem Posten. Den sie in größtmöglicher Würde bekleideten. Es war der Inbegriff einer Grenzstation, wie sie Kafka geschildert hätte – der sichtbare Beweis, daß es noch Schlimmeres gab, als auf eine unpassierbare Grenze zu stoßen und umkehren zu müssen. Gern saß ich bei den beiden Zöllnern und brachte ein wenig Abwechslung in ihr Leben. Als ich mich noch einmal umdrehte, ehe der Pfad bergauf im Dschungel verschwand, standen sie noch, wie ich sie verlassen hatte, und winkten mir zu.

Friend of Stupa

Will man vom Trekking erzählen, muß man sich entscheiden: War alles wunderbar? War alles schrecklich? Oder hat man *wirklich* etwas erlebt? Berge sind nicht so nett wie Strände, das weiß auch der Liebhaber der Ebene, und daß die Sicht vom Gipfel grandios war, läßt ihn kalt. Wie aber wollte man vom Eigentlichen einer Trekkingtour berichten? Zum Beispiel davon, daß man dabei verläßlich auf seinen Bergführer wütend wird, der selbst in Gummistiefeln mühelos aufsteigt und dabei auch noch fröhlich mit den Packeseln spricht. Davon, daß man Tag für Tag näher an den Kern der eignen Persönlichkeit kommt, zu einer ganz simplen Moral und einer »reine(n) Lust an seiner animalischen Existenz« (Richard Francis Burton).[1]

Als Kind haßte ich die Berge. Jeden Sonntag mußte ich mit meinen Eltern in die Alpen, das Schlimmste waren die Wanderer, die fröhlich grüßten, das Allerschlimmste meine Eltern, die den Gruß fröhlich erwiderten. Jahrzehnte später, mein Vater war längst gestorben, gestand mir meine Mutter, daß auch ihr die Berge verhaßt waren. Als Kind hatte sie mit *ihren* Eltern im Fichtelgebirge und im Bayerischen Wald wandern müssen.

---

1 Zit. nach: Thoreau: A. a. O., S. 50.

Erst sehr spät bin ich ins Gebirge zurückgekehrt, ver-
lockt von exotischen Rahmenbedingungen, beflügelt von
falschen Hoffnungen. Trekken beginnt da, wo Wandern
aufhört, so dachte ich und war entschlossen, mir endlich
auch die Bergwelt schönzureisen. Doch kaum hatte ich
mich in sie hineinbegeben, wurde sie erst mal alles andere
als schön. Und auch ich selbst entwickelte mich keinesfalls
zum Besseren. »Man glaubt, einen Mann in der Ebene zu
kennen«, sagt der Schweizer Bergsteiger Marie-José Vallen-
cot, »und nach 14 Tagen oder 20 Tagen oder einem Monat
im Gebirge stellt man fest, daß alles ganz anders ist.«[2] Das
trifft auf keinen schmerzlicher zu als auf einen selbst.

Rückblickend muß ich mir eingestehen, daß meine Trek-
kingtouren besser organisiert waren als alles, was ich in der
Fremde auf eigene Faust unternahm, und daß sie, abgesehen von Erics und meiner Gletscherquerung im Pamir,
nur wohltemperierte Abenteuer boten. Ein Vergnügen
waren sie sicher nicht und großartig bestenfalls im Rückblick, wenn alles überstanden war.

Oder waren sie vielmehr auf eine existentielle Weise
schrecklich? Zu Hause habe ich von ein und derselben Tour
völlig unterschiedlich erzählt, wahrscheinlich lag es an den
Zuhörern, wahrscheinlicher an mir selbst. Ich bin mit diesem Thema noch längst nicht fertig. Um zu klaren Urteilen
zu kommen, fehlen mir ein paar Schneestürme und Blicke
in den Abgrund. Vor allem fehlt mir die Liebe zum Berg,
also das Entscheidende, um ihm wirklich nahzukommen.
Zumindest hasse ich ihn nicht mehr, ich achte ihn und halte
mich an die Regeln, wie es der Wildbach-Toni am Ende

2 Zit. nach: Messner: A. a. O., S. 123.

jedes seiner Videoclips anmahnt: »Denn nur, wenn man sich an die Regeln hält, dann ist der Berg euer Freund.«[3]

Der Berg ist streng. Er hat immer recht, das macht das Verhältnis zu ihm so einfach und schwierig zugleich. Wie können wir die ganze Bandbreite an Erlebnissen, die er uns während einer Trekkingtour gewährt hat, auf einen Nenner bringen? Sind es nicht stets wir selbst, die hier zu beurteilen sind? Im März 2016 kehrte ich aus Sikkim zurück, wo ich mich zwei Wochen lang abgemüht hatte, ohne daß einer der Berge mein Freund hatte werden wollen. Und dann plötzlich gleich deren zwei. Entsprechend unterschiedlich fielen meine Erzählungen aus:

Alles war wunderbar

Begrüßt wird man an der Grenze von einem Plakat mit dem Slogan »Sikkim ... where nature smiles«, und das ist nicht übertrieben: Die Magnolienbäume blühten weiß, der Rhododendron rot. Wir wanderten auf der Grenze entlang, der Bauer, bei dem wir die erste Nacht verbrachten, wohnte in Sikkim, seine Gästehütte stand zwanzig Meter entfernt in Nepal. Von nah und fern hörte man die dunklen Glocken der Yaks, je höher wir stiegen, desto köstlicher schmeckte die Knoblauchsuppe.

Mein Bergführer hieß Santosh[4] und war Nepalese, wie alle, die hier lebten oder arbeiteten. Anfangs wunderte er sich, daß ich bei jeder Stupa stehenblieb und keinen Umweg scheute, um zu einer weiteren Stupa zu gelangen. Stu-

3 Drehbuch, Regie, Kamera: Richard Westermaier (www.westermaier-medien.de).

4 Seit 2006 *Certified mountain guide and mountain climber* bei *Himalayan Travels*, Darjeeling (nicht zu verwechseln mit dem gleichnamigen Reisebüro in Siliguri).

pas sind kreisförmig gebaute Gedenkstätten, in denen die Reliquie eines buddhistischen Mönchs aufbewahrt wird. Mit ihrem leuchtend weißen Anstrich setzen sie kleine Ausrufezeichen in die Landschaft. Irgendwann klappte ich meinen Reisepaß auf und fragte Santosh, ob er meinen zweiten Vornamen sähe. Der heiße, auf Englisch übersetzt, »Friend of Stupa«. Das war das erste Mal, daß wir miteinander lachten. Wenn etwas nicht so klappte, wie wir uns das vorgestellt hatten, zuckte Santosh mit den Schultern und resümierte in der ihm eigenen Diktion: »This is the India.« Damit war alles gesagt. Abends saßen wir in einer weiteren Berghütte und blickten ins Herdfeuer, vom Deckenbalken hing in Streifen der getrocknete Käse, und Santosh erzählte Geschichten vom Yeti oder vom Kangchendzönga, auf den wir beständig zuwanderten.

Währenddessen zog die Kälte in die Hütte. Da der Wind durch den Kamin hereindrückte, mußte die Tür offenbleiben, damit der Rauch abziehen konnte. Alle saßen in dicken Jacken und mit Mützen vor dem Feuer, schon am Rücken begann die Kälte. Nie werde ich vergessen, wie mir Santosh ein Becken glühender Kohlen hinterhertrug und in meiner Hütte abstellte. Und nie auch die Sonne, wie sie morgens um fünf hereinschien. Schon ab sechs wärmte sie draußen so wunderbar, daß ich mich laut bedankte. Bei Gott? Ich weiß es nicht, weiß nur, daß ich immer wieder ›Danke‹, sagte, ›Danke, ach, wie schön, danke‹. Von der Nachbarhütte, in der unsre Gastgeber wohnten, ertönte Gesang, der Bauer begann seinen Tag mit einem Mantra, vielleicht dankte auch er.

Alles war schrecklich

Denn bald gab es keine Hütten mehr, und die Kälte in einem

winzigen Zelt ist eine andere. Wenigstens sah beziehungsweise hörte man kaum noch einen indischen Touristen. Die meisten hatten sich, so weit es eben ging, im *Jeep* bergauf befördern lassen. Abends grölten sie, morgens krakeelten sie, und den Rest der Zeit lärmten sie. »This is the India«, faßte Santosh zusammen.

Nun aber waren wir auf einer Höhe, wo es für *Jeeps* nicht mehr weiterging. Früher bewunderte ich jeden, der vom Trekken im Himalaja erzählte. Heute würde ich erst mal fragen: Auf welcher Höhe wart ihr unterwegs, auf welchem Weg? *Unser* Weg war bislang eine grobgepflasterte Straße gewesen, auf der man weit schlechter ging als auf einem Wanderweg. Die Höhe, auf der wir uns befanden, war für ein ungetrübtes Naturerlebnis zu niedrig: Schon morgens lag ein betrunkener Bergführer am Wegesrand, während seine Gruppe ohne ihn weiterlief; mittags kamen wir an kiffenden Studenten vorbei; abends, kaum daß der mittlerweile ausgenüchterte Bergführer eintraf, wurde er von seinen Kunden verhauen. Romantischer konnte eine Bergtour nicht ausfallen. Bald würde keiner mehr aus dem Ausland kommen, um hier zu wandern, fürchtete Santosh, die Strecke war schon jetzt von Indern überfüllt.[5]

Dann lieber die Kälte in einem Zelt, das auf dem zugefrorenen Boden eines einsamen Hochtals steht. Mittlerweile waren wir dem Kangchendzönga näher gerückt, arbeiteten uns mit Sack und Pack, auf vier Ponys verteilt, in Richtung eines Passes namens Goecha-la, Abschluß- und Höhepunkt der Trekkingtour, weiter durften Ausländer nicht gehen. Wir, das waren der Koch, sein Gehilfe, der Ponytreiber und

5 Selbst auf den Achttausendern dominiert bereits der organisierte Massentourismus. Elitebergsteiger, die ein richtiges Abenteuer suchen, weichen auf Sechs- oder Siebentausender aus (Messner: A. a. O., S. 27).

sein Sohn mit Vokuhila-Frisur und blaulackierten Fingernägeln, dazu Santosh und ich: insgesamt sechs Männer im Regen, im Nebel, im Schnee. Welch ein Aufwand!

Die letzten Inder, die bergauf stiegen, mußten wegen einsetzender Höhenkrankheit umkehren. Es wurde still. Nachts transportierte man die Leiche eines Arztes aus Madras an unserem Lager vorbei und bergab. Er hatte die Kräuter seiner Träger mit den Worten abgelehnt: »Ich weiß selber, ob ich höhenkrank bin oder nicht«, wenig später war er tot.

Die ganze Nacht hagelte es oder schneite, tagsüber wehte ein wilder Wind, wir wanderten in Wolken. Nur einmal rissen sie für ein, zwei Minuten auf und zeigten das Panorama, das wir Tag für Tag verpaßten. *Sikkim … where nature smiles*. Entweder war es eine elende Plackerei, oder wir harrten tatenlos im Zelt aus, und die Zeit rannte uns davon. Nicht einmal schlafen konnte ich, weil mein Herz so schnell schlug. Das liege an der speziellen Höhenluft, behauptete Santosh, in Sikkim sei sie dünner als auf vergleichbaren Höhen in Nepal. Sogar ihm gingen die Scherze aus.

Und dann erlebten wir doch noch was

Trotz Schneesturm hatten wir uns zum Goecha-la vorgearbeitet, 5100 Meter, man sah dort gerade mal den Mast mit den Gebetsfahnen, der den *First Viewpoint* markierte – nämlich wenn man direkt daneben stand. Der Weg zum *Second Viewpoint* war so vereist, daß wir umkehren mußten. Noch einen letzten Tag hatten wir, eine letzte Chance, danach mußten wir mit dem Abstieg beginnen. Vorausgesetzt, das Wetter habe sich morgen etwas beruhigt, schlug ich vor, dann könnten wir ja noch mal zum Goecha-la gehen, zum zweiten Aussichtspunkt.

Da wisse er was Spannenderes, versetzte Santosh: einen Gipfel, 5450 Meter, der zwar nicht mal einen Namen habe, doch eine weit bessere Sicht auf den Kangchendzönga biete als der *Second Viewpoint*.

Mein bisheriger Höhenrekord stand bei 5100 Metern, ich war begeistert. Einzige Einschränkung: Klettern könne ich nicht, falls es am Ende darauf hinauslaufen solle.

Aber nein, beruhigte Santosh, er kenne den Gipfel. Übrigens sei er für Ausländer verboten, ich dürfe keinem der Parkwächter davon erzählen.

Natürlich nicht. Erlaubt war für Ausländer nur, wofür sie vorab bezahlt hatten, *this is the India*. Ich lag die ganze Nacht wach und hoffte auf einen Wetterumschwung. Dazu prasselte der Hagel aufs Zeltdach. Um sechs Uhr riß die Wolkendecke auf, um sieben marschierten wir los. Knapp dreieinhalb Stunden später standen wir unterm Gipfel, der sich freilich als eine Felsspitze herausstellte, dreißig, vierzig Meter hoch. Wir *mußten* klettern. Schwarze Felsen mit viel zu großen Lücken dazwischen, vereist, verschneit, kein Spaß. Als wir oben waren, freuten wir uns wie Kinder. Das gesamte Kangchendzönga-Massiv lag vor uns, die nepalesische Seite links, die indische rechts. Zwei unbedeutende Buckel am Ende des Tals, das auf den Kangchendzönga zulief: *First* und *Second Viewpoint*.

Dann aber wies Santosh auf einen Gipfel in seinem Rükken und meinte: Der heiße Nurshing 2, 5800 Meter, ebenfalls verboten. Es sei erst halb elf, ob ich Lust hätte?

Um an den Fuß des Nurshing 2 zu kommen, mußten wir auf 4000 Meter absteigen. Ziemlich schnell zogen jetzt wieder Wolken auf, und wir beeilten uns. Es ging vorbei an den Ruinen ehemaliger Yakhirtenhäuser, an Höhlen, in denen Mönche meditiert hatten, sieben Tage lang, sieben

Monate oder sieben Jahre. Ab 4500 Metern wurde der Nebel so dicht, daß wir fast umgekehrt wären. Doch wir hatten noch zwanzig Meter Sicht, und der Anstieg war ganz einfach, ein begraster Bergrücken. Plötzlich kamen wieder Felsen ins Spiel, und zu unser beider Überraschung waren wir auch schon oben. Wir fühlten uns wie die Nebelkönige. Die Felszinnen und -zacken, die zwischen den Nebelfetzen rund um uns auftauchten, das war unser Reich. Dann eilten wir zurück zum Lager.

Es gab heiße Suppe, frische Chapatis mit Gemüse und Ingwertee, doch der Koch wollte nicht glauben, was wir erzählten: Den ersten Berg, den namenlosen, sei er schon mal bis zur Felsspitze aufgestiegen, die Spitze selbst könne man nur mit Seil gehen. Wir zeigten die Fotos, die wir auf dem Gipfel gemacht hatten, doch der Koch blieb kritisch und rechnete uns vor: Das Lager liege auf 3600 Meter Höhe, das bedeute 1850 Meter hinauf und 1450 hinab auf 4000 Meter, dann 1800 Meter hinauf und hinab und auch noch die letzten 400 Meter zurück zum Lager, das ergebe 3650 Meter hinauf und hinab. Ob das nicht ein bißchen viel für sieben Stunden sei?

Wir wären auch noch höher gegangen, hielt Santosh dagegen, wenn der Berg nicht plötzlich zu Ende gewesen wäre. Tatsächlich hatten wir die Anstrengung überhaupt nicht gespürt, so sehr waren wir vom Wunsch beseelt gewesen, der Tour ein versöhnliches Ende zu geben. Eine Woche später, zurück in Deutschland, sollte ich feststellen, daß ich zehn Kilo abgenommen hatte. Jetzt und hier fühlte ich mich fabelhaft, bedauerte es aufrichtig, daß unsre Tour morgen zu Ende gehen mußte. Doch dann gestand Santosh, daß er keinen einzigen der umliegenden Gipfel je bestiegen hatte, auch unsre beiden Gipfel nicht, schließlich sei er immer nur für den Goecha-la gebucht worden. Einer seiner Freunde sei bei der Vermessung der Gipfel dabeigewesen, daher kenne er deren Höhe und Namen. Nun endlich zwei davon auch von oben, ein besonderer Tag! Er wolle ihn feiern, indem er unserem ersten Gipfel einen Namen gebe: *Friend of Stupa*. Schließlich verdanke er's mir, daß er ihn habe besteigen können. Er werde den Namen allen Bergführern und Hüttenwirten sagen, nur die Geschichte dazu müsse er für sich behalten, sonst bekomme er Ärger.

In den Bergen geht es nicht um die Aussicht, es geht um etwas ganz anderes – das habe ich an diesem Tag begriffen. Auf dem Foto, das wir tags drauf noch schnell machten, wirkt der *Friend of Stupa* vor den beiden 6500ern, die das Hochtal majestätisch rahmen – Tenshinghang 1 und 2 –, wie ein kümmerlicher Haufen. Ich kann ihn nicht ansehen, ohne den Kopf zu schütteln und halblaut zu sagen: *This is the Santosh*.

Die Schmach von Gyeongju

Das Wichtigste, was man von einer Reise mitbringt, sind Niederlagen. Mag man auch an den Schwierigkeiten wachsen, die das Fremde für uns bereithält, am Ende bringt man stets eine Serie bitterer Momente mit nach Hause, von denen man kaum erzählen wird. Denn keiner dieser Momente hat auch nur annähernd die Dimension, die ihn zur Anekdote runden würde. Er ist ganz unscheinbar. Weil er jedoch nicht mit einer plötzlichen Wende zum Guten verknüpft ist – oder zum wirklich Schlimmen, dem *keiner* gewachsen wäre –, nagt er an unserem Selbstbewußtsein. Wieder einmal haben wir eine Sehenswürdigkeit nicht gefunden und mußten ein Taxi nehmen; sind wir auf jemanden hereingefallen, der am Anfang so tat, als wolle er uns helfen; haben jemanden, der einfach nett sein wollte, für einen Schnorrer gehalten und zu Unrecht wegkomplimentiert.

Wir sind nicht groß, sondern klein gescheitert, das ist das Schlimmste daran. Es gibt keine Ausreden, keine mildernden Umstände und keinen, auf den wir die Schuld schieben könnten. Unser Fehler hat uns auf ärgerliche Weise bewußt gemacht, daß wir uns noch längst nicht so souverän in unserem Reiseland bewegen, wie wir's uns eingeredet hatten. Der Reisende, insbesondere wenn er auf sich allein gestellt ist, erlebt auch alltägliche Situationen als Sieg oder Niederlage. Eine schlagfertige Reaktion im richtigen Moment kann einen ganzen Tag verklären, einem falschen Lächeln auf den Leim gegangen zu sein ist noch am nächsten Morgen ärgerlich.

Auf den wirklich langen Reisen kann man an der Fremde zugrunde gehen, jeden Tag ein bißchen mehr, man wird von den Einheimischen gequält, von den Umständen, der Hitze und überhaupt allem, jedenfalls empfindet man es so. Das sind die ganz großen Reisen, was Auswirkungen auf den Charakter betrifft. Doch auch von allen anderen wird man mit einer Reihe von Demütigungen zurückkommen, die einen wieder zur Demut erzogen haben.

Meine Reisegefährten decken die Palette ganz gut ab, wenn sie von ihren größten kleinen Niederlagen erzählen: Der K kaufte von einem Amsterdamer Dealer für hundert Gulden einen »Red Star«, der sich später als Buntstiftmine entpuppte. Konsul Walder machte in Costa Rica bei einer Dschungelwanderung schlapp, sein bester Freund mußte sein Gepäck tragen. Für Susan war es in Kairo stets ein Spießrutenlaufen, wenn sie an herumlungernden Männern vorbeimußte, die Kommentare machten oder ihr nachgingen. Sie fand keine andere Möglichkeit zu entkommen als ins nächstbeste Touristenhotel, das ärgerte sie am allermeisten. Eric fühlte sich vom Stamm der Mursi in Südwest-Äthiopien »wie Abschaum behandelt«, obwohl er 100 Dollar pro Nacht gezahlt hatte, um sein Zelt am Rand ihres Dorfes aufschlagen zu können. Ohne vorher zu fragen, durfte er nicht mal ins Dorf gehen. Durch eine Verquickung (un-)glücklicher Umstände bekam Dschisaiki nach einem Spiel der New York Yankees Zutritt zu ihrer Umkleidekabine. Der schiere Anblick ihrer riesigen nackten Körper kratzte sein Selbstwertgefühl nachhaltig an. Wolle nahm in Mombasa spätnachts eine Frau aus der Disco mit – ins Hotel, wie er dachte. Kaum saß er mit ihr im Tuktuk, tuschelte sie mit dem Fahrer. Der, ein riesiger Kerl, fuhr ohne weitere Umstände in eine dunkle Seitengasse und raubte ihn aus. Besonders demütigend empfand Wolle, wie er von ihm am ganzen Körper nach Wertgegenständen abgetastet wurde.

Die Liste ließe sich beliebig fortsetzen, und auch die Liste meines eigenen Versagens ist lang. Ich scheiterte an den Zapfsäulen der amerikanischen Südstaaten, sie hatten einen ominösen kleinen Hebel, der in keiner Bedienungsanleitung erwähnt war, den man nichtsdestoweniger umlegen mußte, um den Tankvorgang einzuleiten. Bei der dritten Tankstelle gab ich auf und bat den Tankwart um Hilfe, der dann mit mir zur Zapfsäule ging und mich wie einen Vollidioten belehrte. Im *Tokyo Skytree* mußte ich einige Minuten streng mit mir ins Gericht gehen, ehe ich es wagte, den Glasbodeneinsatz zu überqueren, den man in die (untere) Aussichtsplattform eingelassen hatte. Auf dem Markt in Kanton ertrug ich es nicht, wie man eine Schildkröte bei lebendigem Leib aufknackte, ich floh, ehe der Panzer aufbrach, und handelte mir Gelächter ein. In San Francisco versagte ich im Golden Gate Park. Schon im Laden, wo wir uns Rollschuhe ausliehen, verlor ich das Gleichgewicht und riß eine kleine Palme, an der ich mich festhalten wollte, aus dem Topf. Draußen kam ich nicht mal über die Straße ohne hinzufallen, kurz entschlossen hakten mich zwei Passanten unter und trugen mich auf die andre Seite.

Mit der Zeit relativiert sich derlei von selbst. Im Moment ist es jedoch ein Stachel, der tief ins Selbstbewußtsein dringt. Ausreden gibt es keine, nur Gegenmaßnahmen.

Reist man allein, wird man versuchen, den Lapsus durch eine besonders gelungene Aktion wieder wettzumachen. Reist man in Gesellschaft, wird man das unfreiwillig Komische daran entdecken.

Irgendwann weiß man im vorhinein, an wem oder was man bei der nächsten Reise scheitern wird. In meinem Fall: an den lokalen Spezialitäten, die es unter kritischer Beobachtung eines Gastgebers zu verspeisen gilt. Mag mir die Sache selbst sogar gelingen, die Durchführung ist meist erbärmlich. Die vergorene Stutenmilch in einer mongolischen Jurte schaffte ich nur, indem ich mit geschlossenen Zähnen trank, um mir wenigstens die Haare zu ersparen, die darin herumschwammen. Über einem Fischkopf zierte ich mich derart, daß ihn mein kirgisischer Gastgeber mit der Hand ergriff, um mir die besten Stücke davon abzureißen, fast wollte er sie mir in den Mund schieben. Hühnerknie und Schweinsohrknorpel hatte ich als derbe »Okinawa-Spezialität« zumindest schnell genug gekostet, ehe man mir mit größeren Bissen beispringen konnte. Die Gebärmutter des Dorsches, die in einem japanischen Edelrestaurant plötzlich im Näpfchen vor mir lag, so groß wie eine Murmel und gerippt wie ein altmodischer Heizkörper, kaute ich weg, ehe die Phantasie einsetzen konnte.

Verweigert habe ich die lebenden Oktopus-Tentakel in Osaka, obwohl man mir vom speziellen Kitzel vorschwärmte, sobald sich eine davon in der Speiseröhre festsaugte. Verweigert habe ich die gerösteten Heuschrecken in Thailand, obwohl sie wie Kunstwerke aus feingeblasenem Muranoglas aussahen; verweigert auch die Kakerlaken in Peking und die Maden, die sich plötzlich als tüchtiges Gewimmel im Gemüse zeigten, das wir auf gut Glück an einer Straßenküche in Singapur bestellt hatten. Natürlich lachten die Einheimischen auch hier. Ja will man denn derjenige sein, der lebende Maden gegessen hat? fragte ich mich, wußte aber auch gleich die Antwort darauf: Selbst wenn ich es gewollt hätte, gekonnt hätte ich es nicht.

Meine Phantasie ist stärker als meine Neugier. Ich knicke bereits in Deutschland ein, wenn Austern serviert werden oder Hummer. Und beneide alle, die tapfer Kamelmilch mit Blut getrunken haben wie Achill in Kenia, und erst recht Dr. Black, der auf seinen Reisen stets auch kulinarische Grenzen überschreiten will. Er habe einfach *alles* gegessen und getrunken, sagt er, Heuschrecken und Maden sowieso. Sehr gern auch Hund (»ist richtig lecker, besser als Schwein«), im Wok gebratenen Skorpion (»mit Panzer und allem, schmeckt nach nichts, nur nach der Soße«) oder Ameisenbrot (»sieht aus wie ein Schnittchen mit Kaviar«). In der Snake Alley von Taipeh bestellte er Schildkrötensuppe, mußte sich dann eine der Schildkröten aussuchen, die in einer Plastikbox am Tresen krabbelten. Sogleich wurde sie vor seinen Augen auf ein Brett gelegt, der Wirt stieß ihr eine Ahle durch den Hals und nagelte sie damit fest. Dann hackte er den Hals durch, vierteilte sie und gab alles, wirklich alles in die Suppe. Dr. Black versichert, daß er auch alles, wirklich alles aß. Beim Verlassen des Lokals passierte er das Hackbrett. Der Kopf seiner Schildkröte, aufs Brett genagelt, machte unglaublicherweise noch immer das Maul auf und zu … auf und zu … Dann war er draußen.

Meine größte kleine Niederlage erlitt ich ausgerechnet auf einer Reise, die von unseren Gastgebern so perfekt organisiert war, daß wir ihnen regelrecht ausreißen mußten, wenn wir etwas Aufregenderes erleben wollten. Wir, das waren Joachim Sartorius aus Berlin, Rudolf Bussmann aus Basel und ich, eingeladen zu einer gemeinsamen Lesetour durch Südkorea mit touristischem Rahmenprogramm. Am Abend unsres Ankunftstages hatte ich mich nach dem ersten Auftritt gerade mal mit Seeigelpaste und riesigen Krabben vertraut gemacht, das laute Aufbeißen und Aussaugen der Scheren gehörte hier anscheinend zum guten Ton. Anderntags, 27. 10. 2001, stand sie schon auf dem Programm, die Schmach von Gyeongju.

Bis ins 10. Jahrhundert war Gyeongju Haupstadt des Silla-Reiches. Mit seinen Königsgräbern, die als malerisch gruppierte Ansammlung von Tumuli ein weitläufiges historisches Areal markieren, zieht es heute zahlreiche Touristen an, entsprechend häufig finden sich kleine Imbißstände am Wegesrand. Weil erst wieder am Abend ein Essen mit koreanischen Autoren auf dem Programm stand, gingen wir drei zum erstbesten Sonnenschirm, unter dem wir so etwas wie koreanische Currywurst oder Crêpes mit Kimchi erwarteten. Es gab Seidenraupen. Und keine Möglichkeit, nun plötzlich so zu tun, als hätte man doch keinen Hunger.

An der folgenden Szene hatte ich noch Jahre zu knabbern: Rudolf Bussmann griff sich den Span, den die Verkäuferin zu jeder Portion Seidenraupen dazugegeben hatte, und stieß zu. Joachim Sartorius wandte sich auf geschickte Weise ab, so daß man nicht sehen konnte, was er tat oder nicht tat. Ich stand, starrte in meinen Becher und – brachte's nicht über mich, auch nur eine einzige Seidenraupe aufzuspießen und zu essen. Noch am selben Tag machte ich die ersten Notizen für ein Gedicht, um die Sache wenigstens auf lyrische Weise zu bewältigen.

Es war sicher kein Zufall, daß Joachim Sartorius am Abend zuvor ein Gedicht mit dem Titel »Ratschlag zum Verzehr der Auster« vorgetragen hatte, es beginnt mit den Versen:

Es genügt aber auch
ein einfaches Taschenmesser
mit starker kurzer Klinge
zum Öffnen (…)

Das Gedicht ist nur pro forma eine Anleitung, der Leser
erfährt auf wunderbare Weise en passant, daß es beim Verzehr von Austern um etwas ganz anderes geht als die korrekte Aufnahme der Nahrung:

Mit dem Wasser trinkst du
die Schreie der Krabben
den Schatten der Wellen
und den Strudel am Grund (…)

Als versteckte Hommage versah ich mein Gedicht mit dem
Titel »Ratschlag zum Verzehr der Seidenraupe«. Der Hinweis auf Rudolf Bussmann, der seinen Becher Seidenraupen
vor unseren Augen vollständig geleert und zu seinem Triumph von Gyeongju gemacht hatte, kam in den Untertitel:[1]

Ratschlag zum Verzehr der Seidenraupe
Gegeben am Straßenrand zu Pusan von einem Schweizer
Mundprobendichter

Schau bloß nicht zu lang in den Topf, wo
sie – dunkelbraun brodelnder Sud –
zu Hunderten köcheln.
Schau bloß nicht zu lang in den Becher,
den dir die Verkäuferin füllt: Ist

1 Wobei ich die Szene in die Millionenstadt Pusan verlegte (Pusan liegt
eine halbe Stunde mit dem Zug von Gyeongju entfernt).

doch schließlich egal, ob es zwanzig,
ob dreißig von ihnen sind, die deiner
harren.

Fürchte dich nicht, sie sind so lang gekocht, daß
sie wirklich fest schlafen.
Nimm einen der Zahnstocher, wie du sie oft schon
in Würfel aus Käse gestoßen, und – tu's.
Am besten, du zielst in den Rücken der Raupe,
dann mußt du nicht zusehen, wie sie womöglich,
zum letzten Sekundenschmerz kaum sich verkrümmend,
erwacht.

Und, hörst du, vermeide zunächst mal
die hellen, die sind nicht ganz durch,
die spritzen, sobald sie dir zwischen
die Zähne geraten.
Nimm eine der dunkler gesottnen, die liegen,
das wirst du gleich glauben,
die liegen ganz leicht auf
der Zunge.

Als ich mein Gedicht zwei Wochen später fertig geschrieben und an Bussmann geschickt hatte, kündigte er umgehend eine »Authentische Fassung« an. Und tatsächlich, als ich die nächste Ausgabe der Zeitschrift »Sprache im technischen Zeitalter« in Händen hielt, waren darin von jedem mehrere Gedichte über unsere Koreareise abgedruckt, darunter Sartorius' »Ratschlag«, der meine und der von Bussmann:[2]

---

2 *Sprache im technischen Zeitalter*, Nr. 161 / 2002.

Ratschlag zum Verzehr der Seidenraupe
Authentische Fassung

In der einen Hand hältst du die Tüte aus Zeitungspapier
Den spitzen Span in der andern, ziehst
Langsam den Duft durch die Nase
Bevor du sie wählst
Deine Prinzessin
Die mit den zierlichsten Füßen
Warm soll sie sein, von goldenem Braun
Feingliedrig und zart.

Du spürst den prallen Körper zwischen den Lippen
Auf der Zunge ein Räkeln, Liebesworte
Von herber Sinnlichkeit, ein kaum hörbares
Knacken verrät, daß deine Zudringlichkeit
Sie in Erregung versetzt.

Schließe die Augen und gehe
Mit gezügelter Gier
Bis ans Ende.

Nichts verstehen müssen

Vier Wochen lang waren wir durch den Süden Afrikas gefahren und hatten von den *Big Five* bis zu Erdhörnchen und Dikdiks so ziemlich alles gesehen, was an exotischem Getier geboten wurde. Als wir schließlich im Chobe-Nationalpark unsre Runden drehten, konnte uns nicht mal mehr eine Löwenfamilie in Aufregung versetzen, die sich um einen frischgerissenen Büffel drängte. Die meisten aus unsrer Reisegruppe hielten Ausschau nach kopulierendem Großwild und ermunterten sogar Elefanten durch entsprechende Zurufe. Unsre Safari war ans Ende gekommen, bevor der letzte Reisetag anbrach.

Auch ich sah kaum mehr hin, wenn uns der Wildhüter auf etwas hinwies, das er entdeckt hatte. Umso aufmerksamer hörte ich zu, wenn er sich mit unserem Fahrer unterhielt. Schließlich schloß ich die Augen, um die Fülle der Vokale noch intensiver zu genießen, das Geprassel der Silben. Ich verstand kein einziges Wort, umso mehr ließ ich mich von der Musik der Sprache berauschen, vom Wechselgesang der beiden Stimmen. Wenn wir einem anderen Fahrzeug begegneten und sich weitere Stimmen mit ihren Melodien einfügten, entstand ein Klangteppich, auf dem ich in eine ganz andere Exotik entführt wurde als diejenige, die wir vor vier Wochen mit großen Augen wahrgenommen und mittlerweile ein bißchen satt hatten. Irgendwann schrieb ich mit, was ich hörte, die schiere Abfolge von Vokalen und Konsonanten, Zauberworte mit versiegeltem Inhalt, deren Schwingungen sich von selber im lyrischen Metrum anordneten: »Dschiii – Nikamopúko?« / »Kelélemabángo.« / »Nahálemapíko?« / »Kalabíhimaschíka.« / »Hmmm ...« / »Hmmm ...«

Viele Reisende fühlen sich ausgegrenzt, wenn sie die Sprache der Einheimischen nicht verstehen, manche fahren nur dorthin, wo sie sich zumindest ansatzweise in der Landessprache artikulieren können. Ich genieße es, wenn ich in der Fremde nichts verstehen muß, genieße es als Befreiung von all den verbalen Außenreizen, die den öffentlichen Raum ansonsten banalisieren. Ist es nicht zauberhaft, im Zug zu sitzen und keines der Handy-Gespräche mithören zu müssen, weil sie – jedes für sich und erst recht alle zusammen – nichts weiter sind als der Soundtrack der Fremde?

Splendid isolation. Sie zwingt mich, überall genauer hinzusehen und -zuhorchen, um mich dennoch so gut wie möglich zurechtzufinden. Kann ich nicht mal die Schriftzeichen lesen, absolviere ich die Reise als Crashkurs in Analphabetentum – immer wieder heilsam für einen, der sein Leben so sehr an Schrift und Sprache gebunden hat wie ich. Zwangsläufig lerne ich, Signalreize zu registrieren, die ich für meine Orientierung sonst nicht nötig gehabt und also gar nicht wahrgenommen hätte. Zwangsläufig entwickle ich auf *andere* Weise Verständnis für das Fremde, als wenn ich gleich die sprachlichen Erklärungen mitgeliefert bekommen hätte. Sprach-losigkeit regt die Phantasie ungemein an.

Indra scheint es ähnlich zu gehen, wenn sie sagt: »Am

liebsten höre ich Spanisch, leider verstehe ich davon viel.«
Die Sprache seines Reiselandes zu sprechen ist für den
Reisenden von unschätzbarem Vorteil. Aber für den, der
Sprache auch einfach mal als Musik genießen möchte, ist
der vorübergehende Verzicht darauf *als Verständigungs-
mittel* ein Gewinn. »Was ist in der Sprache? Was verdeckt
sie? Was nimmt sie einem weg?« hat sich Canetti während
seines Aufenthalts in Marokko gefragt und bewußt dazu
entschlossen, keine der Sprachen zu lernen, die dort gesprochen werden: »Ich wollte nichts von der Kraft der fremd-
artigen Rufe verlieren. Ich wollte von den Lauten so betrof-
fen werden, wie es an ihnen selber liegt, und nichts durch
unzulängliches und künstliches Wissen abschwächen.«[1]

Nichts verstehen zu *müssen*, trotzdem (auf andre Weise)
vieles verstehen zu *können*, ist einer der großen Vorzüge
der Fremde. Und falls man wirklich mal in einer Sackgasse gelandet sein sollte, findet sich fast immer jemand,
der auf Pidgin weiterhelfen kann. Pidgin! Sobald ich es
spreche, verwandle ich mich in einen anderen Menschen.
Beim Pidgin müssen die Defizite an Grammatik und Wortschatz durch Erhöhung des Temperaments wettgemacht
werden – es entsteht eine Art südländischer Variante des
Englischen und mit ihr die südländische Variante dessen,
der da spricht. Bald reden wir mit Händen und Füßen
wie die Einheimischen, grimassieren wie sie und verleihen
unsren Worten dezidiertere Betonungen als sonst, würzen
sie mit Geräuschen und Ausrufen. Wir erzeugen all die
Begleitumstände eines kommunikativen Aktes, weil der
Akt selbst sonst nicht zustande käme. Was dann noch nicht
verstanden wird, spielen wir unseren Gesprächspartnern

[1] Canetti: A. a. O., S. 23.

kurzerhand in szenischer Darstellung vor. Pidgin macht unheimlich innovativ. Und gute Laune.

Aber Pidgin ist nicht gleich Pidgin. Es will in jedem Land anders gesprochen werden. Die Fähigkeit zur Anpassung an die regionale Variante von Pidgin entscheidet über Verstanden- und Nichtverstandenwerden. Dabei kommt es weniger darauf an, lokal gebräuchliche Vokabeln richtig einzubauen, als darauf, den richtigen Tonfall zu treffen, denn natürlich ist das Pidgin der Einheimischen maßgeblich von der Melodie der dahinterstehenden Muttersprache geprägt. In Indien wird man fast singen, in Schwarzafrika barscher intonieren. Auch Gestik und Mimik muß man anpassen, selbst Tierlaute werden in den verschiedenen Sprachen unterschiedlich nachgeahmt. In der lateinamerikanischen Welt reduzieren ein paar eingestreute Deftigkeiten hochkomplexe Sachverhalte aufs Wesentliche. In einem Land wie Japan muß man dreimal so oft Zustimmung signalisieren wie in Deutschland, um den Gesprächspartner nicht zu verunsichern: vom stakkatohaft schnellen »Sosososo!« (selbstverständliches Beipflichten) über pathetisch gedehntes »A-soooo« (staunendes Begreifen) bis hin zum gutturalen Aufstöhnen, wenn etwas Wichtiges verstanden oder mit großer Zustimmung gehört wurde, »Haaaaah«.

Doch das ist nur die Oberfläche der Verständigung. Der Theorie des Anthropologen Edward T. Hall entsprechend,[2] gehören Japaner[3] zu den Kulturen mit »hoch

---

2 Beyond Culture. Zit. in: Ders. u. Mildred Reed Hall: Hidden Differences. New York 1987, S. 7 ff.
3 Hall nennt auch zahlreiche andere Völker, z. B. Araber und »Mediterranean people«. Aufgrund der permanenten Pflege von persönlichen Informationsnetzen würden sie viele alltägliche Transaktionen ohne größere Hintergrundinformationen abwickeln, die generelle Kenntnis der betreffenden Personen schaffe genügend Vertrauen (Ebd., S. 8).

kontextualisierter« Kommunikation: Trotz intensiver Verständigung werden viele Informationen, selbst die entscheidenden, nicht ausgesprochen, der Zuhörer muß sie aus dem Kontext erschließen. Gerade für Deutsche eine große Herausforderung! Wir gehören (wie US-Amerikaner oder Skandinavier) zu den Kulturen mit »niedrig kontextualisierter« Kommunikation. Während wir längst nicht so viele Zwischenmeldungen geben, sobald uns etwas erläutert wird, wollen wir die zentralen Punkte nichtsdestoweniger benannt und ausgesprochen wissen, um sie am Ende durch ein dezidiertes Signal des Verständnisses beziehungsweise der Zustimmung zu quittieren. Daß die Randparameter des Gesprächs ebenso wichtige Signale geben wie das, was tatsächlich gesagt wird, ist unserer Vorstellung von Kommunikation fremd. Natürlich orchestrieren sie das Gespräch und setzen Akzente, im Einzelfall kann die Betonung eines Satzes schon mal seinen Sinn verändern. Aber daß wichtige Sachverhalte *gar nicht* verbal thematisiert werden, ist nur in einer hoch kontextualisierten Kultur wie der japanischen denkbar. Wenn wir noch denken, im beiderseitigen Interesse einen Sachverhalt ganz genau klären zu müssen, gelten wir dort schon als plump, ja unhöflich. Passen wir uns im Lauf einer Japanreise der landesüblichen Kommunikationsweise an, werden wir nach Rückkehr in die Heimat vieles, was wir früher fraglos selber praktizierten, als holzschnittartig und zudringlich erkennen. Oder, je nach Temperament, atmen auf, weil wir nicht mehr lang ums Eck denken müssen, sondern wieder alles geradeheraus gesagt bekommen.

In Fernost hat man es mit Hochkulturen zu tun, selbst wenn man sich auf Pidgin verständigt. Doch nicht überall auf der Welt wird jeder Zwischenton so pointiert gesetzt und jedes unausgesprochene Wort so genau gehört wie dort. Pidgin zu sprechen, nämlich: mit jedem neuen Gesprächspartner neu zu erfinden, ist vor allem ein Fest, das mit dem mühevollen Radebrechen in einer kaum erlernten Sprache auch nicht annähernd zu vergleichen ist.

Die größte Herausforderung erwartet den Reisenden dort, wo nicht mal mehr Pidgin weiterhilft. Auf unsern Wanderungen im Pamir übernachteten wir öfters bei tadschikischen Schäfern, die keine drei Worte Englisch sprachen. Trotzdem verstanden sie meine Fragen, indem sie – ganz abgesehen von Orts- oder Personennamen – auf Intonation, Satzmelodie und Mimik achteten. Auch mir war meist schon anhand des Tonfalls ihrer Antworten klar, was sie mir sagen wollten. Es ging dabei keinesfalls nur um den Austausch simpler Höflichkeitsadressen, sondern um ziemlich heikle Themen wie die Rückgewinnung des russischen Einflusses in der früheren Sowjetrepublik Tadschikistan. Im Verlauf dieser Gespräche erfuhr ich mehr als irgendwo sonst in Zentralasien, wo ich mich auf Deutsch oder Englisch unterhalten konnte. Die Unmöglichkeit, Äusserungen sprachlich differenziert abzufedern, veranlaßte meine Gesprächspartner zu stark vereinfachenden, aber für mich dadurch auch erst mal: überraschend klaren Aussagen.

Der schiere Sound einer Äußerung, das ist die nonverbale Weltsprache, die überall verstanden wird, ob mit oder ohne Zugabe an Pidgin. Im Sommer 2012 hatte in der Berliner Volksbühne das Theaterstück »Murmel Murmel« Premiere. Es basiert auf einem 176seitigen Buch mit dem Titel »Murmel«, das der Aktionskünstler Dieter Roth 1974 im Eigenverlag herausbrachte und dessen gesamter Text aus dem konstant wiederholten Wort »Murmel« besteht.

Der begeisterte Premierenkritiker Ulrich Seidler: »Wozu werden auf deutschen Bühnen überhaupt noch andere Worte verwendet als dieses? Oder im Alltag?«[4]

Ebenso erfrischend ist es, wenn mitten in der Fremde die eigene Muttersprache so selbstverständlich gesprochen wird, daß sogar die Pointen sitzen: Kaum angekommen in Windhoek, wollte ich austesten, ob man in der ehemaligen deutschen Kolonie tatsächlich noch ein bißchen Deutsch sprach, wie es die verschiedenen Reiseführer behaupteten. Ich ging ins *Central-Café*, und weil ich noch keine Ahnung hatte, ob man hier nur simplen Pulverkaffee oder vielleicht Brühkaffee im Kännchen servierte, fragte ich die Kellnerin auf Deutsch: »Was haben Sie denn hier fürn Kaffee?« Die Kellnerin, eine schwere Schwarze, ließ mich in akzentfreiem Deutsch wissen: »Schwarzen natürlich, was sonst?«

4 29.3.12, http://www.berliner-zeitung.de/kultur/volksbuehne-berlin-grandios--herbert-fritsch-inszeniert--murmel-murmel--3 773 702

Absurdistan

Aus welcher Himmelsrichtung man auch anreist, der Weg zum Aralsee ist lang. Atabek, unser Chauffeur, versuchte verzweifelt, uns die Fahrt in die ehemalige Hafenstadt Moynak auszureden: Ein See, der sich in Wüste verwandelt hatte, ein paar Fischerboote, die im ehemaligen Hafen trockengefallen waren, mehr gebe's dort nicht zu sehen.

Und dann war Moynak noch viel absurder als erhofft, vielleicht der absurdeste Ort, an dem ich je war. Was einst Großstadt mit florierender Fischkonservenfabrik gewesen, war jetzt Geisterstadt, in der da und dort jemand tapfer ausharrte. Das letzte Hotel, das es offiziell noch gab, hatte seinen Betrieb de facto eingestellt, mit Mühe konnte Atabek jemanden auftreiben, der uns Einlaß in die Hotelruine verschaffte. In den Wänden der Korridore klafften handbreite Risse. Die Zimmer waren seit Jahren nicht belüftet woren, bei einigen waren die Türöffnungen mit Preßspanplatten vernagelt, in anderen lagen Dutzende von toten Tauben. In denen, die noch verblieben, gab es kein Wasser; Abendessen oder Frühstück gab es sowieso keines. Weil jedoch die Dämmerung bereits einsetzte, brachen wir die Verhandlungen mit dem Ruinenwärter ab und gingen zum Aussichtspunkt an der ehemaligen Küste, der Mond wies uns den Weg. Dann der Blick auf die Boote tief unter uns und in die Aral-Wüste hinein, alles lag wie verzaubert in vollendeter Stille. Als die Nacht aufzog, schimmerten die Wracks wie Kunstwerke vor schwarzviolettem Samt, das Gesamttableau ein Ready-made von surrealer Schönheit.

Auch am anderen Morgen war die Szenerie noch bizarr genug, wenngleich sie nicht annähernd an den Zauber herankam, der sie im Mondlicht zu etwas unbegreiflich Kostbarem gemacht hatte. Wieder waren wir vollkommen allein. Die wenigen Touristen, die es hierher verschlug, kamen in der Regel nur, um gleich wieder abzufahren – die ökologische Katastrophe, die zu besichtigen war, hatte den Boden, das Trinkwasser und die Nahrungsmittel vergiftet, man *konnte* nicht länger bleiben. Wir kletterten ein paar Stunden in den verrosteten Fischerbooten herum, sammelten Muscheln aus dem Sand, letzte Zeugen des einstigen Binnenmeers, fühlten uns auf eine Weise einsam, als wären wir auf der Rückseite der Welt. Und in gewisser Weise waren wir das ja auch.

Der Einbruch des Absurden in einen gut durchgetakteten Reiseplan versetzt uns nur selten in solch andächtiges Staunen. Weit öfter erleben wir ihn als Burleske, die im Rückblick eine kopfschüttelnde Heiterkeit erzeugt. Doch was als Kuriosum in Erscheinung tritt, hat einen tiefernsten Kern. Beiden Varianten des Absurden, der großen surrealen Inszenierung wie dem kleinen paradoxen Zwischenspiel, ist gemeinsam, daß sie uns eine Seite der Fremde zeigen, die durch die exotische Kulisse meist verborgen bleibt. Offenbart sie sich, begreifen wir unser Reiseland noch einmal anders. Wir sehen die Sünden und Irrtümer seiner Bewohner, ihre vergeblichen Hoffnungen und lächerlichen Triumphe, wir erleben ihre kleinen Fluchten aus dem Alltag wie auch das improvisierte Beharren darin, und wenn wir besonderes Glück haben, grinsen wir mit ihnen gemeinsam darüber. Während wir bei der Besichtigung des Weltkulturerbes bewundern, zu welchen Leistungen sich der Mensch aufschwingen kann, schütteln wir beim Miterleben skurriler Szenen den Kopf über das Allzumenschliche. Erst so erleben wir im Verlauf einer Reise die gesamte Spannweite dessen, was auch uns und unser Leben ausmacht:

* Mein absurdester Tauchgang war gleichzeitig auch mein teuerster, »Delphintauchen« auf Grand Bahama für umgerechnet 450 Mark. Die ganze Insel auf die Bedürfnisse amerikanischer Pauschaltouristen zugeschnitten, schon die Sicherheitsmaßnahmen der *Underwater Explorers Society* entsprechend grotesk. Während ich einen Tauchgang erwartet hatte und die Begegnung mit einem freilebenden Schwarm von Delphinen, gab es eine Show an der Wasseroberfläche. Zwei dressierte Delphine wurden aus ihrem Becken geholt und von ihren Trainern ins freie Meer begleitet, sie schwammen reihum zu jedem von uns, ließen sich streicheln und »küßten« uns mit ihren borstigen Schnuten. Nachdem sie ein paar Kunststücke gezeigt hatten, winkten sie uns zum Abschied mit ihren Flossen hinterher.

* Nach einer Besteigung der Cheopspyramide vor Sonnenaufgang – diesmal ganz offiziell über die Nordecke – saßen wir und blickten übers östliche Gräberfeld in Richtung Gizeh, das damals erst am Horizont begann. Mit Anbruch des Tageslichts näherte sich auf der schnurgeraden Straße durch die Wüste ein Auto, direkt vor der Pyramide bog es in die Einfahrt zum Gräberfeld. Und fuhr dabei langsam, aber ohne abzubremsen, frontal

gegen einen der Steinpfeiler, die beidseits des Eingangs aufgestellt waren. Die Pfeiler trugen kugelförmige Aufsätze von knapp einem Meter Durchmesser, nun fiel der Aufsatz des betroffenen Pfeilers auch noch wie in Zeitlupe auf die Kühlerhaube, und indem er zerbrach, erwies er sich als tönern hohl. Es wirkte so slapstickhaft inszeniert, daß wir zumindest schnell ein Foto *davon* schossen, was als Ergebnis der Szene jetzt unter uns zu sehen war, anders würde uns zu Hause keiner glauben. Im Nu war das Auto umringt von Dragomanen auf ihren Kamelen, nach ein paar weiteren Sekunden wurden die Autotüren links und rechts aufgestoßen, und ein erhebliches Krakeel setzte ein.

* Unser Hotelzimmer in Ankara hatte jede Menge Wanzen, aber kein Wasser. In einem anderen Zimmer, das uns zum Duschen zugewiesen wurde, gab es kein Licht. Wieder erschienen wir an der Rezeption, und weil der Rezeptionist kein Englisch sprach, ging er mit auf unser Zimmer und demonstrierte die Lösung des Problems: Er schraubte die Glühbirne aus der Deckenlampe heraus, präsentierte sie in der erhobenen Hand, sagte mehrfach »lamba!«, ging damit zu unserem Duschzimmer. Bevor er es betrat, präsentierte er die Glühbirne erneut, »lamba!«, dann tastete er sich durchs dunkle Zimmer und schraubte sie in die Deckenfassung.

* Im Sommer 1990 fuhren wir mit der Transsib in die Mongolei; aufgrund der Zeitverschiebung fand das WM-Endspiel Argentinien – Deutschland für uns um drei Uhr morgens statt. Wir versammelten uns beim Schaffner des ersten Waggons, der einen spielkartenkleinen Fernseher in seiner Kabine hatte. Die Fahrt ging durchs Gebirge, es gab zahlreiche Bildausfälle, und ausgerechnet als Deutschland einen Elfmeter zugesprochen bekam, blieb das Bild endgültig weg. Selbst als wir am nächsten Abend, nach 105 Stunden Fahrt, in Ulan-Bator ankamen, konnte uns keiner das Ergebnis sagen. Tage später, wir saßen in der Jurte eines Kamelzüchters in der Wüste Gobi, wurden wir ermuntert, unserem Gastgeber Fragen zu stellen. Wahrscheinlich wurde er gewöhnlicherweise gefragt, wie es sich denn so fern jeder Zivilisation lebe. Nun war er zwar einen Moment lang überrascht, antwortete jedoch mit der abgeklärten Heiterkeit des Sachverständigen: »85. Minute, Foulelf-meter, Brehme, 1:0.« Er hatte eine große Satellitenschüs-sel hinter seiner Jurte und einen großen Fernsehapparat unter einem Schondeckchen, das er jetzt für uns weg-ziehen ließ.

* Mitten im jamaikanischen Hochland hatten wir an einer Führung durch *Appletons* Rum-Destillerie teilgenom-men. Erst als wir zu unserem Mietwagen zurückkehrten, merkten wir, daß wir der anschließenden Verkostung allzu gewissenhaft beigewohnt hatten. Nach einer Sar-dinenbüchsennotmahlzeit auf dem Parkplatz fuhren wir über extrem schlechte Bergstraßen vorsichtig nach Hause. An einer Kreuzung sahen wir einen *VW Käfer*, der auf der querenden Straße talwärts und auf uns zu schoß. Dort, wo normalerweise das Hinterrad zu sehen gewesen wäre, war nurmehr die Radaufhängung, sie schleifte übern Teer und erzeugte einen heftigen Fun-kenregen. Innerhalb eines Sekundenbruchteils waren wir nüchtern. Schon raste der *VW* knapp vor uns über die Kreuzung und auf der anderen Seite wieder bergauf, bis er zum Stehen kam. Das fehlende Hinterrad hüpfte mit einigem Abstand hinterher und schließlich ins Ge-

büsch. Der Fahrer des *Käfers* war bereits ausgestiegen und sammelte sorgfältig die abgesprungenen Teile der Radaufhängung ein. Er würdigte uns keines Blickes.

* Im Städtchen Kumily, direkt an der Grenze von Kerala und Tamil Nadu, sahen wir durchs offene Hoftor einer Schule bunte Gruppen von Tänzern, offensichtlich Schüler, die im Rahmen eines Schulfests auftraten. Kaum waren wir stehengeblieben, um die Festversammlung zu betrachten, als uns der Hausmeister bereits hereinbat. Er führte uns zu den Ehrenplätzen und drückte jedem eine Limone in die Hand. Hocherfreut begrüßte uns der Schuldirektor und hielt eine kurze Ansprache. Wenn wir geglaubt haben sollten, daß die Schüler nun ihren Tanz aufführen würden, so hatten wir uns getäuscht. Später! zischte mir der Hausmeister noch zu, später! Mit einer leichten Verbeugung überreichte mir der Direktor das Mikrophon, es gab Applaus, ich protestierte. Der Direktor lächelte mich glücklich an, er sprach kein Englisch. Umso wortreicher versicherte der Hausmeister, daß er übersetzen würde. Eine Rede, bitte! Ein paar hundert Schüler blickten mir erwartungsvoll entgegen, der ganze Schulhof mucksmäuschenstill. Ich hatte keine Ahnung, was gefeiert wurde und warum. Dann erhob ich mich, das Mikrophon in der Rechten, die Limone in der Linken, und hielt eine Rede.

* Im Überlandbus von Samarkand nach Chiwa wurden wir als einzige Ausländer direkt hinterm Fahrer plaziert. Der Beifahrer, der sämtliche Straßensperren der Strecke von seinen täglichen Touren kannte, wies die Fahrgäste immer kurz vor dem nächsten Kontrollpunkt an, die Vorhänge zuzuziehen und hinter den Lehnen der Vordersitze abzutauchen. Dann nahm er Haltung und Pathos eines Reiseleiters an, der über Mikrophon zu seiner Gruppe sprach – und tatsächlich winkte man uns an jedem Kontrollpunkt durch, Touristenbusse wurden nicht kontrolliert. Danach war das Gelächter groß, der Beifahrer wurde als genialer Regisseur gefeiert und wir als sein Star-Ensemble, das durch schiere Sichtbarkeit für freie Fahrt sorgte. Irgendein Polizist winkte uns dann doch noch heraus. Alle mußten aussteigen und wurden so gründlich kontrolliert, bis wir die gewonnene Zeit wieder verloren hatten.

Durch das plötzliche Eintreten des Absurden bekommen wir einen kurzen Einblick in das, was ansonsten unter den Alltagsstrukturen verborgen bleibt. Es ist ja nicht das Absurde an sich, das uns die Augen öffnet, sondern die Art und Weise, wie es sich innerhalb eines für uns fremden Bezugsrahmens in Szene setzt. Und zwar auch dort, wo man sich *eigentlich* noch zu Hause fühlen will: Die absurdeste Reise erlebte ich im Rahmen meiner Kreuzfahrt 2006/07 auf der *Europa*, also auf einem – abgesehen von der Beflaggung – deutschen Schiff unter lauter Deutschen. Im Grunde war jede der dreizehn Etappen, aus denen sich die Reise um die Welt zusammensetzte, reich an Absurditäten, angefangen vom Erlebnis-Dinner im Maschinenraum bis hin zu den Beschwerden der Gäste, daß es in der Dominikanischen Republik zu laut, zu arm und zu dreckig für einen angemessenen Landgang sei. Das Absurde schlechthin kam jedoch geballt, als Reise innerhalb der Reise.

Um den Passagieren etwas Besonderes zu bieten, arrangierte man gelegentlich Ausflüge über Land, während das Schiff seine Fahrt fortsetzte. So auch am 1.4.2007, wir flogen von Cochin über Bombay nach Delhi, stiegen dort in »Indiens zweitbestem Hotel« ab, wie der Reiseleiter versicherte, nur um dort bereits um halb fünf Uhr morgens wieder geweckt zu werden. Mit dem Frühzug fuhren wir im Schrittempo durch Dörfer, deren Bewohner, beidseits der Gleise hockend, ihre Morgentoilette verrichteten. Niemand sprang erschrocken auf, niemand blickte verschämt weg, alle waren sie völlig mit sich im Reinen. In Agra erwartete uns eine Reihe von Fahrradrikschas, um neun Uhr passierten wir die Sicherheitsschleuse am Eingang zum Tadsch Mahal. Als Kind hatte ich ein Puzzle davon besessen, seitdem davon geträumt, ihn auch einmal mit eigenen Augen zu sehen. Jetzt hatte ich dafür genau zwei Stunden Zeit. Ich hetzte durch die Räumlichkeiten, um keines der Blumenornamente an der Wand zu verpassen, keinen der Lichtreflexe, der den Marmor parterre zum Schimmern brachte. Indische Jugendliche kreischten wie eine Horde Affen, um den Hallraum der Kuppel auszutesten. Dann hetzte ich durch den Garten, um das Mausoleum aus allen Perspektiven zu sehen. Zwei Wasserbüffel zogen einen Rasenmäher hinter sich her. Ständig mußte ich mich mit indischen Liebespaaren fotografieren lassen. Dann ging es im Eiltempo zum Roten Fort, anschließend zu einer Marmorschleiferei, in der sogar Klobrillen »nach Art des Tadsch Mahal« angeboten wurden, verziert mit bunten Halbedelsteinen im Blumendesign, und schließlich fünfeinhalb Stunden mit dem Bus zurück nach Delhi. Am 3.4. gab es noch eine Stadtrundfahrt durch Alt-Delhi, um 13 Uhr den Flug nach Bombay, dort erneut eine Stadtrundfahrt. Kaum waren wir um 18 Uhr zurück an Bord, legte das Schiff ab, neuen Zielen entgegen. So geht nicht Indien, so geht Kreuzfahrt. Johann Gottlieb Fichtl, einer der Weltreisegäste auf der *Europa*, faßte den Ausflug mit den Worten zusammen:

»Könnt ihr euch überhaupt vorstellen, was das für eine verrückte Spritztour war? Als ob ihr von Rom nach Barcelona schippert, zwischendurch aber 'nen Touchdown in St. Petersburg einschiebt, um wenigstens mal 'nen Blick auf die Eremitage werfen zu können, ›weil die ja *auch* in Europa ist‹. Wie früher bloß die Amis. Und jetzt macht man so was selber! Geschätzte 4000 Kilometer an Flügen, Bahn- und Busfahrten für ganze zwei Stunden netto im Tadsch Mahal, 58 Stunden brutto für 1590 € – Leute, das Allerverrückteste daran: Es war's wert!«[1]

Wenn eine Reise so aberwitzig war, daß man bereits über jeden ihrer Teilabschnitte den Kopf schüttelt und beteuert, daß man aus freien Stücken niemals so reisen würde: dann war sie der reinste Irrsinn und also mindestens famos.

---

[1] M.P.: In 180 Tagen um die Welt. A.a.O., S. 315.

Der Kimono ist auch bloß ein Dirndl

Auch exotische Reize nutzen sich ab. Hat man die Schönheit japanischer Kimonos lang genug bewundert, sieht man sie irgendwann nicht mehr. Oder kommt nach Kyoto und sieht *nur* noch Kimonos. Hatten die Reiseführer recht, die mir versprachen, in Kyoto erlebe man noch das alte Japan? Von wegen! Was man erlebt, ist das neue China – chinesische Touristinnen, die bei einem Kostümverleih das komplette Outfit inklusive Perücke gemietet haben. Daß sie entsprechend geschminkt werden, gehört zum Angebot solcher Läden dazu.

Ein Einzelfall? Mitnichten. Auf jeder meiner Reisen – vorausgesetzt sie dauerte lang genug – kam ich an den Punkt, wo mir plötzlich die Augen über mein Reiseland geöffnet wurden. Etwas befremdlich fand ich es bereits, daß die Mönche direkt neben den Dornbusch, der im Katharinenkloster am Fuß des Mosesbergs gezeigt wird, einen Feuerlöscher gehängt hatten, als ob sie die Bibelgläubigkeit der Pilger karikieren wollten. Oder wollten sie etwa löschen, wenn sich Gott hier noch einmal als Feuersäule zeigen sollte? Dabei war der Dornbusch doch nichts weiter als der dritte seiner Art, der das biblische Original nur simulierte? Nach der Besichtigung dann aber auch noch die Eröffnung, daß der *eigentliche* Mosesberg fünfzig Kilometer weiter westlich liege, im Wadi Feiran, und erst im 5. Jahrhundert in unmittelbare Nähe des Katharinenklosters verlegt wurde.[1]

Ich schluckte trocken durch und fuhr hin. Das Wadi Feiran war seines riesigen Palmenhains wegen berühmt, des größten im Sinai, ich hatte sowieso hingewollt. Dort dann der nächste Schock: Fast alle Bäume waren verdorrt. Das Wasser wurde zu Marihuana- und Opiumfeldern umgeleitet, die man versteckt hinterm nächsten Bergrücken angelegt hatte. Seit dem Friedensabkommen mit Israel sei hier ein rechtsfreier Raum, erklärte man mir, und das Militär so gut wie machtlos. Mittlerweile gelte Feiran in Ägypten als der Drogenort schlechthin, nähere sich ein Hubschrauber der Ordnungskräfte, werde er standesgemäß beschossen.

Meist stellt sich die Ernüchterung beiläufiger ein. Irgendwann kommt der Tag, da man keine Lust mehr hat auf Gipfelkreuze oder Palmen, da man keine Kimonos mehr sehen kann oder Saris, keine Kirchen, Moscheen, was immer. »Die ägyptischen Tempel langweilen mich fürchterlich«, stöhnt Flaubert, ausgerechnet als er in Abu Simbel ankommt,[2] stöhnt gewissermaßen in unser aller Namen. Beim nächstbesten Anlaß stürzt das ganze Kartenhaus unsrer Reise zusammen. All die Exotik des Fremden, die

1 Bis dahin pilgerte man, wie er heute heißt, zum Dschebel Serbal, wenn man den Mosesberg besteigen wollte. Der Bischof des dortigen Klosters schlug sich auf die Seite des Nestorius, des Patriarchen von Konstantinopel, der 431 als Häretiker verurteilt wurde. Der Bischof wurde daraufhin abgesetzt, der Bischofssitz ins Katharinenkloster verlegt, dessen Mönche der orthodoxen Lehre treu geblieben waren (Alberto Siliotti: Führer zu der Erforschung der Sinai. Vercelli 1994, S. 39).
2 A. a. O., S. 144. Er erholt sich regelmäßig vom kulturellen Hauptprogramm seiner Reise, indem er Turteltauben, Adler, Geier, wilde Hunde und Krokodile abknallt: »Den ganzen Tag über richten wir eine gräßliche Metzelei unter den Vögeln an.« (A. a. O., S. 91, 98, 82, 149)

wir anfangs staunend aufgesaugt und im Verlauf der Reise eifrig zu unserem neuen Alltag gemacht haben, erscheint unter dem neuen Gesichtswinkel als gefälscht, als lächerlich oder so monoton wie alles, was wir schon zu Hause nicht mehr sehen konnten. Mögen wir dann vor einer Taube mit Gipsbein im Tierkrankenhaus von Delhi stehen; oder vor einem Loch in der Wüste von Oman, das uns als »Atlantis des Sandes« angepriesen wurde; mögen wir im Boot durch die Sümpfe nördlich der Schweinebucht fahren und plötzlich kramt der Bootsführer ein winziges Krokodil aus der Tasche und läßt es an einer Leine neben dem Boot schwimmen; mögen wir einen Jain-Tempel betreten und sogleich verstellt uns einer der nackten Mönche den Weg, sein Gemächt mit einem Fliegenwedel befächelnd: da können wir nicht mal mehr müde abwinken. Schreiend davonlaufen können wir erst recht nicht.

Es scheint, daß unser Gehirn selbst durch die buntesten Reize nur begrenzt stimuliert werden kann, daß früher oder später *jede* Reise an ihren Tiefpunkt kommt. Plötzlich sehen wir überall Klischees und glauben, hinter den Versatzstücken der fremden Kulisse das Banale erkannt zu haben: Ist der Kimono nicht auch nur ein Dirndl? Der Turban der Sikhs ein Trachtenhut? Der Lendenschurz der Pygmäen ihre Art von Krachlederner? Hopsen die Samburu bei ihren Schuhplattlern wirklich nur auf der Stelle wie die Massai, oder machen sie das bloß, wenn sie für Touristen tanzen? Und die Sehenswürdigkeiten ... Wurden sie nicht auch andernorts beliebig verlegt, zum Beispiel Hemingways Stammkneipe in Key West? Deren bloßer Name *Sloppy Joe's* wurde an einen Betreiber in der Duval Street verkauft, gutgläubige Touristen wähnen sich dort an (literatur-)historischer Stätte. In den ursprünglichen Räumlichkeiten in der Greene Street logiert seit 1958 *Captain Tony's Saloon* – tatsächlich trank Hemingway in *dieser* Kneipe (und entwendete deren Pissoir), doch hier habe ich keinen einzigen Touristen gesehen. Wurde in Chiwa nicht einfach von den Sowjets drauflosrestauriert, wie sie sich eine mittelalterliche Oasenstadt *vorstellten*? Und sind wir nicht immer wieder auf alles hereingefallen, was unsre gerissenen Gastgeber an scheinbar historischen Attraktionen, lokalen Spezialitäten, traditionellen Bräuchen und überhaupt an fröhlich-bunter oder abenteuerlich-karger Urlaubskulisse für uns aufgeboten haben?

Wie sich notorische Stubenhocker zu Hause ihrer Vorurteile über die Fremde(n) versichern, so pflegen wir in dieser Stimmung unsre Nachurteile, die nicht minder krass ausfallen. Einziger Trost: Den anderen geht es nicht besser. Wahrscheinlich wird man auch als Fremder in Deutschland an der Nase herumgeführt, wenn es ins Tourismuskonzept paßt. *Jeder* gerät mal, wie's der Schweizer Reiseschriftsteller Nicolas Bouvier nennt, in eine »Begeisterungsflaute«:

»Man reist nicht,« schreibt er über seinen monatelangen Aufenthalt auf Ceylon, der ihn von der Ernüchterung in eine »erschreckende Verlassenheit« und schließlich in eine regelrechte Lebenskrise brachte, »man reist nicht, um sich wie einen Christbaum mit Exotik und Anekdoten zu schmükken, aber damit die Straße einen rupft, ausspült, auswindet wie jene vom Waschen fadenscheinig gewordenen Handtücher, welche mit einem Seifensplitter in den Bordellen gereicht werden. (…) Man reist nicht, ohne diese Momente zu kennen, wo das, worauf man gepocht hatte, sich aus dem Staube macht und einen verrät wie in einem Alptraum.«[3]

3 Der Skorpionsfisch. Zürich 1989, S. 64, 47, 124.

Noch schlimmer erwischte es Henri Michaux, den belgisch-französischen Dichtermaler, während seiner Reise durch Ecuador: »Man verlangt (in der Fremde) nach dem Tiger, nach dem Puma, und bekommt nur Alltag. (...) Diese Reise ist ein Fehler. Das Reisen bringt keine Erweiterung. (...) Man findet seine Wahrheit genausogut, indem man achtundvierzig Stunden irgendeine Tapete anstarrt.«[4] Nichtsdestoweniger setzte Michaux seine Reise fort. Benns süffisant resignatives »Meinen Sie Zürich zum Beispiel / sei eine tiefere Stadt, / wo man Wunder und Weihen / immer als Inhalt hat?« ist das Bekenntnis dessen, der ein Leben lang gar nicht erst aufgebrochen ist. Sein Gedicht »Reisen« beschließt er mit den Versen: »Ach, vergeblich das Fahren! / Spät erst erfahren Sie sich: / bleiben und stille bewahren / das sich umgrenzende Ich.«[5] Ohne Übertreibung kann man sagen, daß Benn vom Reisen wenig Ahnung hatte. Ein passionierter Reisender gibt selbst in Krisenmomenten, da er mit der Fremde in jeder Beziehung »durch« und von der grundsätzlichen Vergeblichkeit des Reisens überzeugt ist, nicht auf. Vielmehr gilt es, so schnell wie möglich aus der Begeisterungsflaute wieder herauszukommen.

Manchmal muß man nur gut ausschlafen und wird schon am nächsten Tag von einem glücklichen Zufall wieder in die Spur gebracht. Aber nicht immer gibt es eine Dorfhochzeit, zu der man spontan eingeladen wird, eine schrille Rotlichtbar, die der Gastgeber eines offiziellen Abendessens unbedingt noch zeigen möchte, eine kleine Hexerei, die der örtliche Schamane im Hinterzimmer unsrer Pension vornimmt. Dann muß man sich aus eigener Kraft aus der

4 Ecuador. Reisetagebuch. In: Ders.: Ein Barbar auf Reisen. Frankfurt 1998, S. 137, 102 f.
5 A. a. O., Bd. 3, S. 327.

Misere herausarbeiten. Oft hilft ein kurzer Urlaub vom Reisen: »Ich hatte die Grenze meiner Aufnahmekapazität überschritten«, stellt Steinbeck während seiner »Reise mit Charley« fest: »Höchste Zeit, sich einen geschützten Platz an einem Bach zu suchen, um zu rasten und sich zu erholen.«[6]

Meine Freundin und ich hatten *coast to coast* jede Menge Meilen gefressen und konnten keine Nationalparks mehr sehen. Als geschützten Platz für Rast und Erholung wählten wir Las Vegas. Und machten uns ein Vergnügen daraus, sämtliche Coupons, die wir in den Tagen zuvor an Tankstellen gesammelt hatten, in den entsprechenden Spielcasinos einzulösen. Wenn man einen Zehndollarschein in Spielgeld wechselte, bekam man zwölf Dollar in Münzen. Aber auch alles andere, wofür wir Coupons hatten, nahmen wir mit, ein kostenloses Ferngespräch, Freispiele, bei denen wir weitere Dollars aus den Maschinen herausholten, und jede Menge Freigetränke, *free champagne party*, *free Bloody Mary*, *free beer*. Dazu Frühstück, ein weiteres Frühstück als Abendessen, hier ein T-Shirt, dort einen Shrimpscocktail, Nachos, Popcorn, Hot Dogs, ein Foto vor einer Million Dollar, eine Zirkusvorführung. Am zweiten Morgen wurden wir durch einen Hubschrauber geweckt, der wenige Meter über uns in der Luft »stand«. Nach all den Freigetränken hatten wir die Markierung des Parkplatzes, auf dem wir jetzt standen, nicht zur Kenntnis genommen und mußten zusehen, daß wir blitzschnell mit unserem Wagen wegkamen. Wir holten ein letztes kostenloses Riesenroastbeefsandwich ab, wechselten dabei unsre Münzen ein und fuhren mit einem Reinerlös von zwölf Dollar davon, erfrischt und wieder voll Neugier.

6 A. a. O., S. 234.

Ohne Tourplan läßt sich nicht vernünftig reisen, aber ohne gelegentliche Unvernunft macht es auf Dauer keinen Spaß. Ist man allein unterwegs, kommt man nicht ganz so schwungvoll aus der Krise. Ich hatte mich eine Woche in Tokio verausgabt, plötzlich war ich fertig mit der Stadt, ihren Bewohnern, Japan überhaupt. Und fuhr zum *Tokyo Tower*, um mich auf der Aussichtsplattform … *nicht* mit all den anderen am Panoramafenster zu drängen, obwohl die Sonne gerade postkartenperfekt hinterm Fudschi unterging. Stattdessen bestellte ich mir ein Bier und setzte mich vor einen der Bildschirme, auf dem der Sonnenuntergang live übertragen wurde. Auf weiteren Bildschirmen wurden weitere Ansichten der Stadt gezeigt. Irgendwie sensationell, dachte ich: Du mußt nur endlich Ruhe geben, dann kommt alles ganz von selber zu dir. Danach hörte ich einer Mädchenband zu, die auf einer kleinen Bühne J-Pop spielte, es war so schlecht, daß es schon wieder gut war. Als ich ging, sah der *Tokyo Tower*, prächtig mit gelben und orangen Lampen illuminiert, wie ein gutgelaunter Eiffelturm aus. Ich war wieder bereit.

Nun kann man sich fragen, ob die Live-Übertragung eines Sonnenuntergangs, den man auch direkt am Fenster hätte verfolgen können, nicht ähnlich unauthentisch ist wie eine Chinesin im Kimono. Die Antwort, die ich mir auf dem *Tokyo Tower* gab: Sie ist *nicht weniger authentisch* als ein Hinterglas-Sonnenuntergang. Und auch die verkleideten Touristen in Kyoto sind auf ihre Weise authentisch, der Feuerlöscher neben dem Dornbusch, die Opiumfelder anstelle des uralten Palmenhains – allerdings auf andere Art, als es der Reisende erwartet.

Was ist überhaupt authentisch? »Authentizität heißt: Die Menschen, die dort leben, prägen den Ort. Und nicht die

Souvenirverkäufer.« (Indra) »Das Authentische ist alles, was nicht vorab organisiert ist und Eintrittsgeld kostet.« (Eric) »Das Authentische finde ich dort, wo's schmutzig ist und erst recht gut schmeckt.« (Konsul Walder) »Pow-Wow im Crow-Reservat! Da ist alles echt.« (Achill)[7] Wirklich? Jedem meiner Reisegefährten stimme ich sofort zu. Je länger ich ihre Aussagen bedenke, desto mehr bezweifle ich sie, bis ich versuchsweise das glatte Gegenteil erwäge. Daß der Begriff dermaßen schillert, zeigt, wie unterschiedlich man reisen kann. Solange man *dieses* und in anderem Zusammenhang *jenes* als authentisch genießt, ist für den Reisenden die Welt ja in Ordnung. Schwierig wird es erst, wenn man Erlebnisse oder Eindrücke als *un*authentisch empfindet, als unglaubwürdig, verfälscht. Obwohl sie eigentlich nur für eine andere, aktuellere Version des Authentischen stehen. Der siegreiche Ringer beim Nadaam-Fest in Ulan-Bator, der den Adlertanz aufführt, ist nicht authentischer als der Uni-Dozent, der ausschließlich Importbier trinkt und auf die chinesische Infiltration der Mongolei schimpft. Alte Steinklopferinnen in Sikkim, denen der Nasenschmuck bis zur Oberlippe herabhängt, sind nicht authentischer als die jungen Taxifahrer in ihren notorischen *North-Face*-Jacken, die ihr Auto mit Devotionalien englischer oder spanischer Fußballclubs dekoriert haben. In Darjeeling steht eine der Fabriken, in denen spottbillige Imitate der *North-Face*-Produkte hergestellt werden. Bei den Einheimischen heißt die Marke *North Fake* – freilich ist dieser Fake authentischer als das Original.

Was suchen wir denn, wenn wir das (vermeintlich) Echte und Ursprüngliche suchen? Verstehen wir uns als

7   Achill Moser: A. a. O., S. 53.

Bildungsreisende alten Schlages, dann suchen wir nach Relikten einer mehr oder weniger »großen« Vergangenheit. Und erwarten, gewissermaßen als deren einzig angemessenen Dekorationsrahmen, auch die entsprechenden Menschen, die entsprechende Gesellschaftsordnung, das entsprechende Alltagsleben, jedenfalls außerhalb der westlichen Welt.

Solche Reisen sind immer auch Zeitreisen. Am liebsten würden wir Sehenswürdigkeiten und Länder erleben, wie sie auf handkolorierten Fotografien des 19. Jahrhunderts festgehalten sind. Noch in Ruinen suchen wir die heile Welt von gestern, die für Einheimische meist ziemlich unheil und keineswegs pittoresk, unverfälscht, »echt« war – wir suchen wider besseres Wissen. Oldtimer in Havanna. Schlittenfahrt in Pawlowsk. Hirten ohne Handy. Eseltreiber ohne Bundesligakenntnisse. In Japan fand ich anfangs nur die kleinen Restaurants authentisch, in denen der Wirt persönlich die Speisen für eine Handvoll Gäste zubereitet. Aber die riesigen *Food Courts*, die ihre Selbstbedienungstresen über viele Stockwerke verteilen, waren es mindestens genauso. Nepalesische Bergbauernhütten fand ich nur authentisch, solange ich am Herdfeuer saß und auf zähem Yakfleisch herumkaute. Sobald ich das Solarmodul auf dem Dach entdeckt hatte oder die Energiesparlampe überm Eßtisch, war ich enttäuscht. Drängten sich dann auch noch alle vor dem Fernseher, weil auf irgendeinem US-Kanal gerade Frauen-Wrestling gezeigt wurde, schüttelte ich den Kopf. Als ich nach Jahrzehnten erneut zur Chinesischen Mauer bei Peking kam, führten zwei Seilbahnen dorthin, ich war entsetzt. Rabat erschien mir schon 1980 als »europäisch«, nicht als »marokkanisch«. New Orleans mit seiner Bourbon Street empfand ich als *Disney World* für Durstige, erst einen völlig aus der Zeit gefallenen Ort wie das depressive Natchez am Mississippi ließ ich als authentische Verkörperung des amerikanischen Südens gelten. Daß es in Botswana überall kleine Supermärkte gab und darin Einkaufswagen, wollte ich am liebsten gar nicht gesehen haben. Ja was hatte ich mir denn versprochen? Offensichtlich Krals und Wochenmärkte.

Doch das war nichts weiter als Hochmut des Reisenden, der ein bestimmtes Bild erwartet, das für ihn und seinesgleichen möglichst homogen konserviert wird. Erst als ich im *Tokyo Tower* saß und den vermeintlich unauthentischen Sonnenuntergang genoß, wurde mir klar, daß alles, ausnahmslos alles authentisch ist. Wenn nicht gar das »Authentische« weniger authentisch ist als das, was wir als »unauthentisch« gern ausblenden und an besonders schönen Orten am liebsten verbieten würden. Das »Unauthentische« hat den evolutionären Wettlauf gegen das »Authentische« nämlich längst gewonnen, es repräsentiert die tatsächliche Gegenwart der Welt, die wir gerade bereisen. »›Authentisch‹ ist Kitsch, ›authentisch‹ ist *out*, bestenfalls romantisch. Aber diese Erkenntnis lohnt es sich zu erarbeiten. Und dann weiterzusuchen« – sagt Dschisaiki. Fährt man zum Oktoberfest nach München und sieht all die Japaner (oder Chinesen?), die sich in bayerischer Tracht in die Bierzelte begeben, ist es mit Händen zu greifen: Das Dirndl ist auch nur ein Kimono.

Wann ist man in einem Land angekommen?

Ich hatte vor ein paar Monaten eine kleine Wohnung in Santiago de Cuba bezogen, wußte einige Haustüren, hinter denen sich wichtige Läden verbargen, und Fenster, aus denen heraus am Abend Tropfpizza verkauft wurde, wußte, bei welchem Bäcker es zwar nie Brot, aber wunderbare Musikkassetten im Angebot gab, wußte alle Preise in Peso und begrüßte alle Schwarzgeldhändler per Handschlag. Trotzdem war jeder Tag ein Kampf – wegen des Postbeamten, der mir Briefmarken nur zum Touristentarif verkaufen wollte. Oder wegen des *negro* im Sattelschlepperbus, der trotz Regen nicht rücken wollte, so daß ich die ganze Strecke draußen am Bus hing, bei jedem Halt beschimpfte ich ihn erneut, ohne Erfolg. Wieder und wieder wurde ich von spontanen Aktionen und Reaktionen der Einheimischen überrascht, jeder Tag endete anders als geplant. Außerhalb meines Viertels, wo mich keiner mehr kannte, hielt man mich sowieso für einen Touristen: »What you like? Cigar? ¿Ron? ¿Chica? Eat? Sleep?« Auch wenn mir mein Freund Cuqui beharrlich versicherte, daß ich *casi casi Cubano* sei und zur *familia* gehöre, es war mir nur allzu bewußt, daß ich noch immer nicht in dieser Stadt und diesem Land angekommen war. Dann kam meine große Chance.

Wir hatten den Abend in unsrer Stammkneipe verbracht, der *Casa de las tradiciones*, und weil es ein besonders lustiger Abend geworden war, nahmen wir noch eine Flasche Rum mit und leerten sie draußen: Cuqui, Luisito, Tomas, der Türsteher der Kneipe, und ein gewisser Gregor, der sich vor wenigen Tagen in der Nähe einquartiert und an diesem Abend von zwei *jineteras* gleichzeitig hatte betören lassen. *Jineteras* – bzw. *jineteros*, die männliche Variante – sind keinesfalls Prostituierte. Nichtsdestoweniger leben sie von Touristen und deren Sehnsucht nach Liebe und / oder Sex. Die beiden, die es auf Gregor abgesehen hatten, schilderten ihm en detail, was sie in der restlichen Nacht alles mit ihm machen würden. Wir waren froh, als sie endlich mit ihm abzogen.

Um neun Uhr morgens stand Gregor vor der Tür. Er hatte bereits mit Luisito gesprochen, der so etwas wie die Autorität des Stadtviertels war und jetzt gleich mit ihm zur Polizei gehen würde. Gregor hatte gestern nacht dann doch nur eine der beiden *jineteras* in seine Wohnung mitgenommen, die häßlichere. Angeblich habe sie ihm K.-o.-Tropfen in ein allerletztes Glas Rum gegeben, am Morgen hätten dann 230 Dollar gefehlt. Ob ich ihren richtigen Namen wisse? Ich wußte ihn nicht. Versprach aber, ihm zu helfen, sobald ich ausgeschlafen hätte. Daß eine Anzeige bei der Polizei kaum weiterhelfen würde, wußte Gregor selber.

Am Nachmittag setzte ich mich auf die Treppenstufen zur *Casa de las tradiciones* und war fest entschlossen, *a lo Cubano* vorzugehen. Ich wartete also erst mal eine ganze Weile ab. Dann kam Tomas. Zunächst wollte er den Namen der *jinetera* nicht wissen, schließlich *müsse* sie ja von Touristen leben und wahrscheinlich eine ganze Familie ernähren. Dafür bekundete ich Verständnis, 230 Dollar seien jedoch zuviel gewesen. Wir einigten uns darauf, daß ein Diebstahl von 20, maximal 50 Dollar vertretbar gewesen wäre. Tomas freute sich über den Konsens – und verriet mir den Vornamen der Diebin: Arletis.

Ich blieb sitzen. Nach einer Weile hatte ich herausbekommen, daß Arletis gelegentlich bei Tanzvorführungen für Touristen mitwirkte, ganz in der Nähe. Als ich dort ankam, wurde gerade für eine Reisegruppe getanzt. Ich erzählte dem Hüter des Umkleideraums, daß sich einer meiner Freunde gestern in Arletis verliebt und ich ihm versprochen hätte, ihre Adresse herauszufinden. Das verstand er. Arletis sei zwar heute nicht da, aber eine ihrer Freundinnen … In der Pause erzählte er ihr höchstpersönlich vom frischverliebten Gregor, indem er noch ein paar Schlenker frei dazuerfand. Danach hatte ich die Adresse von Arletis' Familie samt Telefonnummer. Und machte den entscheidenden Fehler: Ich erzählte Luisito davon, weil ich auf der Stelle mit ihm und Gregor hinfahren wollte. Luisito war bei der Polizei nicht weitergekommen, sogleich nahm er die Sache wieder in die Hand. Und rief bei Arletis an! In meinen Augen verhielt er sich damit so naiv wie ein Deutscher, der keine Ahnung hatte, wie die Dinge hier liefen. Natürlich ließ sich Arletis verleugnen, als wir drei schließlich vor ihrer Wohnungstür standen. Ihre Mutter versprach uns, das Geld bis morgen mittag aufzutreiben und an Gregor zurückzugeben.

Als wir zur vereinbarten Stunde wieder auftauchten, stritt die Mutter alles ab, was sie am Vorabend noch mit betroffener Miene zur Kenntnis genommen hatte. Ich beschuldigte Luisito, die Sache vermasselt zu haben, auf direktem Wege komme man in Kuba nicht weiter, das wisse selbst ich. Doch da hatte ich Luisito unterschätzt. Die folgende Nacht verbrachte Arletis im Gefängnis. Allerdings nur diese eine, denn tags darauf erstattete ihre Familie die gestohlene Summe: zwar in Form einer Musikanlage, die sie bereits von Gregors Geld gekauft hatte, doch dessen Vermieterin erklärte sich bereit, die Anlage zu übernehmen und 200 Dollar mit dem Betrag zu verrechnen, den Gregor als Miete zahlen mußte. Luisito war nie daran interessiert gewesen, Arletis als Schuldige zu überführen, womöglich zu bestrafen – wie ich es gewesen war, typisch deutsch. Luisito wollte von Anfang an nur eines: möglichst viel von dem gestohlenen Geld zurückgewinnen, und er hatte daher *noch* krummere Wege gewählt, Wege, die er mir trotz mehrfacher Bitte nicht zu verraten bereit war. Offensichtlich hatte er alle Beteiligten dazu gebracht, auf ihre Weise mitzuspielen, im zweiten Anlauf sogar die Polizei. Ich mochte *casi casi Cubano* sein, wie mich Cuqui auch jetzt wieder tröstete, *fast schon ein Kubaner*. Aber eben nur fast. Wirklich denken und handeln wie ein Kubaner würde ich nie.

So nah dran, in einem Land anzukommen, war ich in meinem Leben nur dies eine Mal. Anzukommen in der Fremde, das ist der Traum des Reisenden schlechthin. Sich darin zurechtzufinden wie ein Einheimischer, gelassen und gewandt einen neuen Alltag dort zu leben als einer der ihren. Eigentlich ist man von zu Hause aufgebrochen, weil man sich nach dem Fremden, Unvertrauten sehnte. Kaum hat man sich im Fremden halbwegs arrangiert, will man so vollständig darin aufgehen, daß es Routine wird – und damit so unspektakulär, langweilig oder ärgerlich wie der Alltag zu Hause. Der Stolz, sich gegenüber den Einheimischen zu behaupten, wird schon kurz nach der Ankunftsphase vom Verlangen konterkariert, zu ihnen dazuzugehören.

Ebendarin wollen wir uns ja vom Touristen unterscheiden. Es macht Spaß, gewisse Eigenheiten der Einheimischen anzunehmen, gewisse Denk- und Verhaltensmuster, es lockert uns mental ungemein auf. Schon das Entdecken ihrer Eß- und Trinkgewohnheiten ist ein Vergnügen – ob man nun in Belfast einen Schuß *Bushmills* ins Porrigde gießt, ob man *Cortado* mit süßer Kondensmilch auf Gran Canaria probiert oder Holunderbier in Dänemark. Und irgendwann wird man übermütig, bestellt sich eine Shisha mit *nicht* aromatisiertem Tabak, wie sie die einheimischen Männer rauchen, und ist schon nach dem ersten Zug high. Oder kauft sich genau dieselbe Betelnuß-Lakritz-Kautabak-Mischung wie der Vordermann und muß sich dann stundenlang mit Schluckauf am Balkongeländer festhalten, während vom nahen Tempel das immergleiche Lied zu kommen scheint.

Ankommen – also zumindest bis zu einem gewissen Punkt – geht ganz unspektakulär, man begreift es meist erst, lange nachdem man angekommen ist. Sicherstes Zeichen für mich ist, daß ich mit gesenktem Kopf meiner Wege gehe, weil ich bereits alles gesehen habe, was es auf diesen Wegen zu sehen gibt. Daß ich Rituale beim Einkaufen entwickle und beim Benutzen öffentlicher Verkehrsmittel – daß ich weiß, wann ich in den letzten und wann in den ersten Wagen einer U-Bahn einsteigen sollte, ob ich auf der linken oder rechten Seite einer Rolltreppe zu stehen habe. Oder eigentlich: daß ich es nicht mal mehr weiß, sondern es gedankenlos tue.

Man kommt in jedem Land auf andere Weise an und innerhalb ein und desselben Landes in ganz unterschiedlichen sozialen Klassen, Kasten, Ständen. Am einfachsten gewinnt man Kontakte in den unteren Gesellschaftsschichten, schon allein deshalb, weil deren Vertreter häufig an Busbahnhöfen, Straßenimbissen und all den anderen Knotenpunkten des Alltags auftauchen, die man als Reisender gleichfalls frequentiert. Aber auch die Vertreter der Oberklasse gehören zum Profil eines Landes, und sofern man die Chance hat, sich unter sie zu mischen, wenn sie sich als Kaffeetrinker zwischen weißen Pfauen in einem mexikanischen Hotelgarten inszenieren oder am Promi-Strand von St. Barths, um dem *Bacardi*-Feeling zu frönen, dann werden einem die Augen über Land und Leute noch einmal ganz anders geöffnet.

Am hartnäckigsten entziehen sich dem Reisenden die Vertreter der bürgerlichen Mittelschicht. Und Destinationen, die ihm scheinbar ganz nah sind, Lissabon, Kopenhagen, Edinburgh ... Selbst nach einem ganzen Jahr blieb ich in Wien für jeden der *Piefke*, mochte ich auch noch so viele Austriazismen in meine Sätze einbauen. Was fast so klingt oder aussieht wie daheim, kann in Wirklichkeit ziemlich anders sein. Kleine Nuancen bedeuten alles, ein falscher Tonfall, schon hat man gepatzt und sich wie ein tumber Deutscher benommen – Urangst aller Deutschen im Ausland! Ob uns das Ankommen in einer fremden Kultur deshalb so wichtig ist?

Am schnellsten öffnen sich gewisse (Sub-)Szenen. Wer in Tokio dazugehören will, muß nur die richtigen Clubs in Shibuya kennen, muß blaue Kontaktlinsen tragen (damit er schön wach und glücklich aussieht), sich als Mann möglichst feminin kleiden, schminken und verhalten, als Frau entsprechend jungenhaft, und sollte den allgemein angesagten *Kawaii*-Look[1] durch düstere Accessoires kon-

1 S.105.

terkarieren, eine blutende Puppe, eine Augenklappe, ein T-Shirt mit dem Aufdruck »Stirb«.[2] Aber wer will auf diese Weise in Tokio ankommen? Und wer will in einer gewissen Szene ankommen, wenn er in einer anderen Welt ankommen will?

Immer wieder aufs neue versuchen werden wir es ein Leben lang. Männer und Frauen übrigens auf unterschiedliche Weise, wenn man Jessa Crispin glauben schenken darf.[3] Ihr zufolge nehmen männliche Reiseschriftsteller von Burton bis Chatwin eine postkoloniale Haltung ein, wenn sie ihr Reiseland bis in seine Extreme »erobern«; sie kämen darin an, sobald sie sich als Experten fühlen. Weibliche Reiseschriftsteller wie Elizabeth Gilbert hingegen blickten vor allem auf sich selbst, auf ihre Befindlichkeit vor Ort und was die Fremde mit ihnen »macht«. Sie suchten ein authentisches Leben jenseits von Ehe und Elternschaft, das Reiseland habe nur die Rolle eines Katalysators bei der Selbstfindung.

Beides ist vermutlich ein Ankommen in Anführungsstrichen, eine besonders raffinierte Art der Selbsttäuschung. Obendrein erscheint es fragwürdig, ob Reiseschriftsteller, gleich welchen Geschlechts, als repräsentativ für Reisende generell gelten können. Manch einer, wie Nicolas Bouvier, geht in der Fremde schlichtweg deshalb vor die Hunde, weil er zu lang an der Illusion festhält, dort vollkommen eintauchen zu können. Während seiner Monate auf Ceylon litt er immer stärker unter der Hitze, den Einheimischen,

2 Alles gemäß der in Tokio wohnenden Bloggerin Misha Janette in: *Welt am Sonntag*, 28.8.2016.
3 How Not to Be Elizabeth Gilbert. In: *Boston Review*, 20.7.2015; https://bostonreview.net/books-ideas/jessa-crispin-female-travel-writing

dem unablässigen Vordringen der Insekten. Je mehr er begriff, desto weniger verstand er und verließ das Land schließlich fluchtartig.[4] Andre, wie Michael Ondaatje, der nach Ceylon als seinem Geburtsland zurückkehrte, enthüllt ganz offen, daß dort traditionell nicht nur Touristen ausgegrenzt wurden, sondern auch Europäer, die sich dauerhaft ansiedelten: »Es gab eine große soziale Kluft zwischen diesem Kreis (den Einheimischen) und den Europäern und Engländern, die niemals Bestandteil der ceylonesischen Gemeinschaft waren.« Ondaatje benennt auch den Grund dafür, wie er überall auf der Welt gilt: »Entweder das Land gehört uns, in dem wir aufgewachsen sind, oder wir sind Fremde und Eindringlinge.«[5] Wenn Ondaatje das Wort »gehören« verwendet, so spricht er nicht von materiellem Besitz. Sondern vom klassischen Gegensatz zwischen Alteingesessenen und Zugereisten – selbst auf Ceylon seßhafte Engländer bezeichnet er als »Durchreisende«. Mit anderen Worten: Man kann eben nur dort (wieder) ankommen, wo man zu Hause ist.

Bevor ich aus Santiago de Cuba abreiste, erteilte mir die Stadt noch eine zweite Lektion. Seit Tagen redete man davon, nun war es soweit: Endlich legte wieder mal ein Kreuzfahrtschiff im Hafen an. Die ganze Stadt schien auf den Beinen zu sein, auch ich ging hin. Etwas seltsam fand ich, daß ich niemanden kannte, der mit mir auf der Straße unterwegs war, normalerweise traf man immer irgendwen. Erst in der Innenstadt, zu der ich den Kreuzfahrttouristen hinterherspazierte, begriff ich: Sämtliche Hallodris aus dem Umland, verkleidet als *Santiagueros* mit und ohne Gitarre, waren heute angereist und spielten fröhliche Schnorrer,

4 Vgl. S.276.
5 Es liegt in der Familie. München 1994, S. 33, 75.

Sänger, Stadtführer, Jongleure, natürlich auch jede Menge *jineteros* und *jineteras*, die es auf Alleinreisende abgesehen hatten. An jeder Straßenecke herrschten Frohsinn und Leichtigkeit: *Guantanamera!*

»Genau so habe ich mir Kuba vorgestellt«, schwärmte eine Dame: »So arm und trotzdem diese Lebensfreude!« Eine andere: »Davon könnten wir uns ruhig mal eine Scheibe abschneiden.« Die Herren warfen bereitwillig Dollars in die vielen Hüte, die es an diesem Tag in der Innenstadt gab. Man radebrechte, tanzte und scherzte miteinander, alle kamen bestens auf ihre Kosten.

Als das Kreuzfahrtschiff abends wieder abgelegt hatte, löste sich der ganze Trubel im Nu auf, und in den Straßen der Stadt herrschten wieder Melancholie und Trostlosigkeit, wie ich sie kannte und liebte. Ich stellte mir vor, wie die Gäste des Kreuzfahrtschiffs an der Reling standen und einen Cuba Libre auf ihren famosen Landgang tranken. Heute waren sie zwar nicht auf Kuba angekommen, aber ganz bei sich selbst. Mehr kann man auf Reisen nicht erwarten, dachte ich und beneidete sie ein wenig.

Freunde gewinnen

Als kleiner Junge fand ich ein paar Jahre wenig Vergnügen am Reisen. Nach den unbeschwerten Fahrten durch Italien und einem Badeurlaub an der Nordsee ging es nach meiner Einschulung fast jede Sommerferien zum Zelten an die Côte d'Azur. Dort mußte ich in einer Sprache herumstammeln, die ich weder konnte noch mochte, mußte mit französischen Kindern spielen, die ich doof fand, noch dazu Boule.

Erst Jahrzehnte später erfuhr ich, warum es damals keine Alternative zu Frankreich gab. Endlich hatte ich meinen Vater dazu gebracht, vom Zweiten Weltkrieg zu erzählen, und einmal in Fahrt geraten, hängte er einen weiteren Abend an, um damit fertig zu werden. Sechs Jahre lang war er fast an jeder Front gewesen, nach dem Angriff auf die Sowjetunion im Sommer 1941 jedoch ohne jede Hoffnung. Denn da erst habe er erkannt, so mein Vater, in welche Katastrophe Deutschland von seinem »Führer« getrieben wurde. Und die bittere Erkenntnis daraus gezogen, daß man Krieg und Frieden, ja das Zusammenleben der Völker überhaupt nie mehr den Politikern allein überlassen dürfe. Daß vielmehr jeder einzelne seinen Beitrag zu leisten habe, eine solche Katastrophe in Zukunft zu verhindern. Den einzig praktikablen Weg der Versöhnung sah er darin, Deutschlands Nachbarländer zu bereisen, ihre Bewohner kennenzulernen und mit dem einen oder anderen womöglich Freundschaft zu schließen. Tatsächlich trat er Anfang der sechziger Jahre in die deutsch-französische Gesellschaft ein, um mit der Aussöhnung beim einstigen Erzfeind anzufangen. Ebendeshalb fuhr er danach fast jeden Sommer mit uns in die Provence. Er knüpfte Kontakte, von denen er sich eine völkerverbindende Wirkung jenseits staatspolitischer Bekundungen erhoffte und am Ende nichts weniger als Frieden.

Als mein Vater seinen Bericht beendet hatte, bat er mich, es ebenso zu halten. Heute, wo überall auf der Welt Populisten an die Regierungsmacht drängen und sich eine neue Abschottung von Staaten, Wirtschaftszonen und Machtblöcken anbahnt, ist seine Aufforderung von unverminderter Aktualität. Aber Freunde in fremden Ländern gewinnen, das sagt sich so leicht. Immerhin in Österreich hatte ich es zum Zeitpunkt unseres Gesprächs bereits getan. Weil ich in Wien mit Susan und zwei weiteren Schotten in einer WG wohnte, verweigerte ich nachträglich sogar den Kriegsdienst. Als Reservist eines Jägerbataillons war ich zu einer Wehrübung eingezogen worden, bei der auf Pappkameraden im Gelände geschossen wurde. Weil wir mit scharfer Munition schossen – während meiner Wehrpflicht hatte ich das nur an Schießständen getan –, klappten sie um, wenn sie getroffen wurden. Es war so schockierend realistisch, daß man unweigerlich auf Gedanken kam. Mit neunzehn, als ich meinen Wehrdienst ableistete, war ich offensichtlich noch zu naiv gewesen. Jetzt, mit zweiundzwanzig, malte ich mir umso lebhafter aus, daß es meine schottischen Freunde gewesen wären, auf die ich im letzten Krieg hätte schießen müssen. Nach Absolvierung der Wehrübung stellte ich einen schriftlichen Antrag auf Kriegsdienstverweigerung. Auch in der mündlichen Verhandlung argumentierte ich damit, daß ich nicht auf Freunde schießen könne, nur weil dies durch politische beziehungsweise militärische Konstellationen plötzlich so vorgegeben sei – und wurde anerkannt.

Außerhalb Europas hingegen gewann ich erst mal alles andere als Freunde. Schon im Maghreb wäre ich mit dem Urlaubskonzept meines Vaters grandios gescheitert. Nie wieder kehrte ich dermaßen ernüchtert heim wie von dort, da ich noch so voller Hoffnungen drauflosgereist war. Falsche Freunde erwarten uns freilich überall auf der Welt, auch wenn sie humorvoller und diskreter vorgehen als in den arabischen Ländern. Auf einer Mietwagentour durch Kuba lauerten uns gen Abend gern Radfahrer an Ortseinfahrten auf, um uns zu einer Privatunterkunft ihrer Wahl zu dirigieren. In Baracoa fing uns ein *mulato* in roten Shorts ab. Während er vor uns herradelte, rief er uns mehrfach zu: »I want to be your friend!« Bei jeder Gelegenheit bogen wir ab, er erwischte uns jedoch immer wieder. Es entwickelte sich eine Verfolgungsjagd, ein Wettrennen aus Prinzip. Weil wir ihn nicht abschütteln konnten, beschlossen wir, auf eine Übernachtung zu verzichten und gleich weiter nach Guantánamo zu fahren. Baracoa lernte ich erst Jahre später kennen.

Zumindest machte ich ab und an Urlaubsbekanntschaften, mit denen ich einen freundschaftlichen Umgang pflegte, und sei es für einen einzigen Abend. Wer einige Wochen allein unterwegs war, fängt an, laut mit sich selbst zu sprechen. Da ist er sogar dankbar, wenn er plötzlich ein paar Backpacker zur Tischgesellschaft hat, die alles, was sie auf ihrer Reise erlebt haben, »great«, »awesome« und »unbelievable« finden.

Vielleicht weil wir wissen, daß man einander nie wiedersehen wird, offenbaren wir uns bei solchen Zufallsbegegnungen in einer Direktheit, wie wir sie zu Hause nur engsten Freunden gegenüber an den Tag legen. Georg Simmel: »Die Reisebekanntschaft (…) entwickelt oft eine Intimität und Offenherzigkeit, für die eigentlich kein innerer Grund zu finden ist.«[1] Auch als Adressat solcher Bekenntnisse verwandeln wir uns. Während meiner Kreuzfahrt auf der *Europa* stand ich wiederholt abends in der *Sansibar* und teilte die Sorgen von Mitreisenden, die mir im heimischen Umfeld nichts als absurd erschienen wären. »Was soll ich denn machen«, suchte einer von ihnen meinen Rat, während wir in den karibischen Nachthimmel sahen: »Ich verdiene nun mal jeden Tag eine Million.« Für die Dauer dieses Abends ächzte ich mit ihm gemeinsam unter der Last des Problems.

Auch unter den Einheimischen gewinnen wir mitunter Zufallsbekanntschaften, die unsre Reisen enorm beleben oder ihnen in kritischen Phasen den rettenden Impuls geben. Ob wir Billard miteinander spielen oder um die Wette tanzen, ob wir uns zum Kicken verabreden oder zum Kickern, es führt auf wunderbare Weise heraus aus dem Reisealltag und hinein in Gesellschaft ganz normaler Menschen, mit denen wir im Ausland ansonsten kaum zu tun bekommen. Manchmal dauern Erlebnisse der Freundschaft nur wenige Augenblicke und sind doch unvergeßlich:

An einem Oktobersonntag des Jahres 2015 fuhr ich mit der U-Bahn zum Start des Osaka-Marathons, es war erst kurz nach sechs und kaum jemand unterwegs. In meinem Waggon saß ein einziger Fahrgast, ein Läufer mit seinem

---

[1] Soziologie. Untersuchungen über die Formen der Vergesellschaftung. In: Ders.: Gesamtausgabe. Frankfurt 1992, Bd. 11, S. 752.

Kleiderbeutel, und weil es am Marathonmorgen über- all sonst Usus ist, grüßte ich ihn. Er erschrak regelrecht, grüßte kaum zurück. Ich hatte ein Tabu gebrochen, seine Intimsphäre verletzt. Japaner blicken im öffentlichen Raum stets aneinander vorbei, das wußte ich wohl, hatte es nur aufgrund der besonderen Situation außer Kraft gesetzt ge- glaubt – ein Irrtum. Als sich allerdings der Läufer zum Aussteigen rüstete, war ich es, der erschrak: denn plötzlich stand er vor mir, um sich von mir zu verabschieden. Er hat- te sich durch den ganzen Waggon, der mittlerweile mächtig mit Läufern gefüllt war, bis zu meinem Platz vorgearbeitet. Was aus unsrer westlichen Warte eine zwischenmensch- liche Bagatelle sein sollte, ein flüchtiger Gruß am Morgen, war für ihn der erste Schritt zu einer tatsächlichen Begeg- nung gewesen. Durch sein Verhalten zeigte er mir, daß es neben der Hallole-Kultur auch noch eine ganz andere, ver- bindlichere Art des Miteinanders gibt.

Dort, wo die Fremde noch nicht durch Tourismus in ein einträgliches Geschäftsfeld für Einheimische verwan- delt ist, begegnet man dem Reisenden oft mißtrauisch wie einem Eindringling, der von unlauteren Absichten her- beigetrieben wurde. Mit Geld ist es beileibe nicht getan, wenn man vorankommen will. Man muß das Vertrauen des anderen gewinnen, man muß ihn – mit ein paar Worten im richtigen Tonfall, einer Geste, einem Blick – überzeugt haben. Dann wird man nicht selten mit freundschaftlicher Begeisterung begleitet, wird bewirtet, chauffiert und auf Händen getragen.

Verweilte ich lang genug an einem Ort, gab es schließlich doch ab und zu jemanden, mit dem ich mich anfreundete. Sie alle blieben und bleiben auch in Zukunft meine Freun- de, selbst wenn ich sie nie wiedersehen sollte. Ich vermisse sie. Sehr. Daher nehme ich sie wenigstens mit in meine Bücher, als Figuren gleichen Namens. Über Struffi, der bei unseren Treffen rund um die Piazza von Arpino immer »Uschbike« (anstelle von »Prost«) rief und am Ende die Tischdecke signierte (statt zu bezahlen), habe ich ein Gedicht geschrieben. Über Akira, der mich in seiner Stammkneipe mit solch entlegenen Sake-Sorten wie »Hirsch im Herbst« und »Meister der Verführung« testete, ist ein ganzer Gedichtzyklus entstanden. Andere, wie der Kleine Hussein, der mir am Ende unsrer gemeinsamen Sinai-Wanderung den Wasserflaschenbeutel schenkte, den ihm seine Frau genäht hatte, tauchen in Erzählungen oder Essays wieder auf. Odina und Nazardod, die Eric und mich durch den Pamir führten, wurden wichtige Figuren im Roman »Samarkand Samarkand«; Cuqui, Luisito und Oscar im Roman »Herr der Hörner«.

Versteht sich, daß ich ihnen allen vorab von meinen literarischen Plänen erzählte und ihr Einverständnis einholte. Mit manchen besprach ich Handlung und Szenen eines Textes lang vor dessen Niederschrift. Dann begleiteten sie mich nicht etwa nur bei meiner Recherche, sondern nahmen sie maßgeblich in ihre eignen Hände. Wenn ich nach Jahren mit dem gedruckten Buch an den Ort des Geschehens zurückkehrte, wurde – wie im Fall von »Herr der Hörner« – ein Dachschwein geschlachtet und entsprechend gefeiert. »Samarkand Samarkand« hingegen fand seine »Namenspatrone« nur, indem ich ein paar Exemplare an die deutsche Botschaft schickte, wo sie dann von einem Mittelsmann abgeholt und auf verschlungenen Wegen zu ihren Adressaten weitertransportiert wurden. Was für sie ein subversiver Akt war – Verarbeitung des Gehörten und Erlebten in Literatur sowie Besitz derselben –, ist für mich der Versuch, die Vergänglichkeit der Freundschaft wenigstens im fiktionalen Rahmen zu bannen.

Wenn ich die Augen schließe, sind all diese Freunde auch ohne die dazugehörigen Texte sehr lebhaft da, machen ihre Bemerkungen und wohlbekannten Gesten. Sofern ich mir dann vorstelle, was sie in diesem Moment gerade tun, bin ich an vielen Orten der Welt gleichzeitig. Ich reise in Gedanken, ganz unpathetisch, dennoch voll Wehmut und Dankbarkeit. Sobald sich der eine oder andre dann per Mail meldet, verwandelt sich das abstrakte Weltweben wieder in konkrete Anteilnahme. Nicht alle sind sie beim Mailschreiben so herrlich muffig wie Cuqui, der sich eigentlich nur ständig beschwert, ich hätte ihn vergessen: »Mati, desde el último dia de enero no tenemos noticias directas de ti, solo alguna que otra por internet. Escribenos, sabes que te queremos. Cuqui.«

Takashi, der mich an jenem Oktobersonntag 2015 dann von der U-Bahn abholte, um mit mir gemeinsam den Osaka-Marathon zu laufen (und mich dabei zu einer neuen persönlichen Bestzeit zu treiben), schickt seine Grüße offensichtlich durch *Google Translate*: »Dear Matthias! India of the journey will ask the state was something Naru sublime. I will respect the Matthias to clear even such difficult. That time Hashirinui in a personal best record the Osaka marathon is is not time to forget. 2017 can not run together in Kyoto marathon for is a pity. But, also not help but think so that there is a convention that can run together. Friend Takashi«

Man versteht nicht Wort für Wort und trotzdem alles. Ohne die Menschen, die ich in der Fremde als Freunde gewann, hätte ich nicht so reisen können, wie ich es mir ganz unabhängig vom Rat meines Vaters immer erträumt hatte.

Und ich hätte die meisten meiner Bücher nicht schreiben können. Man erreicht im Leben lediglich das, was man durch seine Freunde erreicht. Ein Leben ohne Freunde ist, nicht nur beim Reisen oder Schreiben, ein Irrtum.

Was ihr nicht seht

Was ihr seht, ist der Dreck unter unsern Fingernägeln, aber ihr wißt nicht, an welchem Berg wir ihn errungen haben. Was ihr seht, sind die Blutflecke auf unsrer Hose, aber ihr wißt nicht, welches Tier da geopfert wurde. Was ihr seht, ist das Hemd mit den weißen Salzrändern unsres getrockneten Schweißes, aber ihr wißt nicht, daß es unser letztes ist. Wir sitzen im selben Flugzeug wie ihr, bis gestern waren wir in einer andern Welt. Heute kehren wir in die eure zurück – Tag der Heimkehr, Tag der Entscheidung.

»Scheiße, ich bin zu Hause«, raunzte Wolle, als wir 1983 nach einer Woche Engadin wieder in München angekommen waren. Nur sieben Tage hatten wir Zeit gehabt, uns an den Bergen und nebenbei am Nietzsche-Haus in Sils-Maria abzuarbeiten – viel zuwenig, um erschöpft und zufrieden die Heimfahrt anzutreten. Doch auch sieben Wochen wären zu kurz gewesen. Jede Reise erscheint uns zu kurz, wenn wir sie mit dem Tag der Heimkehr abschließen (müssen), stets fahren wir mit dem Gefühl heim, das meiste noch nicht gesehen zu haben.

Das Ziel ist das Ziel? Auch wenn wir beim Reisen ständig auf dem Weg zu Zwischenzielen sind, so ist das endgültige Ziel, die Rückkehr nach Hause, doch alles andre als unser Ziel der Ziele. Der Weg dorthin ist das Ziel, das schiere Unterwegssein, nicht die Abfolge von Zwischenzielen! Kapitän Akkermann witzelte während der Reise mit der *Europa*: Die Fahrt gefalle ihm sehr – wenn nur all die Destinationen nicht im Weg lägen. Etliche der Weltreisegäste, die jedes Jahr in ihrer Stammsuite überwinterten, schienen es in der Tat genauso zu empfinden. Ob wir Grand Turk oder Puerto Rico anliefen, St. Kitts oder die Jungferninseln, es interessierte sie nicht. Überall waren sie schon x-mal gewesen, lieber blieben sie am Pool. Nur auf Grand Cayman gingen sie von Bord, weil sie Termine mit ihren Bankberatern hatten.

Reisen um des Reisens willen und nirgendwo ankommen! Dies Gefühl kenne auch ich gut. Schon beim Trampen wollte ich vor allem unterwegs sein; wohin mich die Serie meiner Lifts führte, war zweitrangig. Als wir in München an der Auffahrt zur Nürnberger Autobahn starteten, Wolle und ich, hatten wir locker anvisiert, abends über die Reeperbahn zu ziehen. Tatsächlich landeten wir in Amsterdam und drückten uns vor Schaufenstern herum, in denen sich Frauen präsentierten. Was uns am Ende *wirklich* interessierte, waren die Erlebnisse mit den Fahrern, die wir gestoppt hatten, vor allem auch die Zeit, die wir benötigt hatten: 24 Stunden für 2000 Kilometer hin und zurück,[1] also einschließlich der Wartephasen. Nicht schlecht für zwei Kerle mit langen Haaren.

Natürlich spielten gewisse Strecken eine Rolle, etwa die durch die DDR (mit *Intershop*-Einkauf zwischendurch) oder der Autoput, über den wir völlig abgebrannt und also richtig auf Tempo nach Hause hetzten. Auch gewisse Orte

1 Wir hatten ja keineswegs den direkten Weg genommen.

gewannen im Rückblick ihre Bedeutung, Orte, an denen man hängenblieb, im Regen stand, von der Polizei verjagt oder mit einem Bußgeld belegt wurde. Doch allein deswegen wäre ich nicht immer wieder aufgebrochen. Ein paar Jahre lang war es für mich das Höchste, in meiner Flickenjeans am Straßenrand zu sitzen und Maultrommel zu spielen, bis mich ein älteres Ehepaar mitnahm, um mir gute Ratschläge zu erteilen, ein Altnazi, der seine SS-Runen in den Achselhöhlen zeigen wollte, ein 68er, der mir eine Einführung in indianische Mythologie gab, oder doch bloß wieder ein Angeber, der seinen Wagen vorführte.

Trampen war für mich weniger eine Art der Fortbewegung als Ausdruck einer Weltanschauung. So entspannt und ganz bei mir selbst bin ich später nie mehr gereist, von sanftem Größenwahn beseelt und interessiertem Wohlgefallen an allem, was der Fall war. Ich bereiste nicht Landschaften oder Städte, ich bereiste Menschen. Das Abenteuer bestand darin, sich auf jeden einzulassen und dabei mehrmals täglich übern eigenen Horizont zu gelangen. Manches, was ich während meiner behütet bürgerlichen Erziehung verinnerlicht hatte, wurde mir dabei wieder ausgetrieben. Bis 1979 hatte ich über 20000 Kilometer zusammengetrampt, unzählige Lebensläufe und Ansichten kennengelernt und als Fundus abgespeichert, auf den ich später beim Schreiben zurückgreifen konnte. Rückblickend glaube ich, daß ich meine Fahrten nur deshalb so stolz protokollierte, weil sie mir als Beweis dafür galten, wie unangepaßt links ich war, das Gegenteil eines Spießers. Keine Frage, genau das war ein bißchen spießig.

Die schiere Lust am Unterwegssein kenne ich auch heute noch. Auf Kreta oder Phuket bretterte ich von morgens bis abends mit einer frisierten *Vespa* herum und kam nur zum Stehen, wenn der Tank nachgefüllt werden mußte. Bei langen Autofahrten irgendwo in Europa fuhr ich mich regelmäßig in Trance, vor allem nachts, wenn die Welt auf einen Mittelstreifen zusammengeschnurrt war und die Lichter entgegenkommender Fahrzeuge im Vorbeigleiten Geschichten andeuteten, die man nie hören würde. Mein *R4* mochte eine bemalte Schrottlaube sein, ich hatte vier Boxen eingebaut und einen Equalizer; wenn die Hymnen der Einsamkeit liefen, glitt man auf einem Klangteppich dahin: *Kashmir, In My Time of Dying, Since I've Been Loving You, Tea For One* ... ohnedies große Offenbarungen, doch durchs Fahren wurden sie noch größer und wir, Reisende zu einem andern Stern, mit ihnen. Stets fuhren wir mit maximaler Geschwindigkeit, machten keine Pause, wollten nirgendwohin, dies aber dringend. Vor allem Autobahnen wurden zu Wegen der Erkenntnis, das schweigende Miteinander von Fahrer und Beifahrer zur gemeinschaftlichen Meditation. Hellmuth Opitz hat wunderbare Gedichte darüber geschrieben: »Eine Nacht, / durch die man gleitet wie durch einen Ärmel / schwarzer Seide, (...) Kilometer fressen, Entfernungen schlürfen (...) und sich den Mittelstreifen reinziehn wie eine endlos / lange Linie Kokain.«[2]

Aus schierer Lust aufs Drauflosfahren breche ich allerdings schon lange nicht mehr von zu Hause auf. Trotzdem bin ich bei jeder Reise, wohin sie auch führt und zu welchem Zweck, noch immer ganz zwangsläufig unterwegs, unterwegs, unterwegs. O ja, es gibt spektakuläre Strecken, die Panama-Passage, den Pamir-Highway, den Peekaboo-Trail im Bryce Canyon. Doch das sind Ausnahmen. In der

[2] Distanzen. Stimulanzen. In: Ders.: Die Dunkelheit knistert wie Kandis. Bielefeld 2011, S. 100.

Regel bin ich auf überfüllten Straßen von Innenstädten unterwegs, auf öden Ausfallstraßen, langweiligen Überlandstraßen. Während unsrer Maghrebreise 1980 legten wir mit Bus, Bahn und Esel in 50 Tagen 10 380 Kilometer zurück – 237 Stunden waren wir unterwegs, ein Fünftel der gesamten Reisezeit. In den USA fuhren wir mit dem Mietwagen innerhalb von 38 Tagen 13 600 Kilometer, im Schnitt 358 Kilometer pro Tag.

Dies einmal mit aller Pedanterie auszurechnen bewahrt mich davor, Reisen als etwas zu glorifizieren, was es nur zum geringen Teil ist, und das, was es vor allem bedeutet – auf unspektakuläre Weise Unterwegssein in unspektakulärem Terrain –, als notwendiges Übel und lästige Nebensächlichkeit abzutun. Was man am Rand seiner Strecke in zufälligen Momentaufnahmen festgehalten hat, bildet den Hintergrund des Bildes, das man sich von seinem Reiseland auf der Heimreise noch einmal ganz anders macht als zuvor, da man täglich neu damit konfrontiert war. Erst dieser Hintergrund verbindet die Höhepunkte der Reise, wie sie sich jetzt zum Gesamteindruck fügen wollen, zu *einem* Bild. Und was sind die Höhepunkte? Nicht unbedingt die Sehenswürdigkeiten, derentwegen man die Reise unternommen hat, sie gruppieren sich eher im Mittelgrund des Bildes. Weit intensiver erinnert man sich an

* »ein Schimpansenbaby im kongolesischen Regenwald, das meinen Finger ergriff und daran saugte, wir schauten uns dabei an, minutenlang« (Dschisaiki).
* »den Besuch auf der Gefängnisinsel Robben Island vor Kapstadt mit meinem Freund Raks Seakgwa, er war dort während der Apartheid inhaftiert und kehrte mit mir das erste Mal als freier Mann zurück« (Indra).

* »die Besichtigung der Kriegsgräberstätten in El-Ala-
  mein mit meinem Vater und wie bewegt er angesichts
  des britischen Soldatenfriedhofs war, dessen Gräberfeld
  bald vom Sand verweht und damit alles verschwunden
  sein würde, was die Erinnerung an die Gefallenen auf-
  rechterhielt« (Susan).
* »eine der *Café-Haiti*-Filialen in Santiago de Chile, wo
  die Kellnerinnen, alle in knappen Minis, auf erhöhten
  Laufstegen zwischen den Tischen defilierten, so daß
  man ihnen als Gast auf die Beine, manchmal auch un-
  tern Rock schauen *mußte*, und wenn sie sich bückten,
  um den bestellten Kaffee abzustellen, ins Dekolleté«
  (Klaus, Volker).
* »eine Schale mit Mirabellen, die in besagtem Café auf
  dem Tresen stand; ich war da eher zufällig reingeraten,
  aber dann schimmerte das Gegenlicht so unglaublich
  durchs Porzellan der Schüssel, daß die Früchte zu strah-
  len begannen und ich sie auf der Stelle malen wollte«
  (Johannes Nawrath).

So intensiv man Tops und Flops tatsächlich erlebt haben
mag, nun rutschen sie gleichermaßen in den Mittelgrund
des Erinnerungsbildes. Ganz vorne übrig bleibt vor allem
das, was man mit Staunen zur Kenntnis genommen hat.
Höhepunkte und Enttäuschungen erlebt man auch im
Alltag zu Hause. Das ganz Andere, das sprachlos macht
vor Verwunderung, bei dem man nicht einmal weiß, ob
man's gut oder schlecht findet, das schiere Registrieren der
Fremdartigkeit des Fremden (jedenfalls bis zu dem Tag, an
dem man sich in diesem Land über nichts mehr wundert):
das ist der Dreh- und Angelpunkt jeder Reise. Noch nach
Jahren staune ich über

* den geschminkten Affen auf dem Markt eines thailändischen Dorfes, von dem ich alles andere längst vergessen habe.

* den Tötungsstein, die Menschenfressergabeln, die Missionarsfleischschüssel, die Nähnadeln aus den Schienbeinen getöteter Feinde im Museum von Suwa.

* das Skelett, das in der »Kapelle der Knochen« im portugiesischen Evora von der Decke hängt, überm Eingang steht der Spruch: »Hier warten unsre Knochen auf die euren.«

* den kleinen Jungen im Valle de Ingenio bei Trinidad, der uns zurief: »Ju bik ingli?« Und für die schiere Fragestellung dann auch noch Geld wollte.

* An die Kampagne, die in mehreren Bundesländern Indiens lief, als ich …

Incredible !ndia. Dieser Werbespruch des indischen Tourismusministeriums wird gern von Indern zitiert, wenn sie über ihr eigenes Land den Kopf schütteln. Denke ich an dieses unbegreifliche Land, das mir von Reise zu Reise nur immer rätselhafter wird, so fällt mir ausgerechnet die Plakatkampagne ein, die 2016 in mehreren Bundesstaaten lief. Sie stand unter dem Slogan »Prohibit Open Defecation / Achieve 100 % Sanitation« und brachte die ganze Absurdität des Subkontinents zum Ausdruck, seine Hoffnung, seine Inkonsequenz, sein Versagen. Auf dem rechten Drittel des Plakats als Comic gemalt: ein Junge, der in einen Fluß scheißt. Weiter unten schöpft ein Mädchen mit einem Eimer Wasser, die Scheiße schwimmt knapp daran vorbei. Noch weiter unten die Wäsche waschende Mutter, ein weisses Kleidungsstück hat es bereits erwischt. Ganz unten ein weiterer kleiner Junge, der fröhlich im Fluß schwimmt, noch ahnt er nicht, was auch auf ihn zukommt. Auf den beiden linken Dritteln des Plakats: ein Dorf, das sich zum »Open Defecation Free Village« deklariert hat. Auf dem Hügel ein überdimensioniertes WC-Häuschen, die beiden Türflügel wie die eines Tempeltors, das Dach an allen vier Ecken beflaggt. Davor die versammelten Dorfältesten, die Hände zum Gebet erhoben. Im Vordergrund hocken ein Junge und ein Mädchen mit heruntergezogenen Hosen und schicken sich an, »open defecation« zu betreiben. Absurderweise sagt der Junge jedoch zum Mädchen »›Say no‹ to open defecation«.

Just mit der Erinnerung an dieses Plakat flog ich zurück nach Deutschland. Ich dachte an die kuriosen Aufschriften am Heck indischer Lkws und an den Frontscheiben der Sammeltaxis: »Truth has no answer«, »Love is a dangerous thing«, »One mistek game over«, »Born to roll«, »Anger is a short madness«, »Jesus lov nothing in return«, »If one day the speed kills me don't cry because i was smiling«, oder am Schmutzlappen eines Lkw-Hinterrades: »How long can you live?«, dazu ein Thermometer, das die Lebensjahrzehnte anzeigte, die Skala ging bis achtzig, die rot gezeichnete Säule stand auf knapp über fünfzig …

Ich dachte an die freiwillig und unfreiwillig komischen Namen der Geschäfte: »The Gaylord Icecream«, »Welcome Shoe Zone«, »Diplomate Funiture«, »Moonlight Dry Cleaners«, »Love Affairs« (Blumengeschäft), »Happy Cloth« (Schneiderei), »Taste of Happinezz!« (Konditorei) …

Ich dachte an die Schlagfertigkeit der Händler und Taxifahrer, wie sie weltweit ihresgleichen sucht …

Ich dachte …

Und eigentlich dachte ich gar nicht, sondern *sah*, und immer wieder dazwischen sah ich auch das Plakat. In all diesen kleinen Mosaiksteinen meiner Reise, wie sie sich vor meinem inneren Auge neu zusammenfügten – jedes für sich belanglos und alle zusammen plötzlich so aussagekräftig –, war die Tragikomödie des indischen Alltags für mich zum Ausdruck gebracht. Wieder einmal hatte ich mich daran abgearbeitet, manchmal verzweifelt, nun aber blickte ich versöhnt und heiter darauf zurück.

Während wir heimkehren, ist unsre Reise noch längst nicht zu Ende. Auf ihrem letzten Teilstück, gerade weil wir es so teilnahmslos absolvieren, reisen wir nach innen: dorthin, wo wir nicht mehr über unsre Eindrücke nachdenken, wo sich alles von selbst sortiert und zum entscheidenden Bild fügt, mit dem wir zu Hause ankommen werden. Je länger ihr uns mustert, desto vielfältiger werden die Fragen, die ihr uns nicht stellen könnt. Nur so viel ist sicher: Jeder, der da neben euch sitzt, sieht nicht das vor seinem inneren Auge, was er vor einigen Wochen zu sehen hoffte, als er voller Erwartung in entgegengesetzter Richtung flog.

Vor allem

Ob in der Wüste unter weißem Firmament
(und was auch immer ich dort suche),
ob unter kahlem Mond im Alabaster-
geschimmer der Gebirge, ich verfluche

die Zeit. Was ich auch tue oder lasse,
ich sehne mich nach Kopfsteinpflaster,
dem altvertrauten Anblick unsrer Gasse
im Schatten der Kastanie, Dämmerschein ...

vor allem und für immer
mit dir. (Bei Brot, Oliven, Käse, Wein.)

Wo ist heute Heimat?

Und dann sind wir wieder daheim. Ist es nicht erstaunlich, wie reibungslos hier alles funktioniert – werden wir uns vielleicht fragen, wenn wir aus *Incredible !ndia* kommen. Keine Ratten zwischen den Gepäckstücken, mit dem Taxifahrer muß man nicht um den Fahrpreis feilschen, niemand behelligt uns mit: »Where you go? Where you from?« Oder aber es fällt uns als erstes auf, wie langsam die Rolltreppen laufen. Und wie chaotisch alles andere – jedenfalls wenn wir aus Südkorea zurückkehren. Wie vermüllt alles ist, voller Graffiti, heruntergewirtschaftet, *indisch*.

»Erst die Fremde lehrt uns, was wir an der Heimat besitzen«, schreibt Fontane.[1] Das eine Mal werden wir aufatmen, das andre Mal werden wir … ebenfalls aufatmen, wenngleich verhaltener. Es ist und bleibt nun mal unsre Heimat, in die wir gerade heil zurückgekehrt sind, darüber sind wir erleichtert. Auch wenn wir uns bis zur Paßkontrolle als Weltreisende gefühlt haben sollten, die überall zu Hause sind. Nun sind wir wieder Deutsche und in Deutschland zu Hause. Schlimm? Manch einer findet jetzt alles »schrecklich deutsch«, sieht überall nur schlechtgelaunte Menschen, wundert sich ostentativ, daß es gerade nicht regnet.

1 A. a. O., Bd. 1, S. 415.

Eric, der seine Heimat ganz klar in Gent sieht, findet es dort nach Rückkehr aus dem Ausland schrecklich flämisch: »Wenn ich nach Hause komme, empfinde ich die Ruhe in den Straßen wie eine Totenstille. Überall sehe ich nur geschlossene Türen.« Konsul Walder hat Deutschland früher gehaßt, mittlerweile hat er's wenigstens zu schätzen gelernt, auch wenn er am liebsten ewig weiterreisen würde. Indra freut sich überhaupt nicht auf zu Hause, ausgenommen die Freunde, die sie dort hat. Fast alle sind sie traurig bei der Rückkehr, machen gleich neue Reisepläne.

Was mich betrifft, so freue ich mich jedes Mal, wieder daheim zu sein. Wenn ich eine Zeitlang die Mühsal des Alltags in einem andern Land am eignen Leib erlebt habe, bin ich dankbar, in wohlgeordnete Strukturen zurückkehren zu dürfen. Heimkehren ist mit dem Akt des Rückflugs freilich nicht getan. Ich komme mit einem anderen Blick zurück nach Hause, mit einer anderen Einstellung, erlebe mein tägliches Einerlei eine Zeitlang als Fremder – und genieße es. Reisen macht nicht unbedingt glücklicher, zufriedener macht es auf alle Fälle.

Erzählt man von seinen Erlebnissen, fällt das Resümee von Mal zu Mal präziser aus. Reisen ist nicht immer schön. Gereist sein schon. Man hat zwar nicht *alles* geschafft, was man sich vorgenommen hatte, man hat es auch nicht stets so geschafft, wie man's sich gewünscht hätte, zumindest aber hat man *vieles* geschafft. Hat man je eine Reise unternommen, deren Bilanz eindeutig negativ zu ziehen war? Oder war sie nicht vielmehr *so* mißglückt, daß es schon wieder als besondere Erfahrung gelten konnte? Schlimmstenfalls hat man »das Beste daraus gemacht«, ein paar herbe Einsichten gewonnen, gelernt. Reisen macht nicht unbedingt glücklicher, erfüllter macht es auf alle Fälle.

Achill fremdelt ein paar Tage, wenn er nach Hause zurückgekehrt ist, er baut sein Zelt noch mal im eigenen Garten auf und verbringt darin ein paar Nächte. All die Dynamik, von der die vergangenen Wochen geprägt waren, läuft nun ins Leere, es ist vorbei. Für immer. Wir leiden an der Melancholie dessen, der seine Aufgabe erfüllt hat. Während wir Trauerarbeit leisten, verhandeln wir mit uns selbst über unser Lebenskonzept, verrechnen die Verlockungen der Fremde gegen die Geborgenheiten der Heimat und stellen fest, daß es auch eine Sehnsucht nach dem Vertrauten gibt. Nach kleinen Ritualen, halbautomatischen Handgriffen, beiläufigen Begegnungen. Reisen macht nicht unbedingt glücklicher, demütiger macht es auf alle Fälle.

Trotzdem wird man von Reise zu Reise ein bißchen fremder in seiner Welt. Und das liegt nicht allein daran, daß der Charakter im Lauf der Jahre eine andere Tiefenstruktur gewinnt, als wenn er sich stets nur im selben Umfeld hätte behaupten müssen. Es liegt auch am Umfeld selbst. Heimat als etwas Statisches gibt es nicht, sie erscheint nur so, wenn wir uns parallel zu ihrer Entwicklung permanent *mit*entwickeln. Tun wir's nicht oder nur bedingt, weil wir uns über gewisse Zeitspannen in anderen Ländern aufhalten, merken wir die Veränderungen deutlicher. Irgendwann fühlen wir, daß wir hier zwar hin-, aber nicht mehr hundertprozentig dazugehören. Ein paar weitere Jahre später fragen wir uns, ob es wirklich noch unsre Heimat ist, die wir zu Hause vorfinden. Oder eine neue Heimat, in die andere, Jüngere, gerade fraglos hineinwachsen.

Schon immer habe ich Deutschland als Teil einer Europäischen Union gesehen. Wenn ich mich gern als Deutscher bekannt habe, so war das untrennbar verbunden mit einer Vision von Europa, die hoffentlich noch zu meinen Lebzeiten auf die Vereinigten Staaten von Europa hinauslaufen würde. So sehr fühlte ich mich als Europäer, daß ich meine deutschen Wurzeln für selbstverständlich nahm, der Rede beziehungsweise des Nachdenkens nicht weiter wert. Das hat sich in jüngster Zeit geändert. War ich jahrzehntelang nur auf Lesereisen durch Deutschland unterwegs gewesen, nahm ich nun die eine oder andere Gelegenheit wahr, innerhalb Deutschlands zu reisen, also um der schieren Reise willen.

Es ist verhältnismäßig leicht, Reize und Besonderheiten eines Landes in den Blick zu bekommen, sofern sie sich in prächtigen Kontrastfarben präsentieren. Bei Reisen in die Dritte Welt kann man nur gewinnen. Bei Reisen in Deutschland kann man auch verlieren, Illusionen über sich und seine Landsleute zum Beispiel. Es ist viel schwerer, gerecht zu bleiben, wenn man über ein Ärgernis oder eine Enttäuschung *nicht* gleich wieder mit Sandstrand, Dschungel oder Wüste hinweggetröstet wird. Während ich im Oldenburger Land unterwegs war oder auf dem Grünen Band, der ehemaligen deutsch-deutschen Grenze, fragte ich mich, wonach ich eigentlich Ausschau halten sollte, schließlich war mir alles vertraut. So *schien* es zumindest. Für einen Dr. Black, der von Kalifornien aus in die Welt sieht und reist, ist Deutschland inzwischen wirklich fremd geworden. Was ich als ganz normal empfinde, ist für ihn auf den ersten Blick exotisch: »In manchen bayerischen Dörfern denkst du, du bist in *Disneyland*, die Einwohner sehen aus wie kostümierte Schauspieler zur Belustigung der Touristen. Wie kann man im täglichen Leben nur so rumlaufen?«

Häufig hatte ich im Verlauf meines Lebens gehört, daß sich Deutschland nicht von seinen Städten, sondern nur von seinen Provinzen aus begreifen läßt. Nun *sah* ich es. Sah, wie bunt es mittlerweile dort geworden war, nämlich nicht nur in Bezug auf Gastronomie, sondern auf Straßen- und Erscheinungsbild generell. Weil meine Eindrücke nicht gleich von den nächsten Eindrücken überlagert wurden, sah ich es genauer als in Hamburg oder München, wo ich es zwar täglich wahrgenommen hatte, allerdings nur in den speziellen Ausschnitten, die mich interessierten, der Rest war für mich nichts als Großstadttapete gewesen. Tatsächlich verglich ich meine Eindrücke aus der deutschen Provinz aber gar nicht mit denen aus deutschen Städten, sondern mit denen aus anderen Provinzen, die ich bereist hatte. Ich kannte das Patchwork verschiedener Kulturen ganz gut aus diversen Weltgegenden und ahnte, daß es also auch in Deutschland keineswegs auf Multikulti hinauslief, sondern auf ein kultiviertes Nebeneinander, immerhin. Zwar hatte ich andernorts erlebt, wie leicht dies Nebeneinander in ein Gegeneinander umschlagen kann, in Haß und Gewalt, trotzdem war ich der Überzeugung, daß es in einer solch selbstkritischen Gesellschaft wie der deutschen kaum passieren würde. Bis hierhin war ich mit meiner neuen Heimat im Reinen und sah alles, was von außen zu ihr dazugekommen war, als Gewinn an, als Wegmarke auf dem Weg zu einem neuen Europa.

Dann kam ein herrlicher Sommerabend im Münchner *Seehaus*-Biergarten und mit ihm, als ich die zweite Runde Bier holte, eine vollverschleierte Frau. Sie trug schwer an einem mit Speis und Trank beladenen Tablett, einige Schritte voraus ging demonstrativ unbeteiligt ein Bürschlein, offensichtlich ihr Mann. Auf der arabischen Halbinsel hatte ich schon viele Niqab-Trägerinnen gesehen und war den Anblick gewohnt. Auch München selbst war in den Sommermonaten voll von ihnen. Diese hier versetzte mir einen Stich. Gern wäre ich ihr wenigstens beim Tragen des Tabletts beigesprungen, doch das hätte ihr Mann als ungehörige Kontaktaufnahme interpretiert. Jäh spürte ich die ganze Aussichtslosigkeit der Hoffnung, daß sich beide Kulturen je zu solch unbeschwertem Einvernehmen finden würden, wie es in einem bayerischen Biergarten Programm ist. Die Freunde, mit denen ich zusammensaß, empfanden es ähnlich. Wir versicherten einander, *im Prinzip* nichts gegen vollverschleierte Frauen zu haben, aber …

An diesem Abend wurde mir klar, daß mich all meine Reisen *nicht* zum Weltbürger gemacht haben. Daß ich die Verschiedenheit an Gesellschafts- und Lebensformen auf der ganzen Welt genieße, doch nur deshalb, weil ich in meine eigene zurückkehren kann. Ich war, bin und bleibe Europäer. Das noch einmal in letzter Konsequenz zu begreifen, wurde ich durch eine im Grunde belanglose Begegnung mit arabischen Touristen veranlaßt, an denen ich in Münchens Geschäftsstraßen gedankenlos vorübergegangen wäre. Nicht jedoch in einem Biergarten, also dort, wo in Bayern so etwas wie die öffentlich kultivierte Privatsphäre beginnt. Einen Biergarten, der für seine Weltoffenheit nicht nur von Einheimischen, sondern von der ganzen Welt geliebt wird, wollte ich nur ungern mit jemandem teilen, der das heiter Ungezwungene des Ortes so offensichtlich konterkarierte.

Mittlerweile hat sich die Lage drastisch geändert, wer heutzutage über Fremde spricht, meint alles andere als gelegentliche Biergartenbesucher. Und auch der Begriff der Heimat hat eine zweifelhafte Renaissance erfahren. In jüngster Vergangenheit ist er so oft polemisch mißbraucht und emotional aufgeheizt worden, daß er zum zweiten Mal in der jüngeren deutschen Geschichte seine Unschuld zu verlieren droht. Noch vor wenigen Jahren war Heimat etwas so Selbstverständliches, daß keiner groß darüber nachgedacht hätte. Im Gegenteil, traditionelle Heimatverbundenheit wie etwa in Oberbayern galt den meisten als hinterwäldlerisch. Heimat war einfach da und würde immer da sein, gern auch in erweiterter Form, als europäische Heimat, und das war gut so. Doch inzwischen ist sie keine Selbstverständlichkeit mehr. Die einen befürchten, daß sie ihnen sukzessive entzogen wird und sie selbst heimatlos werden. Die andern wollen den Begriff Heimat für jeden öffnen, der seine tatsächliche Heimat verloren oder verlassen hat. Während die einen den Heimatbegriff allzusehr verengen und provinziell halten wollen, weiten ihn die anderen allzusehr aus und unterziehen ihn dadurch einer extremen Belastungsprobe. Und zwar nicht nur in Deutschland, sondern auch in … ach, in fast allen europäischen Ländern. Wir sind drauf und dran, unsre über Jahrzehnte zusammengewachsene neue Heimat Europa aufs Spiel zu setzen.

Selbstverständlich gebieten es Herz und Verstand, Europa weiterhin nicht nur weltoffen nach innen aufzubauen, sondern über seine Grenzen hinaus. Wer es für alle öffnet, ohne Ansehen der Person und der Motive, die ihn zu uns geführt haben, der macht sich zwar beliebt in der ganzen Welt, verrät jedoch seine europäischen Nachbarn und die gemeinsame europäische Idee. Das Brexit-Votum in Großbritannien ist erst der Anfang, Deutschland wird auch weiterhin der Hauptschuldige sein, wenn seine europäischen Nachbarn nicht mehr länger mittragen wollen, was wir besserwisserisch vorgeben. Wer von der ganzen Welt geliebt werden will, verliert seine engsten Freunde, wer glaubt, die Ängste seiner kleineren Nachbarn pauschal stigmatisieren zu dürfen, frönt der Arroganz des Stärkeren. Möglicherweise wird es ausgerechnet die Hybris der Deutschen sein, an der Europa als unser aller Heimat zerbricht.

Mein erster Teppich

Jede Reise ist zu Beginn ein Ausweg, in ihrem Verlauf ein Umweg und am Ende ein Rückweg zu uns selbst. Nun, da sie beendet ist, erinnern wir uns der überstandenen Abenteuer, schütteln ungläubig den Kopf: War das wirklich ich selbst, der sich an der afghanisch-tadschikischen Grenze herumtrieb (obwohl man ihn vor Heroinschmugglern und den Taliban gewarnt hatte), der dabei diese Unterkieferhälfte eines Esels vom Boden auflas und jetzt zusehen muß, auf welchem Bücherregal er sie halbwegs diskret plazieren könnte? War das wirklich ich selbst, der irgendwo vor den Kanaren auf 53 Meter Tiefe abtauchte, verbotenerweise, um die Schwarzen Korallen zu sehen? Und war es wirklich mein Tauchbuddy, der ein Stück Koralle abbrach und mir in die Hand drückte? Es kann doch eigentlich nicht gewesen sein! Schwarze Korallen sind eine bedrohte und entsprechend geschützte Art, kein Taucher (außer einem Russen) würde so etwas tun. Aber da liegt es vor mir, das kleine, unscheinbare Stück. Hätte ich es vielleicht besser gar nicht annehmen sollen?

Reiseandenken sind Beweisstücke, im Guten wie im Schlechten. Natürlich nicht alle, manchmal haben wir ja nur aus Freude etwas gekauft, für das wir nun den passenden Ort in unsrer Wohnung suchen – oder den passenden

Menschen, dem wir's schenken könnten. Ein Unterkiefer-
knochen jedoch oder ein Stück Koralle ist etwas anderes,
ein Markstein unsrer Reise, der die Geschichte derselben
oder einer ihrer Etappen erzählt. Oft sind solche Mitbringsel ohne jeden materiellen Wert, beiläufig gefunden, beiläufig eingesteckt. Zu Hause verwandeln sie sich in Trophäen.
Sobald mein Blick den Kieferknochen streift, sehe ich den
Salzsee, auf den wir zuhielten, und die Berge darum herum,
eine unendliche Trauer, zur Landschaft geformt. Sobald
mein Auge auf das Stück Schwarzer Koralle fällt, habe ich
sekundenbruchteilhaft ein schlechtes Gewissen. Gleichzeitig sehe ich, wie wir uns gegen die heftige Strömung
voranarbeiteten, wie schnell der Druck in unseren Flaschen
abnahm und uns die Zeit davonlief, wie das Meer immer
trüber wurde und die Chance, die Korallenkolonie zu ver-
fehlen, immer größer.

Mein erster Teppich kostete am Ende 108 Mark, das
war 1980 fast ein Zehntel meines Reisebudgets, und es
dauerte Stunden, das Objekt meiner plötzlichen Begierde
auf diesen Betrag herunterzuhandeln. Wir hatten uns im
tunesischen Medenine rund um die Ruinen der alten Vor-
ratsspeicher eine Schlacht mit Jugendlichen geliefert, die
uns jedes Mal mit einem Steinhagel bedachten, wenn wir
uns der Sehenswürdigkeit näherten. Schon etliche solcher
Schlachten hatten wir hinter uns gebracht, wir waren zu
fünft und wußten uns zu wehren. Danach bedurften wir
einer Belohnung. Prompt hingen an einer Fassade im Stadtzentrum dunkelrote Teppiche mit weißen Mustern, einige
weitere waren über Mauern drapiert, stapelten sich beidseits einer Gruppe teetrinkender Männer. Einer davon war
der Teppichhändler, er handelte ausschließlich mit Web-
teppichen der Beduinen. Je mehr er über sie erzählte, desto

inniger hegte ich den Wunsch, einen ganz bestimmten davon zu besitzen. Anfangs feilschte ich nur um diesen, je tiefer der Preis fiel, desto mehr von uns wollten plötzlich auch einen haben, schließlich ging es um vier Teppiche. Immer wieder räumten wir ergebnislos das Feld, immer wieder kehrten wir zurück. Dann hielt ich mein Schlußplädoyer, bekundete unser aller Begeisterung für die Teppiche, der Händler könne stolz auf sie sein, jeder einzelne wäre eine wunderbare Werbung für Tunesien. Vorausgesetzt er hinge in einer unsrer Münchner Wohnungen. Ich gab ein letztes Gebot ab, der Händler beriet sich kurz mit den Teetrinkern, dann reichte er mir die Hand. Der Handel war geschlossen.

Schon im Jahr darauf feilschte ich um den nächsten Teppich. Diesmal waren wir im türkischen Kayseri, und es ging nur um zwei kleine Brücken, diesmal war es Wolle, der den entscheidenden Ausschlag gab. Wieder hatten wir unser Budget ausgereizt und keinen rhetorischen Trumpf mehr in petto. Da zog sich Wolle den Gürtel von der Hose und legte ihn zu den Geldscheinen, die wir in Position gebracht hatten, um den Händler durch die greifbare Gegenwart des Geldes in Versuchung zu führen. Der hatte zu Beginn unsrer Verhandlungen sein Wohlgefallen an Wolles Gürtel bekundet – und griff zu.

Bis heute habe ich fünf Teppiche erworben. Am spannendsten war es in Isfahan, obwohl ich mir dort dezidiert vorgenommen hatte, alles zu kaufen, bloß keinen Perser. Es ist überall gefährlich, aus schierem Übermut den Laden eines Teppichhändlers zu betreten, am gefährlichsten aber ist es unter den Arkaden des Imam-Platzes von Isfahan. Dort liegen Schätze, bei deren Anblick man den Verstand verliert. Danach stand ich unter Schock, noch nie hatte ich während einer Reise so viel Geld auf einen Schlag ausgegeben. Wochenlang machte ich mir Vorwürfe. Doch als ich den Teppich beim Hamburger Zoll abholen konnte, waren seine Muster nach wie vor von solch vollendeter Harmonie, daß ich die Augen schließen mußte.

Gute Souvenirs sind Belohnungen für eine gutgeführte Reise. Allerdings ist es im Lauf der Jahre nicht unbedingt leichter geworden, etwas Angemessenes zu finden, schließlich kann es nicht jedes Mal ein Teppich sein. Mit dem Versprechen »Komm rein, ich quatsch au net« koberte mich ein Händler mit schwäbischem Akzent mitten im Basar von Antalya. Einer in Breslau versprach mir »schönen Scheiß, richtig schönen Scheiß«. Mittlerweile findet sich der schöne Scheiß bereits in den Heile-Welt-Läden – sozusagen dem Gegenteil von Dritte-Welt-Läden –, die in Deutschland überall dort aus dem Boden schießen, wo ganze Stadtviertel zu Wohlfühlzonen gentrifiziert werden: ein internationales Potpourri aus skandinavischen Lampen, toskanischer Töpferware, liebevoll restaurierten Kleinmöbeln aus Böhmen … Wohingegen die Andenkenläden Europas wie die Basare des Nahen und Fernen Ostens mit der immergleichen Massenware vollgeplundert sind.

Über all die Holzelefanten, -löwen und -giraffen der afrikanischen Souvenirverkäufer hält sich das Gerücht, sie würden zentral in einer einzigen kenianischen Fabrik gefertigt; in jedem Fall sehen sie so aus. Das andere Ende des touristischen Käuferspektrums wird in den Shopping Malls von Dubai bis Hongkong mit den sattsam bekannten Produkten der globalisierten (Luxus-)Markenwelt versorgt. In Japan mußte ich ziemlich lange herumfragen, bis man mir eine Kimono-Manufaktur in Kyoto nannte, die ihre klassischen Muster mittlerweile auf Hemden oder Jacken druckt *und sie auch nur dort in ihrem Laden verkauft*.[1] Gewiß, der Reiz am Souvenirsuchen hatte seit je darin gelegen, etwas zu finden, das es nur im Reiseland gibt. Aber vor der Jahrtausendwende hatte man bereits beim Erwerb einer tibetanischen Butterlampe oder eines Teebechers mit Deckel ein Erfolgserlebnis. Ein Rollbild oder ein geschnitzter Südsee-Tiki waren Boten aus einer Fremde, die noch längst nicht zu Accessoires des weltweiten Schöner-Wohnens anverwandelt waren.

Je authentischer unsre Funde ausfallen, desto authentischer sind wir gereist. Im höheren Sinne wäre natürlich auch Souvenirramsch authentisch, schließlich entspricht er unsrer letztlich nur oberflächlichen Auseinandersetzung mit dem Fremden. Eine Schneekugel mit Eiffelturm stellt man gern, aber nicht ohne ironisches Augenzwinkern ins Regal. Auf jeden Fall authentisch sind Alltagsgegenstände eines Landes, sofern sie regional produziert wurden – Rasierwasser, Duschgels, Krawatten, was immer. An vielen Orten Asiens und Afrikas kaufte ich mir Taschentücher. Simple karierte Schnupf-, ja eigentlich Sacktücher für nicht mal einen Euro das Stück, die es in dieser groben Qualität bei uns kaum mehr gibt. Im westaustralischen York erwarb ich ein Küchenbrett aus dickem Eukalyptusholz, das ich dann kaum in mein Gepäck bekam. In Indonesien deckte ich mich mit Zigaretten ein, deren intensiver Nelken-Vanille-Geruch zu Hause fast jeden vergraulte. Von einem neuseeländischen Imker brachte ich ein Glas Honig mit, ein paar Monate lang schmeckten die Frühstücksbrötchen nach Mittelerde.

---

1 www.pagong.jp/en; auf der News-Seite von *Pagong* erfährt man allerdings am 8.6.2016, daß ihre Produkte fortan auch über einen Laden in Singapur vertrieben werden. Und am 1.10.2016, daß man sie sogar weltweit über *Ebay* bestellen kann.

Derartige Mitbringsel haben den Vorteil, daß sie sich zwanglos in meinen heimischen Alltag einfügen und ihn mit ihren Verweisen auf einen ganz anderen Alltag für eine Weile beleben, erweitern, konterkarieren. Dazu kommt Wüstensand, Schlangenfett, ein Wolfszahn, der eine oder andre Stein. Gemeinsam mit den unvermeidlichen Kästchen, Schalen, Schnitzereien aus Knochen oder Holz ergibt das eine Sammlung, die mir als Erinnerungsspeicher fast so wichtig ist wie meine Notizen.

Wenn ich Heimweh nach der Fremde habe, brauche ich nur eines dieser Dinge in die Hand zu nehmen. Sie gehören zu mir wie meine Bücher und CDs. Die Reihe von geklauten Biergläsern aus Londoner Pubs ist die handfeste Grundlage des kleinen Epos »London für Helden«, das ich über meine *pub crawls* geschrieben habe. Im handbemalten Tischmarker aus dem Hotel in Moshi, den ich der Bedienung so lange abzukaufen versuchte, bis ihn mir der herbeigerufene Manager kurzerhand schenkte, in dieser kleinen Holzpyramide mit ihren naiv aufgepinselten Nashörnern ist mein Glück enthalten, den Kilimandscharo-Marathon gerannt zu sein, aber auch meine Sehnsucht, den Kilimandscharo endlich einmal zu besteigen. Das kleine Teil eines zerschellten Propellerflugzeugs, das ich auf der Nordflanke des Dschebel Toubkal einsteckte – der ganze Hang übersät mit Schrott, die schlichten Gräber der Besatzung verstreut im Geröll –, trägt all meine Verzweiflung über Tod und Vergänglichkeit in sich, die mich ein Leben lang vom Schreibtisch in die Welt und wieder zurück getrieben hat.

Und dann gibt es bei jedem Reisenden noch ein paar Solitäre, Referenzobjekte von Reisen, die nicht nur in ein anderes Land, sondern in eine andere Welt führten. In meinem Fall stammen sie aus einem Kuba, das hinter Salsa,

Rum und *Buena Vista Social Club* gut verborgen ist: Sofern man weiß, worum es geht, sieht man an gewissen Ver-
kaufsständen nicht nur alte Nägel, Hufeisen, getrocknete
Ochsenaugen und andre Kuriositäten, sondern erkennt
sie als Attribute afrokubanischer Gottheiten, die bei den
entsprechenden Ritualen hinter verschlossener Tür zum
Einsatz kommen. Zwischen 2000 und 2005 hielt ich mich
oft hinter verschlossenen Türen auf, irgendwann weihte
man mir meine eigenen beiden Opferschüsseln samt all
den *Kuriosa*, die hineingehören, einschließlich einer ro-
stigen Gliederkette. Einige Male flog ich damit zwischen
Kuba und Deutschland hin und her. Mein Koffer hatte
entsprechend Übergewicht, bei jeder Einreise mußte ich
ihn öffnen. Die deutschen Zöllner sahen trotz meiner Erklärungen nur Altmetall, mit dem ich von etwas anderem
ablenken wollte, das freilich nicht zu finden war. Bei den
kubanischen Zöllnern dagegen erwarb ich mir sofort eine
gewisse Achtung, und wo ich ihre deutschen Kollegen vor
unbedachten Griffen warnen mußte – »Das wär' mir an
Ihrer Stelle zu riskant, da ist Blut drauf« –, hielten sie sich
respektvoll zurück. Bereits am Zoll wurde ich vom Touristen zu einem der ihren.

Die beiden Opferschalen der Santería waren Trophäen,
die den Rahmen bloßer Reiseandenken sprengten. Ich stellte sie neben die Wohnungstür, wo sie aufgrund ihrer Funk-
tion auch hingehören, und erschreckte damit nicht wenige
meiner Besucher. Die Kraft, die im Verlauf der Rituale in
sie eingeflossen war, strömten sie auch in ihrem neuen Umfeld aus. Dabei sollte erst noch eine dritte und mächtigste
Schale folgen, die ihren Platz in meinem Arbeitszimmer
einnehmen und selbst derbe polnische Putzfrauen dazu
zwingen würde, weiträumig darum herumzuwischen.

Denn eines Tages öffnete sich noch eine weitere der verschlossenen Türen, deren es in Kuba so viele gibt: die Tür zu Palo Monte, einer Geheimbruderschaft, dem Voodoo verwandt. Die Götter des Palo seien *noch* stärker als die der Santería, lockte man mich, ich würde es sehen.

Ich sah es. Blut hat selbstredend auch bei den Ritualen des Palo zu fließen. Keine unwesentliche Rolle spielen die Toten. Anstelle der beiden Opferschalen, die man unter *santeros* benutzt, arbeiten *paleros* nur mit einem einzigen Kessel, der es freilich in sich hat: Bewehrt mit einem Kranz aus Geierfedern, ist er gefüllt mit Sand, unter dem »die Geheimnisse« liegen. Auch für mich sollte ein solcher Kessel geweiht werden. Dazu mußte ich allerdings dies und das beschaffen, vor allem den Knochen eines Toten, der mithilfe des anstehenden Rituals an den Kessel gebunden werden und fortan für ihn »arbeiten« sollte. Ich war oft bei den Exhumierungen im Friedhof von Santiago de Cuba dabeigewesen, und wenn's darum ging, mal einen Fingerknochen für ein Amulett verschwinden zu lassen, spielten die Totengräber mit. Doch im Fall meines Kessels mußte ein Ober- oder Unterschenkelknochen her. Die einzige Möglichkeit bestand darin, ihn aus dem Beinhaus zu stehlen.

Bei meiner Ausreise aus Kuba wollte mich diesmal niemand kontrollieren, allein die Tatsache, daß ich einen Palo-Kessel in einer separaten Tragetasche mit mir führte, öffnete mir jede Sicherheitsschleuse. Bei meiner Wiedereinreise begleitete mich Wolle, und natürlich wurden wir vom Zoll herausgewunken. Zielstrebig griff Wolles Zöllner nach all dem, was unter einer Lage Kleidung an Wurst und Käse für meine kubanischen Freunde versteckt war, und beschlagnahmte es. Diesmal hatte ich meinen Palo-Kessel im Koffer verstaut und alles, was dazugehörte, bewußt ganz oben arrangiert. Meine Zöllnerin zuckte erschrocken zurück, als ich den Koffer für sie aufgeklappt hatte, sie sah auf den ersten Blick, worum es bei all den Federn ging, den Ästen, dem Stierhorn, dem kleinen Kruzifix, dem Schienbeinknochen. Ich reiste mitsamt allen Salamis ein, die darunter verborgen waren, sie hätte niemals gewagt, einen der Gegenstände, an die ein Toter gebunden war, mit eigener Hand beiseitezuschieben.

Tops und Flops

Die Frage, die wir nach Rückkehr von einer Reise am häufigsten beantworten müssen, ist die nach den Tops und Flops. Von all unsern Erlebnissen begeistert die Daheimgebliebenen am meisten das, bei dem wir spektakulär gescheitert sind. Von all unsern Erkenntnissen interessiert sie am brennendsten deren Zusammenfassung in Form handfester Wertungen, idealerweise verbunden mit einer ebenso eindeutigen Gesamteinschätzung des betreffenden Landes. Wer die Augen in der Fremde offengehalten hat, so die stillschweigende Erwartung, der kann das Gesehene auch auf den Punkt bringen, er wird seine Zuhörer nicht mit Abwiegelei und Zwischentönen aufhalten. Zwar sind wir beim Sortieren unsrer Reiseeindrücke noch längst nicht zu einem klaren Urteil gekommen, doch lumpen lassen wollen wir uns jetzt nicht.

Gemeinhin schießen wir dann gleich ein bißchen übers Ziel hinaus. In die Begeisterung über einen Höhepunkt der Reise kann man sich so hineinreden, daß man am Ende selber glaubt, etwas ganz Besonderes erlebt zu haben. »Übertreiben sollen die, die zu Hause bleiben«, mahnt Konsul Walder: »Man muß so reisen, daß man Übertreibungen nicht nötig hat.« Indessen wertet die Überhöhung einzelner Stationen rückwirkend die gesamte Reise auf – nicht nur in den Augen anderer. Jedes Mal, wenn der Reisende von seinen Highlights erzählt hat, wird er mit sich und seinen Erlebnissen zufriedener sein. Und seine Urteile beim nächsten Mal *noch* ein bißchen entschiedener zum Ausdruck bringen.

Eine besonders raffinierte Art des Angebens besteht darin, Sehenswürdigkeiten aus der zweiten Reihe zu Glanzpunkten der Reise zu erklären. Es zeigt jedem, daß man sich von den Vorgaben der Tourismusindustrie (einschließlich ihrer »Insider-Tips«) nicht hat blenden lassen, sondern sich ein eigenes Bild und dann auch eigene Entdeckungen gemacht hat. Der Zuhörer wird die genannten Attraktionen als *tatsächliche* Insider-Tips betrachten und dem Reisenden besondere Kompetenz zusprechen.

So betrachtet, sind Gespräche unter Reisenden über Tops und Flops nichts weiter als ein Spiel, bei dem mächtig geblufft und hoch gepokert wird, ohne daß die Karten je komplett aufgedeckt werden. Dabei geht es nicht um Wahrheit, sondern um Plausibilität. Wer seine Trümpfe in den schillerndsten Farben anmoderiert, ist am intensivsten gereist und hat am schärfsten hingeguckt. Will man zumindest als Zuhörer gern glauben. Auch in Zeiten des Internets ist die unmißverständliche Stellungnahme dessen, der sich gerade selbst vor Ort ein Bild gemacht hat, noch (oder erst recht) von größtem Gewicht. Schwärmt er von den Sehenswürdigkeiten, die er besichtigt hat, oder gar vom Land als Ganzem, wird er bei seinen Zuhörern eigene Reisepläne befördern. Tut er es nicht, werden sie ihre Sehnsucht vielleicht auf andere Destinationen richten.

Erreiste Ansichten sind wirkliche Einsichten, sie resultieren aus konkreten Erlebnissen und ruhen auf einem emotionalen Fundament. Doch sie lassen sich nicht von ihren Rahmenbedingungen lösen. Um die Relevanz der

Urteile abschätzen zu können, müßten wir die Umstände kennen, unter denen sie entstanden, müßten wissen, wie (effizient, planlos, willkürlich) unser Gewährsmann gereist ist, welche (zu hohen, einseitigen, bewußt gering gehaltenen) Erwartungen er an sein Reiseland hatte und inwiefern er es auf eine Weise wahrnahm, die der unseren verwandt sein könnte. Nicht jedes Land ist für jeden Reisenden gemacht. Wenn jemand nur von Flops berichtet, muß das nicht unbedingt am Land liegen.

Seltsam, daß wir alles, was uns über die Fremde berichtet wird, so bereitwillig glauben! Auch was dies Buch betrifft, drückten die, denen ich davon erzählte, prompt ihre Neugier auf meine Tops und Flops aus, die sie darin zu erfahren hofften, die *All-Time*-Tops und -Flops aus sämtlichen Reisen. Am liebsten ohne Wenn und Aber, in Listenform. Schon platzten sie mit eigenen Vorschlägen heraus, insbesondere bei den Flops machten sie klare Ansagen: Neuseeland (Dschisaiki), Bahamas und Jamaika (der K), Finnland (Eric), Massensafari in Kenia (Indra) … So richtig in Rage redete sich Dr. Black: »Meine schlimmsten Flops waren Fidschi, der Kosovo, die Karibik, insbesondere die Cayman Islands, vor allem jedoch und immer wieder: die Indianer – keine Spur von Winnetou!«

Dann allerdings gab er auch gleich zu, daß er als Jugendlicher in Nscho-tschi verliebt war, seine Empörung war im Grunde Liebeskummer. So ähnlich lief es bei all den Debatten über Tops und Flops, von den spontan geäußerten Vorschlägen ging es flugs weiter zu den damit zusammenhängenden Anekdoten, von wegen ohne Wenn und Aber, jeder Vorschlag wurde ausführlich begründet, um dann ebenso ausführlich wieder relativiert und vom nächsten Vorschlag in den Schatten gestellt zu werden.

Meinetwegen, dachte ich mir, wenn es darauf hinausläuft, dann will ich mich vor einer Liste nicht drücken. In meinen Braunen Büchern konnte ich nachlesen, welche Sehenswürdigkeiten aus jeder meiner Reisen herausstachen, auch die Enttäuschungen waren vermerkt. Doch eine Liste, die sie alle zusammendachte und eine verbindliche Auswahl traf? Wie ließen sich die Pyramiden von Chichén Itzá mit denen von Sakkara vergleichen? Wie die Fahrt in der Rhätischen Bahn mit der ebenfalls spektakulären Zugfahrt von Hikkaduwa nach Colombo? Wie wollte man entscheiden, welches Naturschauspiel aufregender war, der Blick in den Zion Canyon oder der in den Ngorongoro-Krater? Welche (Innen-)Stadt anheimelnder, Oxford oder St. Malo? Welcher Bahnhof interessanter, der Kasacher Bahnhof in Moskau oder Grand Central in New York?

Es war unmöglich. Mußte aber wohl sein. Ich legte zwei lange Listen an. Im Verlauf der Arbeit an diesem Buch strich ich alle Orte heraus, die in irgendeinem Kapitel Erwähnung gefunden hatten – ob als Top oder Flop, im Zweifelsfall als beides zugleich. Womit die Listen plötzlich erstaunlich kurz ausfielen. Indem ich dann bemerkte – erst dann! –, wie viele der verbliebenen Tops und Flops unlösbar mit einem Erlebnis zusammenhingen, das mir eine Sehenswürdigkeit verleidet oder verbrämt hatte (ohne das sie also gar nicht so bedeutend gewesen wäre), mußte ich ein weiteres Mal streichen. Übrig blieb:

Tops Abeno Harukas / Ærø / Altstadt von Prag bei Regen / Antigua, Guatemala / Ayaz Kala / Azay-le-Rideau / Bora Bora / Brechts Hus, Svendborg / Brügge / *Café Tortoni*, Buenos Aires / Chreschtschatyk-Boulevard am Sonntag / Cliffs of Moher / Empire State Building / Fes / Frauenchiemsee / Friedhof La Recoleta / Fushimi-Inari-Schrein / Ghadames / Ground Zero / Gullfoss, Dettifoss / Helgoland / Hoher Atlas / Île des Pins, Neukaledonien / Isle of Skye / Katakomben, Paris / Louisiana Museum / Matmata / Mesa Verde / Milford Sound / Miradouro de São Pedro de Alcântara / Monument Valley / Nikkō Tōshō-gū / Pagan / *Palácio Hotel do Buçaco* / Patpong / Persepolis / Plaza Mayor, Salamanca / *Regency Villa*, Ooty / *Roof Club*, Port Antonio / Ryōan-ji / San Giminiano / Sanaa / Schah-i-Sinda / Shwedagon-Pagode / Sossusvlei / Straßenbar bei Spur Tree, Jamaika / Tai Shan / *The Brazen Head*, Dublin / The Shard / Urquart Castle / Valetta / Valle Gran Rey / Walbeobachtungstour Husavik / Wien (1., 7., 8. Bezirk) / Winter in St. Petersburg

Flops Algier / Blaue Grotte, Malta / Blaue Lagune, Reykjavík / Blaue Wüste, Sinai / Buchara / Davos / Florenz / Garten der azurblauen Welle, Souzhou / Halloween-Parade in New York / Helikopterflug Gangtok-Bagdogra / Höhlenkloster, Kiew / Kaiserpalast, Seoul / Karibik / Karneval in Santiago de Cuba / Knossos / *La Terraza*, Cojimar / Matsushima / Mona Lisa / Nassau / Ocho Rios / Old Faithful / Schweinebucht / Sklavenmuseum Lagos, Portugal / Strokkur / *Tiger Balm Gardens* / Washington, D.C.

Nein, das sind nicht einmal annähernd die Listen, die ich mir an dieser Stelle gewünscht hätte. Es fehlen all die Beinahe-Tops wie der Rattentempel von Deshnok, in dem die Pilger Milchschalen und geweihte Speisen für Tausende von Ratten abstellten. Die stundenlange Busfahrt durch mongolisches Grasland ohne erkennbare Piste, dazu ein völlig betrunkener Busfahrer, der bei den Rutschpartien hügelabwärts laut sang und dann im Schlamm eines Flusses steckenblieb. Die Zugfahrt Tlemcen – Algier auf der offenen Plattform am Ende eines Waggons, 24 Menschen auf 7 Quadratmetern, fast alle schlafend, nur einer das immergleiche Lied singend …

Es fehlen die Beinahe-Flops wie das Elefanten-Altenheim in Pinnawella. Der einwattierte Schädel der heiligen Katharina im Schmuckkästchen, dazu ihre beringte Hand, die von den Mönchen des Katharinenklosters zum Küssen präsentiert wird. Die zugedröhnte Schwarze in der New Yorker U-Bahn, die exakt zwischen meinen beiden Schuhen abspeichelte, und wie jeder bemüht war, keinerlei Notiz davon zu nehmen, am allermeisten ich selbst …

Es fehlt der Getränkeautomat mit der verheißungsvollen Aufschrift »*DyDo* is your ticket to drink paradise«, der 1988 überall in Japan aufgestellt war, und wieder andre Automaten, aus denen man Zweiliterdosen *Asahi* herauspoltern lassen konnte. Es fehlt die *Sunset Resort Villa* im jamaikanischen Treasure Beach, wo die Brandung nachts an unser Hotelbett schlug. Der nepalesische Mönch mit dem Aufdruck »I am like chocolate I melt in your hands« auf dem T-Shirt und wie er beteuerte, er trage es nur im Kloster. Es fehlt die Fahrt im *Maruti Suzuki* irgendwo bei Shillong, einem Taxi, kleiner als ein *Ford Ka*, in dem acht Fahrgäste auf- und übereinandersaßen, der Mann neben dem Fahrer hatte den Schaltknüppel zwischen den gespreizten Beinen, wenn der Fahrer bergauf in den ersten Gang zurückschalten wollte, mußte der Mann das linke Knie anheben, andrerseits achtete der Fahrer immer sehr darauf, daß er den vierten Gang behutsam einlegte …

Bei derlei und den daraus resultierenden Listen würde ich kein Ende finden. Nun habe ich es schwarz auf weiß, daß ich nicht mit Tops oder Flops zurückkehre von meinen Reisen, sondern mit lauter kleinen Momentaufnahmen, die jede für sich der Beginn einer Geschichte sein könnten.

The Thrill is Gone

– so heißt eine der ganz großen Hymnen meiner Jugend, ein Bluesklassiker, berühmt geworden durch B. B. King. Existentielle Bedeutung gewann er für mich jedoch erst in der Siebenminutenfassung von Chicken Shack. Mehrmals sah ich die Band live; zusammen mit einigen anderen Gruppen der britischen Bluesrockszene hielt ich sie über Jahre für das Größte, was es musikalisch zu erleben gab. Und doch war sie, die Band mitsamt ihren Liedern einschließlich *The Thrill is Gone*, von einem Tag zum andern in meinem Plattenschrank verschwunden. Irgendwann kaufte ich mir noch die entsprechenden CDs, aber nur, um auch sie im Regal zu verstauen. Auflegen muß ich sie nicht mehr, ich habe die Stücke im Kopf. All meine Begeisterung dafür, ja für Blues und Bluesrock generell, ist verschwunden, und mit ihr das Interesse für neue Bands in diesem Genre.

Seit geraumer Zeit habe ich den Verdacht, daß es mir mit den Ländern, die ich bereist habe, ähnlich geht. Und mit denen, die ich *nicht* bereist habe, gleichermaßen. Als ob es mir genügt, sie in der Welt zu wissen. Die einen als präzise Erinnerung, die sich gemeinsam mit der an Bücher, Musikstücke, Kunstwerke als persönliche Matrix irgendwo in meinem Gehirn abgelagert hat, wo sie zwar jederzeit abrufbar wäre, gerade deshalb jedoch nicht mehr abgerufen wird. Die anderen als vage Vision, verbunden mit der Vermutung, sie seien letztlich nur Variationen dessen, was ich schon gesehen habe, und lohnten den Aufwand nicht, sie tatsächlich in Augenschein zu nehmen.

Würde man mich heute fragen, was »meine« Musik sei, ich würde, ohne zu zögern, den Blues (inkl. Bluesrock) nennen. Im Vergleich dazu ist alles andere für mich bestenfalls interessante, lässige, starke, aufregende, perfekte, ganz und gar großartige Musik. Blues ist mehr als Musik, viel mehr. Daß ich ihn schon lange nicht mehr höre, heißt keineswegs, daß ich ihn nicht weiterhin im Ohr habe, in den Beinen, den Fingerspitzen. Dasselbe gilt für die Frage, ob ich jetzt etwa aufhöre zu reisen. Die ehrliche Antwort ist: Selbst wenn ich wollte, ich könnte es nicht. Reisen ist nicht irgendetwas in meinem Leben, es ist mein Leben. Ich bin und bleibe ein Reisender, selbst wenn ich fortan zu Hause bliebe.

»Reisen, aber wohin noch?« fragt sich auch Rüdiger Görner und schlägt in dieselbe Kerbe: »Glaubt man doch, alles irgendwann irgendwie schon gesehen zu haben.«[1] Desgleichen Konsul Walder: »Das Schlimme am Reisen: Traumdestinationen werden weniger und man selber von Reise zu Reise abgewichster. Jedes neue Sehnsuchtsziel hat es ein bißchen schwerer, das vorherige in den Schatten zu stellen.« Liegt es wirklich nur an der Fülle von Vergleichen, die man nolens volens in jedes neue Land mitbringt, daß die Neugier im Lauf eines Reiselebens schwindet? Oder hat sich auch die Welt verändert, so daß Reisen tatsächlich nicht mehr das ist, was es einmal war?

Seit dem Anschlag aufs *World Trade Center* ist die Welt

1 Die Träne im Zug. In: *Lettre International*, Sommer 2009.

unberechenbarer geworden. Was während des Kalten Krieges als atomare Bedrohung gewissermaßen abstrakt über uns schwebte, hat sich in viele einzelne Brandherde verwandelt und dabei konkretisiert. Auf der Seite des Auswärtigen Amtes gibt es Sicherheitshinweise und Reisewarnungen zu zahlreichen Ländern, in die man früher bedenkenlos fuhr. Für alle anderen Länder gilt unausgesprochen eine Generalwarnung, schließlich zielen terroristische Anschläge bevorzugt auf Knotenpunkte der Infrastruktur, die man als Reisender zwangsläufig ansteuert.[2] Wer könnte da noch aus bloßer Neugier drauflosreisen wie früher?

Heute müssen viele Reisen vorsichtiger geplant werden, das dämpft die Euphorie bereits vor der Abreise. Die Fremde ist nicht unbedingt mehr friedlich, sie heißt uns nicht mehr grundsätzlich willkommen. Oder eigentlich: Wir können uns nicht länger *einbilden*, sie heiße uns grundsätzlich willkommen. Ihre Bewohner sind nicht mehr neugierig auf uns als Vertreter einer für sie fernen Welt, im Gegenteil: Diese unsre Welt meinen sie mittlerweile zu kennen und haben sie in ganzen Kulturkreisen zum Feind erklärt. Aber auch unsere Heimat hat sich dramatisch verändert. Die Fremde ist zu uns gekommen, wir müssen gar nicht erst lange hinreisen. Wenn wir's trotzdem tun – und sei's nur mit Rollkoffer zum Geschäftsessen in Shanghai, zum Messebesuch in Kapstadt, zum Sondierungsgespräch in São Paulo –, erscheint sie uns längst nicht mehr so fremd wie früher.

Noch Anfang des 21. Jahrhunderts reisten wir, um wieder den Blick aufs Wesentliche zu bekommen, jenseits des in der Heimat herrschenden Zeitgeists. Heute finden wir

2 Das betrifft bereits unsre Abflughäfen, wie der Anschlag in Brüssel am 22.3.2016 bewies.

weltweit überall denselben Zeitgeist – Furcht vor Migranten, Furcht vor Populisten, Furcht vor Krieg, Furcht vor was immer, auch das bremst die Euphorie. Noch Anfang des 21. Jahrhunderts brachen wir auf, weil wir Lust hatten, das Fremde kennenzulernen, uns damit auseinanderzusetzen und bis zu einem gewissen Grad daran anzupassen. Heute *müssen* wir es, weil das Fremde bereits vor unsrer Haustür beginnt und Teil unsres Alltags geworden ist. Das Andre ist kein Sehnsuchtsziel mehr, im Gegenteil, nicht wenige fühlen sich mittlerweile davon genötigt, das Eigene zu suchen.

Die Welt ist ganz grundsätzlich in Bewegung geraten. Wir alle stehen an der Schwelle einer neuen Weltordnung, die keinesfalls besser zu werden verspricht als die alte. Die Zeit eines »immerwährenden« Nachkriegsfriedens ist mit dem Ende der Nachkriegszeit abgelaufen. Kräfte formieren sich, um Europa einer Zerreißprobe zu unterziehen. Nicht wenige wollen zumindest noch im Urlaub in die heile Welt von gestern eintauchen, ob in die überschaubare Ordnung eines Ostseebades oder die Heimeligkeit eines oberbayerischen Dorfes – seit 2016 boomt der Tourismus in Deutschland. Wenn die Welt aus den Fugen zu geraten scheint, ist man um jedes Abenteuer froh, das sich vermeiden läßt.

Trotzdem werde ich weiterreisen, selbst wenn sich das utopische Potential, das einst damit verbunden war, verflüchtigt hat. Und auch das Fernweh immer seltener hinterm Horizont zu stillen ist, die Lust an der Differenz, an der Ungleichheit der Menschen. Die Welt ist nicht nur kleiner und härter geworden, der Siegeszug der Globalisierung hat ihr auch viel von ihrer verführerischen Fremdheit genommen. Wer von einem *Hilton Hotel* zum nächsten reist und sich zwischendurch bei *McDonald's* stärkt, darf sich in der ganzen Welt zu Hause fühlen. Der Kosmopolitismus des ausgehenden 20. Jahrhunderts jedoch – also die programmatische Sehnsucht nach dem Fremden als Ergänzung des Eigenen, der Genuß der Vielheit von Kulturen als Ausdruck einer pluralistischen Weltsicht – ist jetzt schon der große Verlierer des 21. Jahrhunderts. Dies betrifft unser *gesamtes* Leben, nicht nur dasjenige, das wir vorübergehend in der Fremde führen; die Erfahrungen, die man auf Reisen macht, zeigen uns nur manchmal deutlicher, wie es um die Welt generell steht.

»Dieser Erde wird jede Exotik ausgetrieben«, klagt Henri Michaux schon 1928.[3] Knapp hundert Jahre später ist sie durch die immergleichen Logos und Markennamen entzaubert. Selbst im Westjordanland gibt es *Starbucks*, nämlich Cafés, die den Schriftzug samt Logo nachgepinselt haben, um wenigstens auf diese Weise der schönen neuen Welt anzugehören. Das Perfide an der Globalisierung: Unter demselben Namen werden nicht selten Produkte verkauft, die den jeweiligen regionalen Geschmacksvorlieben angepaßt sind. Konsul Walder: »Ich habe herausgefunden, daß *Nutella* in jedem Land anders schmeckt. Wir erleben die Globalisierung also nur in gefakter Form, darunter versteckt gibt es doch noch eine Vielfalt.« Eric: »Die Speisekarte von *Kentucky Fried Chicken* und *Pizza Hut* ist in China anders als in den USA, obwohl solche Ketten ja suggerieren, daß sie überall das gleiche Angebot führen. *Eukos*, ein ohnehin schon auf ›griechisch‹ gefakter Joghurt von *Danone*, schmeckt in Belgien saurer und ist fester als in Portugal, dort ist er cremig weich und süß.«

Überall werden wir von den gleichen Pop-, Hip-Hop-

3 A. a. O., S. 29.

und Techno-Chiffren empfangen, von den gleichen US-Serien, Boxkämpfen, Fußballspielen, Promi-Köchen und Castingshows, von den gleichen Klingelmelodien und Quittungstönen. In einer nordindischen Kleinstadt sah ich auf einem Büchertisch am Straßenrand »Fifty Shades of Grey«, in einer anderen indischen Kleinstadt das Werbetransparent »Happy Valentine's Offer«. Durch den Gebrauch der gleichen Smartphones mit gleich strukturierten Oberflächen nähern sich fremde Kulturen rasend schnell auch in ihrem Verhalten einander an. Überall sehen die Jugendlichen gleich aus, tragen die gleichen Ohrringe, Tätowierungen, Hängejeans, Mützchen, Undercut-Frisuren. Und benehmen sich auch überall gleich – in indischen Städten hängen sie genauso herum wie in afrikanischen oder karibischen: schlaff wie Windbeutel, die auf die nächste Brise in Form einer Textnachricht warten, Daumen hoch, alles easy.

Natürlich sollen auch »ursprünglichere« Kulturen ihren Lebensstandard an den des Westens angleichen. Was ich als Mensch pauschal begrüße, werde ich jedoch als Reisender vor Ort erst einmal ablehnen und mich nur schwer daran gewöhnen. »Die Menschen in jedem Land werden den Menschen in jedem anderen Land immer ähnlicher«, klagt Bowles bereits 1949: »Sie haben keinen Charakter, keine Schönheit, keine Ideale, keine Kultur mehr – nichts, nichts.«[4] Durch die Auswirkungen des Massentourismus (auch in Form des massenhaften Individualtourismus) ist das Abenteuer des Reisens heute weitgehend entwertet.

»Please give us a good review on *TripAdvisor*«, bat mich der Manager meines Hotels in Guwahati. Virtuelle Welten

4   A. a. O., S. 14.

locken mit stärkeren Reizen, vielleicht finden die aufregenderen Reisen bereits dort statt. Auch im Verlauf einer *realen* Fernreise erhält man die entscheidenden Impulse nicht selten erst im Netz. Reisen ist eine Freizeitgestaltung geworden wie andere auch, kein grundsätzlicher Wechsel des Lebenskonzepts. Achill: »Die Globalisierung der letzten Jahrzehnte hat dem Reisen nicht gutgetan. Es ist nicht unbedingt erstrebenswert, daß jeder Ort in 24 Stunden erreichbar ist. Vieles braucht eine längere Anreise, um dort auch wirklich anzukommen.« Eine Abreise ist keine Zäsur mehr. Eine Ankunft nichts weiter als die Suche nach dem nächsten Hotspot.

»Noch bedeuten die Worte Trennung, Abstand, Entfernung, Heimkehr dasselbe wie früher und enthalten doch nicht mehr dieselben Gegebenheiten«, schreibt Saint-Exupéry: »Um die Welt von heute zu deuten, gebrauchen wir eine Sprache, die für die Welt von gestern geschaffen wurde.«[5] Reisen heißt längst nicht mehr das, was es für Saint-Exupéry hieß – aber auch schon nicht einmal mehr das, was es gegen *Ende* des 20. Jahrhunderts bedeutete. Der Kulturschock besteht für den heutigen Reisenden darin, auch überall dort, wo er's wirklich nicht mehr erwartet hätte, mit den Versatzstücken der weltweiten Trivialkultur konfrontiert zu werden. Das Fremde hat viele seiner Rätsel eingetauscht gegen eine Banalität, der wir mit unserem Aufbruch von zu Hause eigentlich entfliehen wollten.

Was als Globalisierung propagiert und weltweit als einzig möglicher Weg in die Zukunft beworben wird – Vernetzung über Grenzen hinweg –, dient aufgrund der einseitigen Fokussierung der Vernetzung einer fortwährenden

---

5 Wind, Sand und Sterne. Düsseldorf 1939 u. 2010, S. 59.

Amerikanisierung. Schon seit Mitte des 20. Jahrhunderts setzten die USA darauf, mit Konsumartikeln und Popkultur die Welt zu erobern, gegen Ende des Jahrhunderts auch mit Informationstechnologie. Auf einer Historikerkonferenz in Bologna referierte John L. Harper über die Strategie des Pentagons, »Cultural overwhelming« in Zeiten des Friedens als sublime Eroberungsstrategie einzusetzen:[6] Die raffinierteste Form der Unterwerfung sei diejenige durch kulturelle Überwältigung. Der Unterlegene merke es nicht, wie er im Lauf der Jahre mit immer mehr Partikeln einer fremden Kultur ausgestattet wird, bis er diese irgendwann als eigene Kultur wahrnehme – und mit ihr die fremde Weltanschauung als die eigene.

Weite Teile der Welt, allen voran Deutschland, sind bereits amerikanisiert. Wir gefallen uns im Gebrauch immer neuer englischer Vokabeln, deren Tiefenstruktur wir nicht verstehen. Wir ersetzen das Christkind durch Santa Claus, unsre Kinder terrorisieren uns mit Halloween. Die Doktrin der politischen Korrektheit nach US-Vorgaben führt zu haarsträubenden Verrenkungen; seit August 2016 sollen »Flüchtlinge« als »refugees« bezeichnet oder eigentlich: mit einem schützenden Sprachschleier bedeckt werden.[7] Daß dabei ein Wort ums andere der deutschen Sprache vernichtet wird, ist den Vertretern politischer Korrektheit egal.

6 Die Konferenz hatte den Titel »America: still a European Power?«, 7.–8. 12. 2012. Der Politikwissenschaftler Joseph Nye (der zeitweise auch auf zentralen Posten im US-Außen- bzw. Verteidigungsministerium arbeitete) hat mit seinen Büchern zur *Soft Power* ein ähnliches Konzept der Machtausübung aufgrund kultureller Attraktivität beschrieben.
7 http://www.spiegel.de/politik/deutschland/fluechtlinge-es-heisst-jetzt-refugee-kolumne-a-1 049 698.html; https://www.welt.de/kultur/article145 550 890/Warum-Fluechtlinge-jetzt-oft-Refugees-heissen.html

Die moderne Verhaltensbiologie kennt neben dem darwinistischen Wettstreit der Gene auch denjenigen der Meme, kleinster geistiger Einheiten.[8] Folgt man ihrer Sicht auf »kulturelle Vererbung«, »kulturelle Mutation« und in summa »kulturelle Evolution«, so setzt sich auch auf dieser Ebene nicht etwa das Stärkste oder Beste durch, sondern das Best-Angepaßte, im Fall der Kultur also dasjenige, was das größte Glück der größten Zahl befördert (oder zu befördern vorgibt). Seine Verbreitung erfolgt durch das Wort, durch Musik und Kunst: »Wenn ein Mem die Aufmerksamkeit eines menschlichen Gehirns in Anspruch nehmen will, so muß es dies auf Kosten ›rivalisierender‹ Meme tun.«[9] Gene sind in ihrem Verbreitungsdrang skrupellos, Meme sind es nicht minder. Wer in diesem Spiel auf (hohe) Qualität setzt, hat unter darwinistischem Gesichtspunkt schon verloren. Die amerikanische Massenkultur hat durch die schlagende Plausibilität ihrer Replikatoren – der einzelnen Meme – ohne jede Gewaltanwendung bereits weite Teile der westlichen (Hoch-)Kulturen in Nischen abgedrängt.

Die sukzessive Umwertung traditioneller Strukturen und Werte durch den Siegeszug fremder Meme destabilisiert eine Gesellschaft allerdings. Wo im Verlauf weniger Jahre die traditionell gültigen Rahmenbedingungen des Zusammenlebens ersetzt werden durch Versatzstücke einer neuen Weltkultur, geht der Bezug zum regionalen Umfeld verloren und damit die von Generation zu Generation ganz selbstverständlich vererbte Verantwortung für

8 Also etwa »Melodien, Gedanken, Schlagworte, Kleidermode, die Art, Töpfe zu machen oder Bögen zu bauen« (Richard Dawkins: Das egoistische Gen. Berlin-Heidelberg-New York 1978, S. 227).
9 Ebd., S. 232.

das, was weit mehr als Heimat (samt allem Lokalkolorit) ist: nämlich für einen kleinen bestimmten Teil unser aller Welt.

Im Herrschaftsgebiet der USA läßt sich diese Entwurzelung fast überall beobachten. Doch auch in anderen Weltteilen herrscht unter der Tarnvokabel Globalisierung ein unbarmherziger Verdrängungswettbewerb, bei dem sich die Stärkeren die Schwächeren einverleiben und anverwandeln, indem sie ihnen schließlich auch die eigene Kultur und Sprache aufzwingen. Das war schon immer so, hieß früher vielleicht Kolonialismus, heißt jetzt gern »freier Welthandel«, heißt in Wirklichkeit stets Darwinismus. China geht in seinem Expansionsstreben besonders skrupellos vor, nicht nur in der Mongolei und in Tibet. Aber auch in Thailand oder Burma werden ethnische Minderheiten verdrängt. Vielerorts wehren sie sich in verzweifelten Guerillakämpfen, letztlich vergebens. Besonders perfid läuft es in Indien, wo unter dem Schlagwort »One India« sogar der demokratische Grundgedanke dafür mißbraucht wird, den hinduistischen Bevölkerungsanteil in Nagaland, Meghalaya oder Darjeeling zu erhöhen. Gleiches Recht für alle bei freier Wohnort- und Berufswahl – das ist aus der Warte von Völkern, die durch Annexion ihres angestammten Territoriums zur Minderheit wurden, nichts anderes als Unrecht.

In Sikkim verbrachte ich Anfang April 2016 einige Tage mit Sanjeev, einem erfolgreichen Geschäftsmann, der mir die Hauptstadt Gangtok zeigte. Am Tag vor meiner Abreise standen wir am Kaiserpalast und blickten auf die Stadt, das Tal und die Berge rundum. Dort drüben, sagte Sanjeev und wies auf die Häuser, die sich den gegenüberliegenden Hang emporzogen: Dort drüben lebten lauter

Familien, die vor kurzem noch in Gangtok gelebt hätten. Je mehr Inder zuzögen, desto mehr Nepalesen räumten das Feld, weil sie Lärm, Müll und Korruption, die die Lebensweise der Inder mit sich brächte, nicht ertrügen. Auch er selbst würde demnächst wegziehen, allerdings einige Täler weiter, zurück ins Dorf seiner Vorfahren, um dort Bauer zu werden. Das Dorf sei hoch genug gelegen, so daß er vor Indern sicher sei, die Steilhänge des Himalaja seien ihnen zu beschwerlich. Den gleichen Vorgang hatte ich schon in Zentralasien beobachtet. Die Umverteilung des Bodens fand auch dort durch vertikale Flucht in Höhenlagen statt, die für die Sieger vorerst unattraktiv schienen. Sanjeev war ein angenehmer Gesprächspartner, ganz unpathetisch erzählte er mir, wie er seine Konsequenzen gezogen hatte. Gern hätte er das alte Gangtok bewahrt; aber weil seit der Jahrtausendwende der Zuzug derer, die hier Arbeit und ein besseres Leben suchten, ständig angestiegen war, blieb ihm nur die Möglichkeit des geordneten Rückzugs. Er erschien mir ungemein tapfer, wie er den Untergang seiner Kultur nicht beklagte, sondern ihr eine gewisse, wenngleich ungewisse Zukunft zu retten suchte.

An Sanjeev mußte ich beim Schreiben dieses Buches, das ursprünglich »Mein Abschied vom Reisen« heißen sollte, oft denken. Je länger ich daran arbeitete, desto häufiger sagte ich mir: Zuhausebleiben ist keine Lösung. Solange du reisen kannst, sollst du reisen, mußt du reisen, und wenn du es nicht mehr so kannst wie früher, dann mußt auch du nach neuen Wegen suchen, statt den Zustand der Welt zu beklagen und die Hände in den Schoß zu legen. Die Globalisierung betrifft uns ja nicht nur als Reisende, sondern ganz grundsätzlich, sie stellt eine Welt in Frage, die bislang fraglos die unsre war, und damit uns selbst. Wer die Idee der Vielfalt derjenigen einer globalisierten Monotonie opfert, gibt weit mehr preis als das faszinierende Neben- und Miteinander der Kulturen, er gibt eine Haltung auf und ein damit verbundenes Ethos. Schieres Weiterreisen ist ein Akt des politischen Widerstands, *sofern man es im Geist des Kosmopolitismus betreibt,* und für einen moralischen Menschen also neben all dem Vergnügen, das es verschafft, auch Pflicht, heute vielleicht mehr denn je.

Im Vergleich zu Sanjeev hat man als Reisender ja lediglich ein Luxusproblem, und noch nicht mal ein neues: Seit eh und je werden ganze Kulturen ausgerottet, ob durch Krieg, ob durch kulturelle Überwältigung oder »demokratische« Verdrängung. Die Welt ist nicht nur schön, sie ist gleichzeitig auch immer schrecklich. Als Reisende sind wir Historiker in spe – wir bereisen Länder und Kulturen, die sich schon nach ein paar Jahren drastisch verändert haben und Jahrzehnte später verschwunden sein können. Es hat keinen Sinn, Reisende früherer Jahrhunderte zu beneiden, weil sie noch in eine *richtige,* vollendet fremde Fremde aufbrechen konnten. Ebensowenig Sinn hat es, eigenen Reisen nachzutrauern, weil die bereisten Länder vor zwanzig oder dreißig Jahren noch eine »ursprüngliche« Kultur hatten und nun auf dem Weg sind in eine globalisierte Weltkultur. Die Fremde, wie wir sie heute erleben, wird übermorgen schon *unvorstellbar* fremd sein für all jene, die dann an der Reihe sind, die Welt zu bereisen. Landkarten und Stadtpläne, die ich von meinen Reisen mitbringe, bilden damit nicht so sehr ein geographisches als ein historisches Archiv – die gesammelten Einzelblätter aus einem reichlich unvollständigen Geschichtsatlas (und nebenbei meinem Geschicht*en*atlas).

»Einmal ein Tramp, immer ein Tramp. Ich fürchte, die

Krankheit ist unheilbar.«[10] Wir bereisen stets Welten, die dem Untergang geweiht sind, weil es gar keine anderen Welten gibt. Aber indem wir reisen, verzögern wir ihren völligen Untergang, weil wir mit unserem Interesse an Zeugnissen früherer Kulturen deren Verschwinden hinauszögern. Jede Reise, wie gesagt, ist ein subtiler Widerstand gegen die Globalisierung (selbst wenn sie diese auf anderer Ebene befördert).

Wieder und wieder habe ich über ein rätselhaftes Diktum von Max Dauthendey nachgedacht, ohne zu einem abschließenden Ergebnis gekommen zu sein. In der Erzählung »Himalajafinsternis« schreibt er: »Der Vielgereiste haftet mehr an der Erde als der Niegereiste. Er erscheint mir sterblicher als die übrigen Sterblichen.«[11]

Dauthendey begründet den Gedanken damit, daß sich der Reisende – anders als der Daheimgebliebene, der sich mittels Phantasie jeden erdenklichen Ort in jeder erdenklichen Jahreszeit vorstellen könne – aufgrund seiner Reiseerfahrung nur an *konkrete* Orte in ebenjenen *konkreten* Rahmenbedingungen zurückerinnern könne, in denen er sie tatsächlich erlebt hat: die ewige Wiederkehr der Fremde als Erinnerungsbild. Diesen »Wirklichkeitsbann des Reisens« könnten wir nur durchbrechen, wenn »wir unsterbliche Ereignisse heimbringen« – mehr als ein, zwei solcher Erlebnisse wagt sich Dauthendey für ein Reiseleben nicht auszumalen.

Dauthendeys Ausführungen sind zauberhaft, allerdings verrätseln sie mir sein Diktum noch mehr. Notgedrungen deute ich es mir auf meine Weise: Sobald man am Ende einer Reise angekommen ist und sein Reiseland verlassen

10 John Steinbeck: A. a. O., S. 7.
11 In: Ders.: Gesammelte Novellen und Romane. München 1930, S. 261.

muß, stirbt man einen kleinen Tod. Schließlich ist es ein Abschied für immer. Selbst wenn man zurückkehren sollte, wird man Land und Leute nicht mehr so vorfinden, wie man sie in der Erinnerung bewahrt hat. Aber das hieße desgleichen: Mit jedem Aufbruch zu einer neuen Reise erwachen wir, auch darin anders als der Daheimgebliebene, zu einem neuem Leben.

Inhalt

Dies Buch ist all jenen gewidmet, mit denen ich während der letzten Jahrzehnte gereist bin, ob real oder in Gedanken und Gesprächen: vor allem Achill Moser, Andreas Waldt alias Konsul Walder, Daniel Killy alias der K, Dr. Black, Dschisaiki, Eric Segers, Indra Wussow (Sylt Foundation), Susan Scrimgeour und Wolfgang »Wolle« Gehringer.
Herzlich zu danken ist auch den allermeisten Einheimischen der allermeisten Länder, durch die mich meine Reisen führten: vor allem Sanjeev, Santosh und dem Kleinen Hussein, Big T., Misa & Kanayo – um hier nur die zu nennen, die nicht schon in früheren Büchern aufgeführt sind.
Bedanken möchte ich mich nicht zuletzt bei Johannes Nawrath, Rainer Manke und Vladimir Kreck für Hinweise, bei Joachim Sartorius und Rudolf Bussmann für Poesie.

Versteht sich, daß die im Text auftauchenden Figuren, ihre Handlungen und Meinungen trotz all der Inspiration, die mir ihre real existierenden Namensgeber gaben, dennoch und vor allem andern Phantasiegestalten sind.